耶穌未被述說的生命故事

JESUS THE BOOK
喚醒基督之愛

杜嘉・郝思荷舍 & 阿格尼・艾克曼
DURGA HOLZHAUSER & AGNI EICKERMANN

快樂泉源
YUN SPRING PUBLISHING

獻給

這故事是為你而寫的，我的主耶穌基督，
依著我們與你一起經驗的，
也依著你的母親瑪利亞及其他朋友
及認識的人所對我們描述的。
藉此，我們實現了對你的承諾。

那時我們已經知道，
這些關於你以及你的伴隨者的記事，
將會隨世紀推進而被誤陳。
因此，由於這是我們所經驗的，
我們將這些經歷為你保留，
為的是讓它們有一天能夠重見天日：
重述你的生命故事、
並且為那些當時陪伴你的人們留下記錄。

Contents

目錄

推薦序

這是一本關於耶穌的書，由一個與耶穌非常親近的女門徒所寫，兩千年前耶穌來到地球上的時候，她曾經待在祂的身邊，透過被喚醒她記得了那一切。因此，在本書中你可以讀到一些你原本就已經知道或聽說過的，有關耶穌生平的某些面向，此外還可能有一些對你而言前所未聞，甚至可能令你感到瞠目結舌的種種。在此層面上，你可以將這本書視為一個歷史故事或小說。

而在另外的層次上，這本書可能會給你的心帶來觸動，一種深深的觸動。因為它是由一個當年曾與耶穌非常親近的人所寫的，而一直以來她始終帶著發自靈魂深處的愛與耶穌同在。整本書的每一頁和每一個字詞都充滿了作者對耶穌的愛。她的愛如同河床，耶穌之愛通過它流向我們，觸動我們，洗滌覆蓋著我們靈魂上的塵埃，流入我們心中。而我們自己內心的愛也就此被喚醒！

我們內心的愛與耶穌之愛並無二致，取決於我們的生活方式如何展現，這份愛或多或少受到侷限，遭到遮蔽或受傷了，或者仍在沉睡—也或者，它自由奔流且閃閃發光。但基督之愛始終居住在每個人的心中！基督之愛超越了宗教。那是我們作為人類的核心價值之一——愛！對所珍視的人的那份愛，對於地球上各個角落的困苦之人的那份憐憫，對於自己的愛，對於大自然的愛與關懷。我們所有人共享著這份愛。

這本書具有一種力量，讓我們在心裡感受到這份普世的愛，感受到這份愛原本便屬於我們，這份耶穌所擁有的愛也在我們心中。它已經在那裡，並想再次被揭示。心裡有了這份愛，人與人之間便能相互扶持，不論我們來自世界上的哪個角落，我們都能找出嶄新的方式，彼此相親相愛，相互尊重並相互支持，心心相映，為我們這個時代的各種問題找到解答。

而我們若能這麼做，那麼有一天，耶穌也許會再次以人身的形式回到地球，與我們共同生活，再一次給予我們教導、祝福與引領。

衛聖昀 Sam Yun Wolfersdorf，寫於 2018 年復活節

Preface 前言

有一個愛的篇章，它的墨水永遠不會乾。

～史汀（Sting），《我的生命之書》

「我不相信你，耶穌。」這是當他在我二十四歲，在一道閃光中出現在我面前時，我的第一個反應。在許多教會中的詐欺與教條帶來的心碎與失望後，我已經變成一個無信仰者；我的靈魂叛逆地要求自由與活力，但他卻把我的生命弄得天翻地覆。二十年後我聽到自己說：「我明確地記得我與他的初次相遇……」那是我兩千年前與耶穌同行的故事的開始。

當一切——或是過去真正的真相——不見了的時候，必須要有人走過時空去憶起真實的故事。就如同耶穌曾經做過的，我在此要開始一個革命。

我生而擁有叛逆的頭腦與原始的心——儲存了數千年的記憶。有幾年，我最喜愛的童話故事是我的曾外婆讀給我聽的兒童聖經，我總是身歷其境；我渴望知道「實況轉播」耶穌時期並且感受真正的他，會是怎麼樣的感覺。

我在天主教家庭長大，但在十四歲時，當我脫口而出：「瑪利亞什麼都是，就是不是處女。」我從宗教教育叛逃而出。我狂野灼熱的真實，在自傲的灌注下，飽和盈滿。我的音樂老師發現我一個人安靜地坐在教堂裡，她問我：「你在這裡做什麼？」我告訴她，「當人們喧囂的念頭離開時，我可以聽到祂說話。」當時我十五歲。

聖人是給教會的，而我們走過的蹤跡，是跟耶穌基督親密而鮮活的關係。他是個女性主義者，一個反對俗成體制及虛偽政治秩序的革命家。他是愛，一個天線打開的人是不可能抗拒他的魅力的。他的臨在轉化了我們所有人。這本書必須被寫出來，我很榮幸成為這個星球上的第一個讀者。然而在這一切發生以前，我必須先跟隨自己的預言：與阿格尼（Agni）——那位耶穌親自把我嫁給他的男人——再度相遇。他是我的師父並且提醒了我所有我知道的，他相信我可以讀取阿卡莎（Akasha，生命之書），並且把我丟入那深深的一頭。我重新再讀的是我自己的神聖編年史。

你必須信任我。若是如此，我能帶著你進入我脆弱易感的故事，我必須走那難以置信的路，我傳達的是我經歷過的奇蹟。當我打開第一章，我讀到的是親密而仍然簇新的；從阿卡莎中讀我的故事，解開了我記憶的枷鎖。我渴望……氣味、觸感及心情，現在我想起了一切，那當時的一切。

《喚醒基督之愛》是我對於耶穌的真實故事的個人記憶，讓我把我的感官及感受借給你，讓你可以以3D唸讀並觀看這本關於耶穌之書，以未曾有過的特寫鏡頭經驗耶穌。這本書是我個人的心之寶藏，我給出我的祈禱：願你個人內在的耶穌升起。

狂野的愛

杜嘉 ***Durga***

第一章
去庫母蘭的旅程

我清楚地記得與他的首次相遇。我是個小女孩，或許只有三歲，父母住在耶路撒冷城的外圍。我的父母都在城邊的厄色尼社群中擔任厄色尼傳承的祭司，我在這個社群裡出生，並在這個傳承中長大，我們在郊區的生活與耶路撒冷城中的生活，多少有些區隔。我記得有時父親會帶著我去到市集所在的市中心，有時他是與人有約或是要做生意。那裡的一切，看起來都與我住的小社群大相逕庭。

耶路撒冷是吵雜而混亂的，我不斷被它的忙亂喧囂圍攻，穿著皮盔甲的士兵讓一切更糟，一開始真是嚇到我了，父親稱他們為「羅馬人」（譯按：在兩千年前耶穌時代，猶太人在政治上受羅馬統治）。夾雜在羅馬人當中的，還有些我父親稱為「老猶太」的人，他們穿長斗篷、蓄長鬍鬚、眼露兇光，讓我心驚膽跳。從小我就有感知人們氣場色彩的天份，我可以感知到耶路撒冷市民冷淡而灰沉的氣場，明顯有別於我們社群人們溫暖而清晰的氣場光芒。在家鄉一切都更輕盈、透明，與耶路撒冷成強烈對比。在我們的村子裡，我的靈魂有自由擴張的空間。

父親經常把我帶著進城，母親則沒有同行。我們經常在狹窄的巷弄中推擠前進，父親與留著鬍子的人對話，我便觀察那些攤販、建築物與討價還價的路人，一切都處於一種持續的混亂狀態。還是孩子的我無法形容那種感覺，但長大之後，我明白那些都是暴力、殘酷與暴動的印象，是這城市居民揮之不去的陰影。在市集裡他們話語粗魯，聲音吵鬧無禮，動作粗魯笨拙，令我懷念自己社群中人們的溫文及包容態度。

我不喜歡父親所見的那些人，因此我一點兒也不在意他們。我完全不知道父親跟他們有什麼往來，但場面看起來總是很嚴肅，而他之後也總是顯得不太快樂；他會皺起眉頭，我也能感覺憂慮重重地壓著他的肩膀，這對他來說是少見的。我當時太小而無法要他解釋，只會抱住他，好讓他在這個世界保護我，然後我就會感覺到他心中溫暖而金綠色的光，那是我鍾愛的。

漸漸長大，我發現我們的社群與在沙漠中的厄色尼人是不一樣的，他們過著與我們相當不同的生活，並且是厄色尼人的數個分立團體之一。相對的，我的父親忠於他所謂的「原厄色尼人」(Original Essenes)。他把許多時間都放在與老猶太的高層議會談判，為我們的傳承與信仰據理力爭，懇求和平與彼此的相互承認。我長愈大，這變得更明顯。

當等同我們社群中大祭司角色的父親回到家，並投身我們日常的宗教儀式時，總讓我感到放鬆而輕快，我喜愛我們簡單的生活與傳承。父親進行他的儀式與祈禱，並照應社群的需求，接著，紅寶石光及金光便自大地升至天空，在天與地之間。社群外那些來造訪的人，原本顯得灰暗且被生命的負荷壓得喘不過氣來，經過父親的儀式返家時，靈魂卸下了擔子，心也清明了起來。

我的母親也是某種祭司，然而她是關注其他面向的，她的氣場色彩美麗而溫和。我還有個叛逆難馴的哥哥，被父親緊盯著。而我有自己的世界，與父親氣場的光相連，讓我充滿喜樂。我們的生活如同父親的房間般簡單，但那段歲月的溫柔與簡單，是來自天堂的禮物，讓人享受、玩耍。我喜愛植物與動物，我能了解它們的語言，這能力承襲自我的母親。

我的母親是個成功而受尊敬的治療師，經常拜訪病人，從她的心中及手中發出極美好的光。當那光流入病人的身體中，我能看到疾病的負荷被清除，身上的光變得明亮閃耀。我愛母親的能力，她也總是在用她的愛創造祈禱語並用她閃耀的光彩填滿空間時，允許我在一旁。有時會拿出珍貴的石頭，放出神聖的光來醫病。當我們離開了病人的家再度獨處時，她會以她棕色溫暖的眼睛看著我說：「我的小女孩，我會教你這一切，因為這是我們的傳承，有一天，你也會在這傳承中助人及服務。我看到你無比美好的心，也知道天堂把你送來給我，我能看到你有一天甚至會比我更了不起，或許你現在不了解，但時間會展現一切的。」

父親第一次讓我跟著他做長途旅行時，我應該是三或四歲吧，我們帶著自己的驢子「小班哲明」徒步旅行，我非常喜愛牠，很高興牠陪著我們。父親對我說：「跟著我吧，我的小女兒，如此你便能見到我們傳承的領袖們。」走的愈遠，我們旅行的鄉間愈顯乾燥，樹愈來愈少，綠意零星點綴地面。天氣炎熱，我們踏著灼熱的沙漠砂石而行，父親教我一個在腳板下形成一層光的方式，好讓即使我們都快被正午的太陽烤焦時，也不會讓沙子的熱氣碰到腳板。我們所踩踏的塵土如同金子一般，卻不會燒傷我的腳，讓我覺得很好玩。我真的喜歡那樣，並且當我走在沙子上，想像自己如同走在金光上般，十足的安全。

路上有時太陽實在太熱，父親便讓我喝他皮囊中的飲料，它由水與我們的神聖製劑所組成，是我們在家裡總會喝的，然後我就有力氣繼續旅程。在家裡我從未注意到這飲料的神奇效果：讓我從又熱又累及輕微脫水狀態下，立刻感到清新滿足。太陽不再困擾我；它成了我的朋友，並以其和善的光芒展示前路，陪伴我的旅程。

我並不知道這旅程要走多久，有時我們會加入貝都因人及其他旅人們的團體。他們與我們分享食物，我們甚至有三個晚上睡在不同的綠洲中。我讚嘆著那些駱駝與我們所遇見形形色色的人，父親告訴我他們來自異邦。有些人在我看來很奇怪，穿著很有趣的異國風服飾，我問自己：「這些異國看起來會是怎樣的呢？」但我並沒有與這些奇怪的人溝通，只是著迷地看著他們。當我需要父親的支持時，我就會在內在連結他，他便會用他的金綠光環繞著我，之後我們就繼續我們的旅程。

只有到後來我才發現，雖然我鮮少與人們交談，卻總仍以某種方式與他們有接觸。當我不喜歡他們，就會感到一面無形的牆堵在我們之間，內在毫無想要與他們接觸的感覺。我並沒有去找原因。我不知道我們的旅程持續了多久，晚上，我們睡在沙漠中並欣賞著佈滿星星的眾天堂。我們有溫暖的棉被，父親告訴我關於星星的故事，這是他第一次這麼做。我望著這閃閃發亮的戲碼直到夜深入睡，而他的故事仍在我內在迴盪不已。他以簡單的話語描述那些充滿智慧的遙遠眾界，它們存在我們之上並不時來接觸我們。

父親告訴我：「在我們的故鄉庫母蘭（Qumran），我認識很多的人，你也將會認識他們。他們是我們的聖者，是去拜訪這些世界的智慧老師。我也被選為他們的弟子並向他們學習，但我命中註定要走上其他的路。無論如何，女兒啊，你能從他們身上學到許多，你會自己經歷到這一切。」但我也記得，在我凝望星星的過程中，會聽到聲音、覺知到靈體，它們比在沙漠中來去的各色人物還讓我開心許多，我感知到在我們之上有更迷人的存有（being）。有時，天堂閃耀著色彩繽紛的光，就像另一個世界在問候我。沒有任何存有靠近到我能認出它們，我只能遠遠地感覺它們，但那便足以讓我的心充滿喜悅。睡夢中，我感到自己完全受到保護，無所畏懼。

直到有一天我們停了下來，父親說：「看看那裡，你會看到庫母蘭的牆，那是我們的終點。」當我們走更近時，我很驚訝地發現那裡沒有像耶路撒冷外面般大門緊閉、有全副武裝的士兵守衛著。這個城鎮沐浴在從遠處就能看到的美好的光中，那金光向上照射直達天堂，與籠罩耶路撒冷的嚴肅的鐵灰色成鮮明對比，我好高興來到這裡。我們到達一個巨大的木門，父親對門另一邊的人說話，他回問：「陌生人，想要進入我們的神聖社群，你為我帶來了什麼消息？」父親以我從沒聽過的字句回答，門便打了開來，讓我們進去。

一股溫暖的光流來到，整個包圍了我，我無法形容發生了什麼，整個身體經歷前所未有的震顫，似乎被一股魔力吸引進入鎮裡。處處流溢著平靜，居民看起來與耶路撒冷人相當不同，他們安靜而內斂，簡單而謙卑，並處於祈禱中，鮮少說話。經過我們身邊的居民，大都向內反觀自照，身上的光卻依然散放得又遠又廣，並不像沙漠中的旅人一樣被鎖在自己的世界中。這個世界敞開而光芒四射，彷彿擁有一個天堂之光的核心，能觸及所有居民；在這裡我聽不到爭吵，只感受到和諧與包容。

父親與我順著一條路走，直到見到一位女人，她的名字叫作瑪利亞（Mary）。圍著一條頭巾的她非常美麗，並擁有我所見過最慈悲的雙眼，如此充滿了愛。我後來知道她是耶穌的母親，她對父親說：「左第亞克（Zodiac），我的老朋友，真是太棒了，你收到了我的召喚，聽到了我的心跨越沙漠傳到耶路撒冷的訊息。請進來。」接著她看到了我，說：「這就是你的小女兒，我們所等待著的，她就如你的妻子瑪格妲（Magda）一樣美麗。」她注視了我一會兒，只一剎那感覺卻像永遠，她的心放出美好而充滿愛的光流向我。這是我不曾經驗過的，目睹一道通往心的門驟然打開，玫瑰金的光流出淹沒了一切，多麼不可思議啊！我有些驚懼地看著她，因為她氣場的光強大而具穿透力，我垂下了雙眼。

她轉身對我說：「看著我，不必怕我。我跟你很熟，也很高興你再度找到了我，你能回來真是太好了。」接著她將外衣披在肩上，說：「跟我來，我為你準備了些食物，你一定餓了。這裡的厄色尼人送了麵包來給你吃，這是今天出爐的新鮮麵包，會幫你恢復長途跋涉後的元氣。」

她帶我們去到一個足以容納許多客人的房間，裡面有張簡單的木製桌子。瑪利亞請我們坐下，給了父親酒，給了我麵包、棗子與一些看起來像我們在仙人掌上看到的果實。當我們吃著，我看到父親的臉出現了變化——在他嘴巴及眉毛四周的憂鬱線條變得柔和、淡化了，他的臉放鬆了，房裡的光似乎鎮靜了他並恢復了他的元氣。我很訝異看到這樣的變化，是我前所未見的，他的整個人都散放著喜悅，那是只有在家鄉進行儀典時才會出現的喜悅，他變得既強壯又柔和。我們相視會心一笑，因為意識到彼此都知道一些事。在沒有話語交談或溝通下，我們倆都學到了非常重要的東西。

第二章 厄色尼人

父親與我坐著吃東西，安靜而滿足地，我們從未享有這樣美味的食物，與我所慣用的餐點如此不同。這些食物充滿生命力，我讓棗子餵飽了肚子，恢復了力氣，漸漸自長途跋涉中復原了體力。瑪利亞再度進來，對父親說：「來吧，左第亞克，委員會正等著你呢。」父親看著我說：「跟我來，我帶你到一個地方，讓你在我辦完事之前不會無聊。我們需要一些時間但我不知道多久，你不介意獨處一段時間，是吧？」我搖頭表示同意，因為要我一個人在這裡不成問題，何況我發現這個村莊的一切如此令人興奮，有機會能研究我周圍發生的一切，我很開心。他領我走向一個大廳前方的開放空間，說：「在這兒等我回來，委員會一結束，我就馬上回來。」

我坐在面對一個廣場前的階梯上，想著「委員會」是什麼，同時也很肯定父親會在回家的路上解釋給我聽，我會更了解一些。我感覺到太陽在我頭頂上方，我享受著這個好棒的地方。接著我意識到一股內在寧靜，這寧靜激發了我的好奇心並引我直覺地走向一些附近的建物，當中有各式手藝工作在靜默中進行著，這村落各種屋子裡的動作與活動讓我深深著迷。在階梯前有一個噴泉，我能感覺到這是居民集會之處，這裡的氛圍極為輕盈平靜。

想著想著，背後有個人向我走來，我感受到心中有股不可思議的跳動與力量，有一種我無法形容的非凡感受。孩子們來到，散佈了整個區域，我突然害怕而退縮起來，開始覺得好像父親遺棄了我。我很訝異地發現有人站在我前面，抬起頭，我看到一雙我從未見過最難以置信的眼睛，感知到一個浩瀚到我無法以言語或想法形容的存有，而我所能辨識到的，只是一個大我幾歲的男孩的身影——可能是十或十一歲。他的氣場大得驚人，整個都是光，他的眼睛似乎看進了我的靈魂，然後他笑了。我不知道自己發生了什麼事，也不知道我在哪裡，一片廣袤無垠在我面前打開，我被短暫地帶離了這個世界，發現自己被送到了天堂，在眾星之間。一下子之後，我回到原來的地方，再一次被那雙眼睛所擄獲，他只是微笑著，並沒有說話。

另一個男孩來找他，他的能量顯得叛逆、好勝與精力充沛，兩人形成對比。男孩抓起他的手臂說：「來嘛，耶穌（Jesus）！」然後小耶穌在跟著其他人離開以前，再度以他難以置信的雙眼盯住我，接著就剩我一個人了，顫抖著，因為我不再屬於這個世界了！唯有心跳聲提醒我還在這個地球上。太陽開始落下，也把白天的溫暖帶走了。我發覺自己開始冷得發抖，便從口袋裡拉出母親送我的一條羊毛圍巾圍上，想起母親的話：「這是我為你織的，我的小公主，當你冷的時候，把它圍在身上，它會一直給你溫暖。」我把自己裹入圍巾中，感受到全然地被保護且安全。我想到母親，開始想念她。

突然，我聽到遠方傳來的美妙聲音，振頻優美而充滿著和諧的旋律，之後，我發現是村落的厄色尼人正在進行晚禱聚會，所有屋子都共鳴般地振動著，空氣開始閃耀金光。伴隨著溫柔地落入沙漠砂土中的太陽，一切是如此有力而動人，所有影像都融和在一起，成為一幅帶著強大的力與美的圖畫。然後我感覺到父親從我背後走來，在我身邊的階梯上坐了下來，看著我：「我也一直很喜歡庫母蘭這裡的晚禱，」他說：「每晚，他們感謝神賜予的生命與活力，一直慶祝到深夜。」

他的聲音改變了，彷彿沈入了古早的回憶，淹沒在記憶中卻又非常有生命力。我感覺到他靈魂中有一段特殊的記憶，被這瀰漫整個村莊的美妙振動激發而復甦了。他的整個存在似乎都改變了，顯得比平常更大、更有力，他突然變得如此清晰純淨，那是我很少見的。他說：「我們會在這裡多待幾天。」一開始，我不確定應該高興還是哭泣，我是如此想念母親，然而另一方面，留在這個美妙村落的憧憬卻又讓我雀躍而愉快。夜的寒意襲來，父親立刻將他溫暖的外套披在我的肩膀上，我向他窩了過去，享受他身體帶來的溫暖。「他們要我再等一會兒，讓他們結束至虔敬的禱文，」他說：「然後他們就會為我們安排住宿，我的小公主，你將會明白，這裡的夜比沙漠中的還要神奇。」

幾分鐘後，一個男人過來招呼我們：「平安！跟我來，我帶你們去睡覺的地方。」他帶我們到街尾的一個小屋子。「你們可以留宿這裡，左第亞克，直到你處理完與委員會的事。」看起來這個人並不太清楚父親與委員會間的事，也並不好奇，這讓我很驚訝。我以前所見過的每個人，總是滿心好奇，想知道周圍發生了什麼事、什麼原因。這個男人看起來卻不一樣，滿足於他所擁有及所知道的，而不花力氣在超過他所能了解的或責任以外的事情。我們進入房間，父親說：「把這兒當做自己的家。若是半夜醒來看到我起來坐在你身旁，不要驚訝，在這兒我要恢復徹夜冥想的老習慣，我必須養精蓄銳，因為明天委員會與我將作出重要的決定。」

同時，夜幕完全拉下，村落一片寂然。太陽一下山，村民便全都就寢了，像是完全搭配著天堂的節拍。我床上方的小窗有片厚的羊毛窗簾，我把它拉到一旁好注視外面的月亮。父親又出去了，並對我保證說：「如果我留你一個人一陣子，不要害怕，我要與其他人一起做潔淨禮，你可以待在這裡。」他指著一個裝滿水的桶子說：「你可以在這裡盥洗，你入睡後我會再回來。」接著他給了我一個我所熟悉的溫暖又慈愛的眼神，並帶著鼓勵說：「一切都沒問題。」我點點頭，他便離開了。

我把窗簾拉到更旁邊，望向天上的月亮，月亮好像從來沒有這麼亮過。它似乎在對我訴說著千言萬語，我覺得自己像在那兒有個家，是我之前不知道的，我沈醉在豐盈的銀光中。我將簾子拉上，依厄色尼傳承的方式盥洗，這是雙親教我的。在我的禱文中，我請求神洗去一天的負擔，讓我的身體與靈魂洗去一天的經歷，為夜晚作準備。這麼做我便能升到我的天堂，讓天堂將我圍繞，隔天起來便有新的氣力迎接前方的任務。母親在我嬰孩時便教我這個儀式，很小的時候是母親為我盥洗，但不久她便教我自己洗。在這種受保護與安全感中，我躺在床墊上，蓋上溫暖的被子，依然醒著。

一開始我有些害怕，因為一切既新鮮又奇怪，特別是那振動是有些讓人毛毛的。雖然如此，我能感覺到這振動的力量，也知道父親不會把我留在一個不安全的地方，因此便忽略我的恐懼，慢慢睡著了。模糊中我記得自己在短暫的睡眠後醒來，一時不知道在哪裡，然後發現父親在我身邊，他籠罩在深藍光中，進入深層冥想，然而他周圍的不可思議的藍光暈是我從未見過的，他的整個存在似乎都在發光，光芒充滿了他的氣場，看似一個充滿星星的深藍夜空。我不敢跟他說話，然後我便再聽到那叫醒我的聲音：唱頌與祈禱。紅寶石光無所不在。我感覺村民在夜裡移動——還是已經是天亮了？我真的不知道。我安靜地躺在自己的角落，感受著外面的移動，並聆聽著村民向村外移動的吟唱及祈禱。

之後我知道，每天都會有一群厄色尼人——信徒的領袖們及前晚所選出來的人們——在凌晨四點出發，離開村落前往他們的聖穴，吟唱對神的禱文，一直到天亮。他們將禱文結合神的聖光，傳送到全世界，只有太陽從地平線升起時，他們才會回家。我很驚訝如此夜行街道的舉動竟沒有困擾到任何人；在耶路撒冷，市民必然會強烈抗議並要求停止這種打擾夜間安寧的行為，然而這兒卻沒有發生這種抗議。這裡的村民似乎要不就是依然能安睡無擾，不然就是醒著卻完全與街上的儀式呼應著。雖然目前為止我只有見過少數幾個居民，但我感到他們所有居民似乎總是能與任何新的靈性活動共鳴。我被帶入一段紅寶石光的祈禱中，沉浸在一種很熟悉的經驗中，最後以坐姿再度入睡，直到陽光搔弄我的臉龐而醒來。

父親已經醒來，當我睜開眼睛，他說：「早安，我的小公主！」他笑了，露出久違的神采奕奕。他的好心情感染力好強，散放到整個房間，我只能以雀躍地跳下床並準備好迎接新的一天來回應。他說：「當你完成潔淨禮，我就回來接你去用餐。」再一次，在我沒注意到的時候，水又準備好了。後來，在與厄色尼人相處一段時間之後，我才發現他們慣於以充滿愛而低調的方式來服侍，人們會在不受告知、不知不覺中接受服務，甚至不知道是誰提供了服務，我從一開始便愛極了這個厄色尼特質。在我家鄉的村子裡，除了家裡面，人們總是給了服務便急著要求回報，這裡的厄色尼人卻不一樣，他們所做的每件事都是無條件的，不求金錢、獎賞或其他報酬。我之後對這種態度有更切身的了解，然而對這種友誼與愛的第一印象，無論如何是似曾相識而深受感動的——如此無條件的施與受。

完成了早晨的潔淨禮後，我便對太陽與月亮唸誦早禱文，這是母親教我的一種讓日月的能量在我之內合而為一的儀式。我坐了一會兒，讓自己從一切念頭與感覺中淨空出來，我們的傳承就是這麼開始一天的，母親這麼解釋：「當你以淨空開始一天，這一天就會被驚奇所充滿，因為你變成有空間裝入神、每天神性臨在的空瓶，但是若是你被念頭與感覺灌得幾乎要滿出來了，就沒有神奇存在的空間了。所以每天早上都要清空自己，你就能充分經驗神的恩典與奇蹟。」我很喜愛母親像這樣，閉上眼睛進入她的內心最深處說話，她看起來如此美麗，如月亮般飽滿，在她的靈魂或氣場中沒有任何汙點。我記著她的話，歡喜迎接在我面前嶄新的一天。

後來父親來接我：「來吧，我們去吃飯。」我們進入一個整間都是人的房子，我把父親的手抓得更緊了，他安慰地說：「你必須習慣，厄色尼人傳統上都一起用餐，每天早晨你會看到所有村民匯集於此，他們將餐點獻給神並愉快地用公餐（communal）——即使餐廳塞滿了人。這裡的每個人都對我們充滿善意，因為這是我們的家。你知道這是我父親的房子嗎？我真開心能讓你看到它。在耶路撒冷，我們幾乎失去了所有的這些傳統，不像在這裡它們仍然被實踐著。這遺風屬於我父母及祖父母，這是我們的源頭，也是你的！」

接著他沉默了，我感覺到他的話語含意深遠，那是他保留給自己的。我們安靜地走向一張桌子，已經有一些我沒見過的人坐在那裡，但也保留了兩個位子給我們。這些人都非常虔誠，他們靈魂的力量是如此顯見。父親對他們鞠躬，並說：「大師們啊，我女兒及我能獲准與你們同桌，真是榮幸啊。」「大師」這個詞塞在我的記憶裡，過去我未曾聽過這個詞，但我知道它必定代表一個很重要的東西。我感受得到這些人的力量，然而我完全不害怕，他們的眼神全然平靜、有力並且炯然發光。我自忖：「或許他們是國王或皇后，而我被允許與他們同桌。」

我們坐了下來，我感覺到他們盯著我瞧，我數著桌底下有幾雙腳：應該是七或八雙吧。我垂下雙眼，因為注意到他們在注意我。他們給我們溫熱的粥吃，我享受著，就如前一天的食物般，因為這餐點真的是特別——如此充滿生命能量。我頭也不抬地吃著，父親也是安靜地吃。

席間的念頭對我而言歷歷可辨，因為它們來自心中，不需任何語言。我能覺知像是對話般來回傳遞的能量，並對村民們對我們這桌的注目有些困擾——他們似乎深深看入了我的靈魂，不曾有人這樣看著我。一開始我不知道如何保護我自己，直到我明白，他們並沒有侵犯或敵意的意圖，只是我未曾有過這種經歷。然後其中一位男人說：「你的女兒仍然沒有失去她在不想被發現時，完全關閉及密封自己靈魂的天份，我很好奇她在這兒的期間還會有多少天份再度被發掘。」父親吞下了食物。「當然，」這男人繼續：「我們知道她的出處及她所帶著的潛能。」但其中一位大師並沒有被岔開主題：「這真的很驚人，」他開始：「當這一個年紀這麼輕的人不允許我們看入她的靈魂，便能夠完全保護它。」我覺得他的聲音悅耳，聲調非常怡人。

接著這桌的所有人突然開始說話，一個接著一個地。一個聲音具有魔力，像是召喚信徒來敬拜的鐘鈴般的女人說：「你的女兒有些怕直接注視我們。」父親帶些歉疚感地答道：「她不習慣這麼多人在她身邊。我們過著相當孤立的生活，你知道的，在我們住的地方，我們傳承所僅存的要不是正在流失中，不然就是因為與其他影響相混而被修改了，所以我們在很多方面是離群索居的，我的女兒不太習慣一次面對這麼多人。」

有著鐘鈴般聲音的女人又說了：「我很想再看一次妳美妙的雙眼，除了耶穌與約翰外，我很少在任何人的眼中找到這種來自天堂的閃光。」我不知道我說了什麼，只知道我膽敢抬起眼睛，並看到這女人閃閃發亮的綠眼中，並沒有讓我害怕的東西。她看起來如此快樂與開放，讓我更有自信，她以一種充滿慈愛的友善眼神直視著我。「這樣很好，」她說：「妳願意回應我，因為當你來跟我學習時，我們會經常見面。」

我看看父親，猜想有些事情在我不知情中已經被決定了，父親退回自己的心思中，不發一語。我感覺他以心的振動，告訴我我可以信任他，但他還無法跟我討論這件事，在他知道更多後會再跟我詳細討論。這女人注意到我心裡經歷的震驚，她顯然注意到我能覺察到一切話語背後的意義，於是再度說話：「不要害怕，這一切都會對你好的。」然後那些父親稱為「大師」的村民站起來，與我們道別，其中一人說：「當太陽進入新階段時我們再見。」父親與我又坐了一會兒。慢慢地，每個人都離開了大廳，去做他們的日常工作了。

然後房子裡就剩父親與我了，畢竟我們是客人。父親說：「我想要帶你更認識這庫母蘭村，若妳想的話。」我非常興奮而開心地同意了，這會是個大探險，有好多看起來迷人而我還不懂的東西。「但首先，」他繼續說：「我必須去參加委員會議，所以必須再度留下妳一個人，但今天會更熱鬧許多。」

我又去坐在同樣的地方，但今天的活動豐富多了。人們不斷來來去去，這噴泉是村莊重要的水源，村民會來這裡洗衣，也會在各自散去前，來這裡聚聚。我觀察人們的活動，直到父親回來。當他走近我時，我看到他面帶愁容，通常我們不會馬上詢問發生了什麼事，而會在內心知道討論敏感課題的時機，我心中感覺到他在思索一些他還不想讓我知道的事。

他把手伸向我，說：「跟我來，我被獲准帶你參觀庫母蘭，要知道這是一個莫大的殊榮，這個社群是不隨便開放的，我們不能進入村民工作或居住的房子裡，但他們想要妳更熟悉這個村落，多了解它一些。不過我們要再多等一會兒。我們很榮幸蘇瑪亞（Sumaja）大師本人會帶我們到處看一看。」過了一會兒，蘇瑪亞女士出現了，我大膽看了她，感知她所放出的光：那是直接從心中發出的不可思議的紅寶石光，映照著她氣場中的銀金光。

第三章

高階委員會的決定

我們跟著這位女性大師，我的年紀雖小，卻能聽得懂那些對話，它們讓我印象深刻，難以忘懷。我們轉到一個窄巷中，我發現這些建築都簡單而乾淨，無論空氣中或地面上都沒有灰塵，好像被神的手洗過般。蘇瑪亞大師說：「跟我來，首先我們想讓你的女兒看我們教大孩子的地方。」她看著我父親，「想必你是記得的，」她說。當我們走過村莊時，我注意到這地方雖不是很大，卻有一種大大敞開的自由感。走到一個廣場後，她開始解釋：「這裡是教室。」她看著我繼續說：「在庫母蘭這兒，孩子吸收厄色尼長久以來承載的傳統知識，我們將一切傳授給孩子，好讓他們也能將我們的傳承延續下去。」她的眼中出現當時的我所不能理解的悲傷。

建築裡有許多房間，我能感覺到在裡面的孩子們。在我的各種印象中，我能感覺到我前一天碰到的男孩那穿透一切的光，我心中知道他存在的本質泛湧到每個房間並觸及每個人，我的注意力完全被他吸引。為了不打擾課程，我們沒有走進教室中，女大師指示我們繼續前進。然後我們進了另一棟建築，它被讓我好著迷的符號與標記所充滿，它似乎從四面八方引來了光——從天堂與地球。蘇瑪亞笑著說：「這是我們的圖書館，我們所匯集的智識都在那裡，以文書記錄並存放在卷軸中，這些符號與標記吸引來自天堂與地球的活知識，賦予卷軸神性訊息。我們的知識是活的、有生命及動態的，它不斷被一切知識的源頭所更新與滋養。」

我們接著被允許進入圖書館，內室中滿是存放著發光的金屬卷軸的書架，裡面沒有窗戶，只有油燈及木桌，人們全神貫注地工作著。蘇瑪亞望向父親說：「我們正嘗試將所有的傳統知識做成書面記錄，這些目前只有以口耳相傳的方式保存，根據能量與光的內容。我們邀請許多抄寫家及修道士來幫忙保存我們的知識，要一直進行到我們可以做到的最後一刻。」當她解釋著的某個片刻，似乎有種外來能量試圖從地板侵入房間，我馬上感知到蘇瑪亞擴散她的愛來驅逐這股外來能量。

「保留銅卷軸是為了讓我們的知識不會流失，我們必須爭取在離開前的短暫時間。」她投給父親一個別有意義的眼神，似乎他們都知道些什麼，這再度讓我感到不解。蘇瑪亞問我：「你想碰碰這些卷軸嗎？」我緊張地點點頭。她鼓勵我：「就把手伸出去，摸摸它們。」我把手放在金屬卷軸上，它們似乎有光放射出來並且在說話，光、符號及字句出現了。她笑了，對父親說：「來圖書館的人不多，而且，連在這裡出生的人，也少有如你女兒看到並讀取這神性語言的光的能力。」她似乎很滿意，我也很享受這遊戲——每次當我碰另一個卷軸，不同的符號、聲音與顏色就會在我上方出現。

之後，我會學到如何了解所有關於卷軸之事的意義。在我的潛意識中，我了解蘇瑪亞曾對父親說過：「我們現在有個由遠在波斯的梅達瓊恩（Metachion）大師所開發出來的方法，可以將這些文獻編碼，這樣我們便能確保，一旦卷軸落入非人之手，不會有人知道我們記錄了關於世界未來的祕密知識。但每個擁有神性之光的知識的人，仍可以重新發掘並讀取我們的祕密訊息。」這個對話深植我記憶中，直至今日。

蘇瑪亞繼續說：「我看到一個畫面，在遙遠的未來，當庫母蘭人不再存在時，我們的卷軸會再度被發現。我們所保留的知識強大而廣泛；我們必須確保它們不會落入非人之手，若真的有人發現了這些卷軸，他們會認為這只是在記載我們的歷史，事實卻是，我們把光的祕密鎖在裡面了，所以我們可以放心，我們最寶貴的祕密會一直被密不透風地保存。」

我們離開圖書館，爬上一個望向海的山坡。當我們往下看時，我聽到蘇瑪亞大師靜靜地嘆了氣。她看著父親，我可以感知到她看到深海中讓她不安的東西，這海的光與村落明亮閃耀的光大異其趣。雖然被小心地隱藏，我可以察覺到她的焦慮，它甚至對我來說都是黑暗並有威脅性的，我開始感到相當害怕。她看著我，對我父親說：「你的女兒是個很不尋常的人，她甚至感受得到海底的所多瑪與蛾摩拉（Sodom and Gomorrah）的城邦遺跡，我們日日為它們祈求和平。」

她再度歎氣：「左第亞克，你應該知道，制伏這些能量已經成了沈重的責任，在外在世界的動盪與正開始的新時代氛圍中，紅海底層開始出現巨大騷動，在這個已經沉寂了好久的地方，我最近又開始察覺到來自深層的驚嚇振動。我不確定我們還可以控制住多久，這花掉我們好大的力氣。即使我們每晚走下洞裡禱告，還是感覺到我們的影響力與力量在消失中。一個新的紀元正在開始。」她補充：「我只希望彌賽亞（Messiah，譯按：猶太人所期待的救世主）能來支持我們，因為負擔愈來愈難以承受，現在我們所有的希望都在他身上了。我們真的不知道能期待什麼，目前為止，神沒給我們任何徵兆。」

她再度沉默，我感到她的憂慮浮現，即使她努力維持著她神性的內在平靜。

一會兒之後，蘇瑪亞恢復鎮靜，說：「來吧，是回到高階委員會（High Council）的時候了，我們要做一個決議。」我們往回走，我發現街上看不到任何花朵，然而絕對是聞得到花香的……村莊的確是芬芳怡人，但我不喜歡剛剛看到的海水，我不想再回到這個地方。接著我們去到一個建築，蘇瑪亞說：「讓我在會議重新開始前，儘速進入聖殿中。我會點上神聖之光，來獲得做必要決定需要的一切支持。」父親想要問她什麼事，但她已經走入聖殿。

我們在這個令人讚嘆的地方的外面等待，它閃耀著金光，與村莊完全和諧。我能感覺到神性之火的火焰充滿其中的房間。在我旁邊的父親動也不動，那靜定也影響了我，是一種絕對的空無感，但卻完全無法讓我平靜；好像等待某種既無形又無限，以致我難以想像的東西，所以我倚向父親尋求支持，信任於是漸漸回來了。他摸摸我的頭，手放在我的頭上，平靜與祥和從他的手中流出，我再度感到安全。然而，我還是無法輕易甩掉一種讓我不舒服的感受。女大師從聖殿回來了，她的氣場比之前更加明亮了，就像穿了火焰之裳，顯得驚人而強大。然而我還是毫不畏懼，事實上，她以如同一團火的樣態走向我們，讓我望而出神。「來吧，委員會決定你的女兒能列席他們的審議過程，即使她這麼小。」

我們進入一個令人心曠神怡的房間，中央有一個長石桌，一切雖然簡單卻讓我感到很尊貴，我自然地展現極大的崇敬。我認出所有早上見到的男女大師，這次我更無拘地看著他們。第一個是一個內在燃燒著喜悅之火的男人，他對我微笑，我便被他心中所散放的喜悅充滿。我的視線移往一位高瘦的女人，她的長髮垂到身上，有一雙美妙的雙眼與纖瘦的臉，她沒有什麼特質，只有一種純淨與說不出來的難以接近感，她心中水晶般的火向我延伸。她旁邊是位蓄長白鬍鬚的男人，散發出智慧、寧靜與尊貴，我的父母常論及天父，這尊貴的男人就好比天父透過他發光，我馬上就喜歡上他了。他是如此有父親的味道，他的氣場散放白光，當我看他時，我確定他的長白袍開始更加光亮。之後，我知道他的名字是：亞利馬太的約瑟夫（Joseph of Arimathea）。今天，他是除了七位來自庫母蘭的永久成員外，被邀請出席委員會議的第八位成員。我無法把視線移開他，因為在他的光中我感到無比安全，我被他的慈祥和藹所深深感動。

我的雙眼繼續移動，停留在桌邊的下一位，一個身形高瘦有深色雙眼的女人，竟然還可能比目前為止我所見過的所有人還要心思縝密，她似乎意志堅強並性情嚴肅，讓我印象深刻。她性格的力度與純度顯而易見；毫無疑問，她是無法被收買的。她體現一種黑火，與海水的黑火不同——在這兒並不會困擾我。然而，她的愛超越了其他特質，而緩和了她身邊的火，她以大方的微笑回應我。另一個女人，個子嬌小並髮量較少，顯得不如其他人突出，但有種溫和的金白光散發出來，以波浪狀來到我這邊。會議室裡還有另外兩位男人，但他們收起能量，沒有想要與我接觸。

我們被邀請坐在安排給我們的石椅上。在我坐下前我碰了一下座位，真是神奇，石製的座位卻一點也不冰冷，還散發溫暖與光。討論開始時我讓自己忽略字句，只專注在意義上。我感受到父親與委員會意見相左，有事情令他無法接受。我只是表面上聽著字句，因為我的內在已經離開房間，遊蕩到外頭村莊裡的那一位特定男孩身上，彷彿他的心在呼喚我。一個金色光球從我的身體出現，飄過巷弄直到他身邊。這個感覺對我十分熟悉，我渴望去到那裡，在這個火球中我好快樂，似乎完全回到了家。接著一樣突然地，我脫離了他被拉回會議中，我的身體明顯地又回到當下，似乎我醒過來了並回到了自己。

父親站起來，說：「我無法無條件地接受你們的計畫，我要帶我女兒回家，看看你們對庫母蘭的願景會如何進展。我知道我允許你們在星星中探求我女兒的訊息，但我無法現在就同意你們的計畫，保護她是我的責任。我不知道你們所建議的作法是否會給她妥善的保護，我訴請委員會，接受我作為父親的決定。兩年後我會回來，我們再看看事情的發展，我懇求你們關心世界事務，我了解你們的焦慮以及事情的變化，請給我一些時間，我答應你們我會繼續以我們的傳承之名教育她，但我也還是她的監護人與父親。恕我直言，你們知道我並不完全認同我們祖先的遺教在這裡被傳遞的方式，也還不願意就把她交出來給你們。」

突然會議廳變得非常安靜，此時瑪利亞出現了，就如我昨天看到她一般。她的光先她而至，她帶著愛與安全感進入冰冷的氣氛，她以溫暖、柔軟的聲音對著木然的父親說話：「左第亞克，讓我不時探望她吧。你知道我是白派（White Order）的大祭司(high priest)，就如你的女兒。你無法給她所有她所能從我這裡得到的智識，所以就讓我來吧，大約一年兩次，在滿月之時，讓我可以開始教導她。我看不到白派姊妹的其他繼承人選。你允許這種作法嗎？」父親回答了：「瑪利亞，你知道我是信任你的。能在你來教育我們女兒的期間，在家中接待你、與我們在一起，這會是我妻子與我的榮幸。」在一段時間的沉默後，他補充道：「現在就這麼決定了。」

父親注視著會議的委員們。在我看來，之前沉默著、自我退避的兩位男人，就像被烏雲罩頂般變暗了，一股寒氣沿我脊椎而下。之前與我接觸那五位的和諧一體，與其他兩位的黑暗成明顯對比；他們的能量似乎將房間分隔了。瑪利亞介入了：「來吧，左第亞克，是離開的時候了。」父親請我到外面等候，他隨後出來。

當瑪利亞與父親從房間出來的時候，我看到男孩耶穌出現並朝我們走來，他站在我們面前，這是我第一次聽到他的聲音，清楚而深情，他說：「我知道你們想離開，我想同我母親與你們一起走到城門。」一股巨大的喜悅湧過我，因為我對他的喜愛超過其他在那裡所見的任何人，每次我看著他，就會心跳加速，欣喜滿溢。父親回答：「我們只需要幾分鐘整理行李。」我接著看到他至為臣服地踏步向前，在男孩面前跪下，接著說：「主啊，允許我俯臥在你面前，這對我將是極大的祝福。」

耶穌仍然站著，似乎不被父親的話所影響，年輕如他，卻流露尊貴。他只是接受父親的愛，當父親跪下、在耶穌的腳前低下他的頭時，一時間時空不復在了。我觀察這一切並退回自己內在，因為除了充滿喜樂地凝視耶穌，我無法做任何事了。父親站了起來，我看著瑪利亞，她只是持續微笑著。父親接著恢復過來，輕快地說：「好，我們去拿行李吧，來吧！」我們回到臥室拿了行李，並順著街道走向我們進來的大門。耶穌與瑪利亞等著我們，耶穌看著我，第一次對我說話：「你回來時我將會非常高興。」我納悶他怎麼會知道我會回來。

瑪利亞對父親說：「若可以的話，在今年的兩個神聖滿月時，我將會來與你們共處三天。」父親鞠躬，並作勢要我也這麼做，於是我也雙手合十鞠躬。接著瑪利亞低下身用雙手環抱我，然後耶穌也這麼做，一股至喜流遍我的全身，我的心蹦蹦跳，接著他們與我們道別：「願你的路途充滿喜悅，也願你在耶路撒冷受到溫暖的歡迎。」此時蘇瑪亞從一條巷子裡走出來，旁邊有一位男子與一頭驢子，她走近我們說：「你們不該單獨回去，也要避開任何貝都因部落。這是約和（Jahor），我讓他來做你們的嚮導，你將會發現他是個忠誠的侍者，他知道去耶路撒冷的路以及綠洲的位置。這些糧食足夠讓你們回到家，知道他能陪伴你們的旅程，我感到比較放心。」

我們的嚮導與其他多數膚色較淡的厄色尼人不一樣，他的膚色很深，眼睛也是深色，頭髮是深色帶黑色捲曲，很明顯來自其他部落，或許是其他種族，但有某種尊貴並散放一種性格上的保護力度。有約和當我們的嚮導讓我感到安全，畢竟在庫母蘭的一切經歷後，回程我不真的想直接接觸其他旅人干擾的能量。

於是我們的歸途就開始了，父親與我安靜地並肩一起走了好幾個鐘頭，他不只一次問我是否要騎上驢子。我搖搖頭，告訴他走路對我好，而我也真的想這樣走下去。之後，父親告訴我他很驚訝我能這樣一直走，上坡又下坡，雖然年紀如此小。我一直是個很活潑好動的小孩，隨時準備好嘗試新事物，我知道他對我感到非常驕傲。我們走了一整天，直到落日的光芒籠罩我們。路途好像就在我們的腳下流過，我們的嚮導在我們前頭默默地闊步前行，他驚人的氣力鼓舞我們持續前進。最後我們停在一個水源處，他告知我們要在這兒過一晚，然後卸下毯子並給我們食物，之後便退到一段距離以外，跪在沙中祈禱。

父親與我沉默了一段時間，直到我問他：「父親，那個男孩是誰？」他停了一下才回答：「我的女兒啊，他是彌賽亞。」「彌賽亞？」父親繼續：「我們的人在很久以前便預言彌賽亞的到來；這被預見到，也被我們寫下來，為他準備道路是我們代代相傳的責任。他在心中帶著神的國度，我們長久以來便被應允他的到來，現在他真的在這兒了！」我看到眼淚滑下了父親的臉頰。「你不知道他給了我們多少希望、未來還會再給我們多少希望，我們等了好久。」「父親，他是如此不同，充滿光與愛。」「神就是如此來到我們身邊，讓我們看到祂的臉，」父親回答。「由於你先人的恩典，你得以見到他，你本身也是神的禮物，我好感謝你來到我們身邊。」

那晚我們都不再說任何話地就寢了。隔天我們繼續回家的路，旅程在鮮少交談的靜默中持續了幾天，終於我們到了耶路撒冷的大門，之後我們的嚮導與我們道別。父親謝謝他，從皮包中拿一片金塊給他，依我們的傳統，並說：「神祝福你。」每當父親給別人錢時，他就會祝福它，美好的光會從他的心中流出。我們的嚮導不發一言地接受了感謝，然而是帶著敬愛與尊重的，接著便沿著來路回程了。我好奇他會去哪裡：回家或是去其他地方？但我們沒有做此討論。

回到家，我立刻注意到父親眉頭的皺紋又回來了。一位僕人直接走出來跟我們說：「感謝神你們回來了。先生，你的妻子瑪格妲夫人在你不在時生病了，請求你，我想你應該馬上直接去看她。」在這個颼冷的片刻，我的心跳瞬間止住，我發現自己幾乎不能呼吸。整個世界似乎繞著我轉，我開始猜想情況很嚴重，父親說：「去找你哥哥，我要去看看你的母親。」我去到我的房間，蜷縮在地上，害怕到全身發抖，等著父親來通知我能見母親。那是個異常黑暗陰沈的一天，僕人很早就點上油燈了。終於父親來了，說：「你母親想要見你。」再度發抖並帶著一顆震顫的心，我去見她。

我母親沒有躺在床上，而是躺在稻草填充的床墊上，床墊被抬到屋頂的幾條板凳上，好讓她能吹到晚風，她完全被美好的光所包圍。她很蒼白，面頰是白色，不同於我所熟悉的紅潤健康。她說：「到我這裡來。」她給了我她的手，撫摸著我的頭。「我的小公主！我不知道為什麼主做了如此的選擇，如今你被認出來了，我卻必須離開……你升起而我墜落！我無法跟隨主的想法，但我會跟隨祂的召喚。無論你身處何地，我會永遠與你同在，但我想我待在這身體裡的時間是不太長了。」我不明白她的話，但我無法控制地哭了。我周圍的世界消失了，我處在深深的絕望中，因為我感覺到母親極為美好的光正逐漸消散，甚至她的聲音也愈形微弱。

我感覺到父親在我身後，牽著哥哥的手，我能感覺到他們的心愈來愈沈重。一個巨大的悲傷潛入了房間，我只想跟著光與母親一起走。然後，我聽到她的聲音，堅定而堅決：「不，小人兒，我要去的地方你不能來，我現在的路要穿過星星，沒有任何生命可以去到那裡。你必須繼續學習，並盡你的可能了解生命。你在這個世界有一個目的，我希望你全然投入這個目的。我將從我們祖先所在的星星之家往下望著你，我將永遠看顧你，無論如何絕對不會讓你孤單一個人，我保證。但現在你必須讓我走，你知道如果你不讓我走，我就會留在這裡，而永遠無法完成穿越眾星的偉大冒險，寶貝……」

我明白她說的每一句話。因為我是如此完全信任她，我決定讓她走，然後她走了。她的手逐漸變冷，她的存在精華逐漸退出她的身體，直到毫無生氣。她的身體空了，在裡面的不再是我認識的，那只是一個空殼。我父親趴在她的身上可憐地啜泣，我可以讀到他心中一些字句：「你為什麼這麼快就離開我？沒有你我將如何照顧孩子們？」我也明白，有些是一個男人與他的妻子之間的末語之言。一位女僕來帶我離開，父親說：「帶她到臥室並照顧她，我現在無法照應他們，我需要哀痛，熬過它。」女僕也帶走了哥哥，我能感覺到他在發抖，我回到我的房間。

當我走進去，一道最美妙的金光迎向我，我覺得那位從小看著我出生的女僕並無法感知它，她穿過那光，我可以判斷出她就是沒看到它，但是我可以看到它。它變得更清晰、更美、更溫暖，它抓住了我，把我承載在它之中。我攤開床坐在床中間，讓光滲透到我的內在，安慰我。突然母親的影像跟我同在了，但她只是光，明亮閃耀。她的影像說：「一切都在秩序中，相信我。生命充滿了禮物，即使我們無法理解，當你理解了，我們就會一直在一起。我會以我的雙眼一路陪伴你。」然後那個影像消失了，但在她訊息的安慰與寧靜中，我得以入睡。

接下來的幾年如夢般轉眼過去。我不能說我沒有改變，然而在我的家中，改變總只是漸漸發生，讓人幾乎無法察覺。父親退到自己的世界，我哥哥去了舊猶太人教授術士（Magi）傳統的寄宿學校，從此便不與我們住在一起。我度過一個又一個相對沒有情感的日子，唯一的鼓舞來自瑪利亞每年兩次的三天拜訪。在這短短的時間中，我不再冷漠而能再度享受生活。在那幾天中，她將我包覆在她不斷向我流入的光中，新的資訊毫不費力地來到我身上，就像意外發生。父親高興地將我交給她照顧幾天，然而我內心深處失去母親的痛苦，仍然存在。

就這樣，瑪利亞教導我，父親還請了一位老教師，他教我讀書、寫字及外語，我學了希臘和羅馬文。老師總是跟父親讚美我的學習能力，他從來沒見過能如此迅速地學習寫字及語言的學生。每當我不需他教便能自己學會東西，父親總會興高采烈。五歲時我便能閱讀，熱切地吸收所有他給我的著作，那些遙遠國度的故事、外國人的資料。不過我注意到，每次有來自我們猶太人的書到我手中，他便會悄悄拿走它，就像我的父親不想讓我讀它，我感覺其中有些他無法化解的什麼，我不曾與他談論此事，因為我感覺這或許不是一個好主意。我愛他一如往昔，儘管母親去世後他便不一樣了。

第四章 瑪利亞的故事

在那決定命運的一天，當我看到瑪利亞的來到，我跑向前擁抱她，她將我抱在她的臂彎裡，以她特有的慈愛和藹迎接我並撫摸我的頭，以手指滑過我的深色捲髮。我好高興再次見到她，雖然我們沒有經常見面，我已經可說是視她如母。她小心而輕聲地對我說：「讓我們獨處一會兒，我必須跟你父親談談。」他們便離開去討論一些問題，但我實在很好奇，便躲起來聽他們的對話。

瑪利亞對父親說：「時候到了，我必須帶走你的女兒，你自己也目睹了所有的緊繃與騷動，厄色尼人無法在這個環境中生活多久了。兩名大師已經離開庫母蘭，現在開始有了反對行動，一切都開始解體，耶穌很快地將必須與他舅公亞利馬太的約瑟夫一起遠行，去國外完成他的教育。我求求你，讓我成為她的監護人，帶走她，我們還來得及安全到達庫母蘭並停留一陣子。若等太久，或許我便很難傳授任何知識給她。厄色尼人請求你，允許她學習她在她的道路上將需要的東西。我們嗅到了危險，許多跡象讓我們確認在不久的將來，我們將被打散，我們的人將零落星散。」

父親背對著她，她的要求真的發自內心，但父親還是沈默不語，我感覺到他比平常變得更嚴肅憂鬱，在一片混亂的感覺中。即使如此，我希望他同意瑪利亞的要求，因為我想要和她一起走，這個母親留在身後的房子已經變了，我就是無法忍受再留在這裡。經過長長的停頓，父親終於回答：「你知道，瑪利亞，我自己認同奮銳黨（Zealot），我們的人正撕裂自己，猶太人的國王統治我們，卻不再是我們的朋友，他不再保護舊厄色尼傳統，更糟糕的是，他試圖摧毀我們的世界。這破壞必須停止，我已經決定加入這場奮戰，所以總而言之，我認為你若真的帶走我女兒會比較好。耶路撒冷將有動盪，至少這樣我可以致力於我們的理想而不需擔心我的孩子們，特別是當我終將付出生命的代價時。」

我很震驚，我完全不知道父親的意圖，我突然擔心這可能是我最後一次見到他。後來我知道，我的擔憂不是沒有道理的！年少成孤似乎是我的命運。完全鎮靜後，父親問我：「你希望什麼時候與瑪利亞一起走？」瑪利亞替我回答：「讓我們留在這兒一晚，明天會有人來接我們，帶我們安全地回到庫母蘭。」父親說：「請求你……你是我的客人，我要為你準備一頓飯，我知道你我並不總是看法一致，但我相信你知道我是多麼珍惜你的友誼。無論發生什麼事情，我心中明白你的諒解與善意，讓我們讓這最後一夜成為大家的神聖時光。」那天晚上，我們一起用餐，父親讓哥哥也加入我們。我愛我的哥哥，但是在過去幾年我們幾乎成為陌生人，餐間我有些顧慮的關注他，我能感覺他也感受得到。儘管如此，這是幾年來第一次家裡有著節慶氣氛。這也是最後一次我與家人的共聚。

第二天早上我們離家，我與父親告別。當我擁抱看來有些沮喪的哥哥，他把某個東西放入我手中，我沒有看那是什麼便把它放入口袋裡。我想哭，但是不知為何卻不能，瑪利亞看見了，輕柔地說：「你真是一個勇敢的女孩，你知道這麼多，還能用這樣的愛承擔這些。我保證我會好好照顧你，能多久就多久，但是你知道，神總是把你放在祂眼裡，祂也會照顧你，你真的不必擔心。」在我最後一次擁抱父親後，一個美好的綠金光由他的心中流出，環繞哥哥與我。後來瑪利亞決定是時候離開了。於是在那天，我離開了祖先的房子，並且在日後生命過了好久以後，才再度見到它。

我們的嚮導，我認識的約和已在等我們，我很高興再次見到他，有他的陪伴我一直感到很安全。瑪利亞說，我們確實應該快點啟程，我擔心路上可能出現各種問題。她解釋說：「我們最好選擇相對不為人知的路線，以免受到流浪漢或罪犯的威脅。」把這點放在心上，我們便出發了。約和帶來了兩頭驢子，我和瑪利亞各騎一頭。我現在比當年與他一起旅行時的年紀大了許多，並對時間更有概念，我更清楚感覺到一天如何推進，及太陽在天空的位置。我估計我們大約中午時第一次停下來，約和過來建議我們在一個友善的村子過夜，因為他聽說賊黨偏好在夜間攻擊旅客。因此我們決定只有在白天行進，晚上就找安全的庇護處。

我們來到一個瑪利亞認識的人家並受到極大的歡迎，她看著我說：「也有厄色尼人住在這裡，是你沒見過的我的丈夫約瑟夫（Joseph）的朋友。我想我們會在這屋子裡度過舒適的一夜，今晚可以有更多時間在一起。」後來我知道厄色尼人分散全國各地，在整個以色列形成了一個可信賴朋友的巨大網絡。在這些地方，我們總能得到厄色尼人的庇護，即使彼此不認識。這就是我們的傳統，把彼此當成家庭成員對待。主人給我們一個大而舒適的房間，然後便退下好讓我們獨處，我們受到了最大的禮遇。夜裡寒冷，他們讓我們生火，並給我們溫熱的飲料。

後來瑪利亞跟我暫別，去進行她的祈禱與日常儀式。我安靜地觀察她，這似乎沒有打擾到她。我感知光的能力稍有減損，但我仍感覺到她內在對光儀式的全神貫注，以及在她周圍，白光在天地之間煥發。她的能量與純淨白光為她看似簡單的冥想帶來靈性轉化，之後她便陷入靜默。當她再度睜開眼睛，她來到我身邊，為火添了更多柴。在沒有任何前言下，她開始直接從內心最深處對我說：「你內在是如此長大成熟了，所以我知道你會了解我要透露的一切，我也知道你不會再把我告訴你的傳出去。在內在深處，你帶著一個守護神聖史實的神龕。我現在要告訴你我的故事，將來有一天，當真相被遺忘、扭曲或背駁時，你將傳遞下去。」接著，她開始講述她的生命故事。她的述說在我心中仍然明晰，永誌難忘，她說的每個字仍然嵌在我的記憶中，及至今日。

她開始說：「我出生在一個叫拿撒勒（Nazareth）的村莊，在很多方面跟你很像，我的父母相當富裕，享受著非常舒適的生活。當時我們完全不知道什麼是厄色尼人，因為我們是最古老的猶太傳統的後代，可以一直追溯到先知亞伯拉罕（Abraham），這就是我及我家人、祖先的出身。我們過著恭順地遵循那傳統的生活。」

「有一天，當我大約與你一樣年紀時，家人與我長途跋涉前往舊耶路撒冷的聖殿，我們一直以來都去那裡慶祝逾越節（Passover Festival）。我記得聖殿中有個美妙的光。父親稱逾越節為我們傳承的神聖日子，我們一起在耶路撒冷慶祝，在那裡，我父親總會去探訪大祭司之一的約基別（Jochebed）。不過這次拜訪，當大祭司看到我，他看著我並對父親說：『你的女兒註定在這個地球上有很重要的任務，她是一個純淨之光的存有，她的內在住著一個大師般的靈魂，是我很少見的。現在是時候把她帶到女祭司學校了，那裡守護著女性之始的白派（White Order of Female Conception）的古老傳統知識，請允許她在那裡開始她的教育，接受女性神聖知識的訓練。』」

「我也必須離開我的父母，我被帶到聖殿中屬於造物的神聖白光（Sacred White Light of Creation）的純淨白女女祭司接受教育的地方。在約基別的推薦下，我一開始便接受高強度的訓練。以埃及的艾希斯（Isis）授命女祭司的方式，我成為女大祭司，並接受了瑪利亞這個名字。」

「十七歲時，約基別來對我說：『瑪利亞，你的命運並非在這座聖殿中擔任女祭司，根據我們的星象流年知識，我們研究了你的命運，我也詢問了神你的未來會如何，在計畫中你並不會繼續留在這兒當貞潔女祭司（virgin priestess），在月亮的三相位變化內，一個我熟識的厄色尼友人會來找你，他會帶你去嫁給一位來自大衛之家的厄色尼人，他是為你揀選的。你的命運是連結亞伯拉罕的古老祖脈與厄色尼人的傳統；你可以保留你自己的傳承，同時將你的知識與厄色尼人的知識結合。』」

瑪利亞繼續述說約基別告訴她的厄色尼人故事，「這是一個非常古老的國家，我們是一群神聖的人，我們被允許在這片神聖土地上接受神最偉大的預言。神已將祂神性智識的真實軌跡深深烙印在這片土地上，這軌跡可以循著諸古代先知一直追溯到亞伯拉罕。在這樣做的同時，神也播下一位偉大導師——火之大師（Master of the Fire）——將在此國誕生的種子，祂準備了厄色尼文化誕生的道路。厄色尼人的知識源自星星，從不仰賴我們文化的發展。儘管如此，我們一直與他們活在神聖和諧中並能和睦相處。我們繼續保存由古老猶太人流傳下來的獨特亞伯拉罕文化，雖然我們的傳統從來不曾互相混合，但我們始終與厄色尼人有著親切友好的關係。雙方在心中都知道，儘管以不同的方式，我們仍是服事同一個神。」

「這是第一次，雙方子民將有相連的環扣。神選擇了妳，藉由嫁給一位厄色尼人，結合我們祖先的古亞伯拉罕傳統與厄色尼傳統。你被選擇懷下一位神送來的孩子，這孩子能實現祂的預言，星象看得到這些。你會以亞伯拉罕的古老方法和傳統來教育你的孩子，而你的丈夫會教他厄色尼之道。因著神與這個孩子的恩典，雙方子民將會在未來再次連結、融合。」

瑪利亞停頓了一下，然後繼續，「在那之後，我的命運就確定了。和你一樣，我不知道神為我準備了什麼、我的人生會選哪一條路；然而在我心裡，我確信我會服侍神。於是，我在耶路撒冷的聖殿中等待，直到要前往庫母蘭會見未來丈夫的那一天。我的舅父亞利馬太的約瑟夫親自來把我帶到庫母蘭，並為我做介紹，那時舅父已經是個厄色尼人，雖然他從小在亞伯拉罕傳統中長大。當我第一次看到我的丈夫——他也叫約瑟夫——我們的婚姻已經被安排好。我知道他是個友善而謙和的人，以木工維生，他遵循厄色尼的儀式和傳統，對此我還得學習。在我到達的當天，為了不給我太大壓力，約瑟夫貼心地離開了那個區域，我的舅父接著把我帶到另一個在庫母蘭之外的地方。」

瑪利亞對我說：「在庫母蘭的厄色尼傳統中，居民過著貞潔、節慾的生活。婚姻是被允許的，但結婚準備會在庫母蘭外進行，男女各有一個僻靜處，在這裡雙方分別為婚禮作準備。」

「我與其他女子在那裡待了一段時間，然後我們就為了接下來的儀式回到庫母蘭。在庫母蘭之外，我們接受厄色尼結婚義務的準備，過著不一樣的生活。當我回到厄色尼人的地方，一位年老的大師接待我，她的名字叫米瑞安（Miriam），她接連訓練了好幾代新的大師，傳統上每次同一時期共有七位大師轉世。」

「我一開始與厄色尼人的共處，就是與米瑞安一起，她為我介紹厄色尼人的歷史和傳統，就像她想要我繼承他們的傳統。她告訴我厄色尼派是由火之大師所創建，他是來自更高世界的導師，持續不斷地將新的學派介紹到這個世界。米瑞安說他在印度以阿格尼（Agni）為人所知，並且以光之大師、知識與守護眾界之大師的角色，永恆地臨在於宇宙。他的兄弟是耶穌——本學派與傳承的第二位父親——他的到來是厄色尼人所等待的。他以耶穌以馬內利（Jesus Emmanuel，譯按：以馬內利是希伯來語的「神與我們同在」）為人所知，體現遍及整個宇宙的基督之光，顯化神的無限之愛。有二十一位大師握持著照亮並守護宇宙的基督之光，他們是厄色尼的先祖。」

瑪利亞繼續說：「米瑞安解釋，很久以前，阿格尼點化了我們的大師，以為地球準備好迎接受膏者（the Anointed One，譯按：希臘人對基督的稱呼）的光。他提供了來自他的原初之火，耶穌則點化了我們之內的基督之光，讓這光在地球上依厄色尼的傳承受到保存及培育。我們是融合之光。阿格尼為我們指出在地球上播下我們文化種子的地方，好讓它有一天能散播到全世界。這個城鎮依然位在阿格尼的原初之火的核心中，在此我們守護本傳承的智慧。幾百年來，二十一位大師在世界上輪替著，好讓同一段時間地球上能有七位大師轉世。我正在回到我的世界的途中。」瑪利亞說明。「米瑞安繼續解釋，七位為彌賽亞重返做準備的大師已經在此，她正在訓練他們。米瑞安對我說：『我傳給妳一切我的前輩所教導我的。』」

瑪利亞停了一下，說：「米瑞安深深望著我的眼睛說：『妳受揀選將神之子帶到這個世界來，妳是神所選擇的受膏者，妳是白光的女大師，純淨無瑕，除了把神之子彌賽亞——寬恕之主——帶到這個地球來以外，妳的未來沒有什麼更重要的安排了。』」瑪利亞停了一下，我看著她，她的光如此好看：白而閃耀、純潔無比、盤旋而安定。瑪利亞對我來說一直是非常美麗的，但卻不曾比此刻更美。

「米瑞安對我解釋，」瑪利亞繼續她的述說：「沒有什麼是我還需要學的了，我應該回到眾女智者身邊，為結婚的聖典做準備。同時，我的未婚夫約瑟夫，也退到新郎們做結婚準備的地方。她指出，作為一位女大祭司，我應該保留我的傳統與儀典，但若我也能參與厄色尼的儀典，她會很高興。她說：『妳想的話，我們可以帶妳到我們的地下聖室，那是其他人無法進入的。』」

「我點點頭，並說為了完成神指派給我的任務，我願意做任何事。然後米瑞安說：『傳統上，我們每天早上四點會隱入地下聖室聚會，明早妳也一起來，我們會在聖殿前集合，在那裡點燃獻給阿格尼的聖火，然後一起走向地下室，邊唱頌著，去到有著基督之光的紅寶室。』那晚我回到我在庫母蘭鎮外的屋子，一切的安排與佈置都極為美好，我受到如皇后般的待遇，有僕人照料我及我的房間，供我一切所需。」

「那晚我一點兒也無法入睡。畫面、影像流過我的靈魂，我一次又一次問自己，神為何揀選我執行這任務。我對我極為熟悉的神禱告，並再次下決心，無論祂放什麼在我手上，我都會以祂的僕人的身分來接受。早上，我走向鎮裡，對厄色尼人的敦睦和諧印象深刻，當我到達城鎮的大門，門就像被一雙隱形的手打開了，不需說話，我便被允許進入了。鎮民安靜地移動著，但顯然懂得彼此的心，我去到有火燃燒著的聖殿，火燃得光明，我有一種回家的感覺。眾界之火都在這個儀式中結合在一起了，我安靜地跟著鎮民，聽著他們的唱頌，順著階梯去到地下室。他們接著打開了一道門，我們步下一段階梯，直到來到一個散放著紅寶石光的房間，光照入大地。當大師們跪下時，我第一次看到了他們所有人，包括米瑞安共有八人。他們開始了他們的祈禱，我也加入他們，我們沉浸於基督之光中而合一，我們的禱文彼此融入，滲透到所有宇宙，直到基督之光宇宙性的火焰之舌出現。終了時，我第一次在自身中感知到基督之光。」

「此時，一個發光體自火焰中產生並朝我而來，它就是被預言要到來的他。被稱為耶穌的他，說：『妳被指派為我在地球上的母親，我會準備好離開那在我父親身邊、與我合一的永恆之光，去到地球。妳多生多世所做的一切準備，此刻已經完成了，不要擔心，一切都會依神的計畫進行，只要在事件發生的時候準備好就行了。』對我來說夜似乎倏乎流過，我甚至沒有注意到日出，而厄色尼的大師們即使在地面下都感覺到了，於是在日出時再度回到地面。當我回到日光中時，我似乎回到了另一個世界，離開了那在地下時流過我的、擁抱萬有之愛的永恆。」幾乎沒有停頓地，瑪利亞繼續她的回憶：「我繼續與厄色尼人共處了一段時間，每天早晨我與他們一起去到地下室，並得以加入他們的儀式，我沒被告知何時還會再見到約瑟夫。」

「一天米瑞安把我喚過去，她躺在她白天的床上，看起來並沒有生病，但我感覺到她似乎準備好要離開她的身體。她堅定地看著我，眼睛閃爍著、流動著無盡的愛；我看得出來這雙眼已經望向其他世界了。她很安靜地說：『瑪利亞，我在這裡的任務如今完成了。因為我即將離開這個地球，我能看到所有將發生的事，也看到我們社群的前路將會困難而危險。即將來拯救我們的他，將為我們的社群帶來毀滅。然而，我們被允許只為這事件做準備，這是多大的祝福啊。我只想說珍重再見，因為我將很久不會再回到這個地球。我將會回到我的世界，並揚升到無盡的基督之愛中，守護它的火焰直到我再度回來，那時我們所植下的種子將結果，我將回來繼續我在地球上的任務。現在我必須離開妳，我好高興我們在此相遇，再會了！』」

「她閉上眼睛，並喚來她的助手：『請找大師們來，』米瑞安以安靜又冷靜的聲音說：『我希望能接受最後的塗膏，好讓我可以離開此生，妳也應該待在這裡，瑪利亞。』接著無比芬芳的聖油被帶進來。即使她的身體非常虛弱，七位大師安靜地進來時，她仍能坐起身。米瑞安把油混合，安靜地塗抹，同時在靜默中將她的知識傳授給跪在那兒的厄色尼人。米瑞安再一次地在她的基督之光中閃耀，一瞬間全然覺知著，下個瞬間便完全離開了。我對她感到十分敬佩。」

瑪利亞陷入沉思。「米瑞安看來不知怎麼得有些不真實，光流經她的身體，但這光卻不是來自這世界。我能看到她是如何離開她的身體的，不帶痛苦、遺憾或任何感覺。厄色尼人離開了房間，我第一次看到他們如何面對死亡。與我們的傳統不一樣，他們既不祈禱，也不哀悼，只是將屍體帶到城門外，沒做任何儀式便焚化了它，骨灰與泥土相混，一切都在完全靜默中發生，好像不太重要般。」

「在接下來的幾天，我遇見的大師們眼中也見不到哀傷，只有喜悅。沒有人提到米瑞安的去世，他們不知何為別離。我與厄色尼人或其他大師的接觸都不多，所以我仍不知對我未來的計畫是什麼。一天，我的舅父亞利馬太的約瑟夫回來了，說：『當冬季節慶期間太陽位於天頂時，就是你們結婚的時候了。在那之前會經歷三次的半月（half-moon），這期間妳應該與妳的未婚夫相處，了解他。妳允許我依循我們的傳統為妳證婚嗎？我們的古猶太儀式與厄色尼的儀式將會和諧地結合，來融和雙方人們，妳同意嗎？』我點頭表示同意，因為我知道那是對的。」

「即使只見過我的未婚夫一次，我已經感受到對他極大的愛。我非常高興能再度見到他，舅父說：『我想你們在庫母蘭見面並不明智，或許妳現在回去拿撒勒，讓約瑟夫去拜訪妳，好更認識彼此。』我同意並回到鎮裡與厄色尼人道別，這次我見了七位大師，他們待我極為友善，完全知道我的計畫的他們說：『在婚禮前的十天來找我們，我們會花七天七夜以神聖儀式來聖化妳的神聖婚姻，天與地將祝福你們的結合。』」

我與舅父亞利馬太的約瑟夫一起離開了庫母蘭，回到父母身邊，我們很開心重逢。我很高興在與丈夫離去共組自己的家庭前，能在父母家中做一切成為新娘的準備。我們有一段美好的共聚，我見了許多老朋友及認識的人，但最多時間還是跟母親在一起，那就好像她把作為一個妻子與母親的直覺與精髓，直接傳授給我。父親待我極為尊重，我不再是他的女兒，而是他尊敬的女大祭司，但我們對彼此深深的信任與愛，仍然不變。」

第五章

來自加百列的訊息

瑪利亞繼續她的故事。「一天，父親跟我說明，約瑟夫想依我們的傳統做正式的拜訪，他會花一個晚上會見父親，取得他的同意娶我。我們女人被排除於這個會面之外，而我幾乎無法忍受約瑟夫就在我們的屋子裡，卻不能在達成正式協議前見到他，我無法只待在我的房間裡。那晚稍後，父親告訴我他很驕傲他的女兒將嫁給一個大衛之家的後代，而且約瑟夫對我而言是個良善而誠實的男人。他說約瑟夫之後還會再來，我們便可以見面。不像周遭的許多父母，我的父母是相當開明的，父親的話如此仁慈而直入我心，當晚我睡得相當好。」

「父母允許我在約瑟夫下次來時單獨見他，讓我有機會多認識他一些。他問我是否想跟他去走走，我們於是走了一會兒，然後坐在一棵樹下，以便聊得更多、了解更深。

他以安靜而帶有情感的方式談著他繼承了父親的木工生意，我並不擔心我們的物質未來，因為他的生意做得很好。他從小被點化進入厄色尼教派，而他最虔誠的祈禱就是對於我們的未來。和他在一起我感到非常安全，也知道我們在一起會快樂。我們沒有討論到那個我們所接收到、會決定我們之後命運的神性任務，我很清楚厄色尼大師也給了他關於我們未來的指示，但我們當時並沒有去想這件事，我們只想認識並信任彼此。他並不急於去做任何事，但總是體貼入微。我能感覺到他對我的尊重，以及當他看著我時，那藉由眼睛表達出來心中的愛。那天之後父母允許我們相處好幾天，我們一起走了很多路，度過許多只有彼此的時間，有時他會與我們共餐。我們之間的愛增長，被我們的互信及知道某個美妙個體將在我們之間誕生而增強。」

「一晚在星空下，我在屋前的安靜角落沉思著，那是一個我童年時很喜愛的角落。突然我被擲出了這個世界……天空開始搖晃，上方的星星開始移動並彼此融在一起。天空中的一切都在移動，突然一個閃亮的光出現在我面前，一個巨大的白天使從一片火海中出現，祂聲音的共鳴彷彿神本身在說話：『妳好，瑪利亞，我是加百列（Gabriel）。我是來自神本身的光的使者，神派我來找妳。我來宣布一個很快會實現的好消息，主自己的兒子將交給妳看顧，一切都已在進行中。受祝福的妳啊、受膏的瑪利亞！主在妳的身與靈中與妳同在。我會陪伴妳，以祂之名，因為妳在祂的保護及看顧中。沒有什麼能傷害妳，即使眾界動盪著，黑暗勢力正匯聚起來要阻撓並打擊那位經由妳要來到地球的人，我會陪伴主度過一切，直到他到達在妳子宮裡的家，在此出生。要確信，不會有事情發生在妳身上，雖然這是迫害與危險的時刻，我會一直與妳同在，保護妳免於所有不幸。』」

「他燦爛的光照亮並籠罩了我們整個房子，讓我擔心父母因此被吵醒，但他們也被裹覆在加百列的光裡，毫無察覺。就如你能想像的，我完全無法入睡，只能祈禱與冥想至次日清晨。神與我同在，用祂愛之光完全充滿我。我毫無期待，完全淨空，準備並靜待接受神所託付於我的。」

我繼續專心聽著瑪利亞的話，「隔天早晨，非常奇妙的事發生了。母親的姊姊伊莉莎白（Elizabeth）急忙來找我與母親，甚是慌張且興奮地說：『我一定要告訴你，主透過加百列天使來跟我說了什麼。』我小心地聽著，」瑪利亞說：「伊莉莎白有跟我一樣的經驗，雖然她年紀相當大。主的天使出現在她與她在耶路撒冷的聖殿服務的丈夫撒迦利亞（Zachariah）面前，宣布他們將得一子。天使說：『妳好，伊莉莎白，主想要透過我告訴妳一個驚人的消息，妳是受祝福的，妳與妳的丈夫將會有個兒子，那是祂自己的兒子，並且是古先知以利亞（Elias）的轉世，他會為由妳妹妹的女兒所生出來的救世主鋪路。保持妳的每日祈禱，信任主，妳的孩子會受到祝福，妳也是，遠古的預言會透過妳實現。我加百列會永遠臨在，我的所有天使會保護並陪伴妳度過一切狀況。主的神蹟透過妳彰顯，致上問候，祝福永在。』」

「伊莉莎白說完了她的故事，」瑪利亞解釋：「雖然她的丈夫也遇到同樣的事，她卻仍無法相信，她老到無法生小孩，我把她的手放在我手裡，說：『相信吧，伊莉莎白，這是真的。天使也跟我傳遞一樣的訊息，讓我們一起祈禱，神所期望我們承擔的需要信任與庇護，讓我們進入安靜的祈禱與冥想中，直到神的旨意依祂的計畫實現，直到祂給地球的禮物來到。』我感到她變得冷靜些了，接受了發生的事並相信了它，她接著便回家了。三週以後，她捎來訊息，說奇蹟真的發生了，她有了孩子，天使已經給他取了名：約翰（John）。這孩子將在我兒子出生前出生，帶著他所有的火。」

「直到當時，約瑟夫與我還未討論過主給我們的恩賜，但現在伊莉莎白懷孕了，我想該是我跟他討論的時候了。約瑟夫也知道計畫中我們會有個孩子，他謙卑而勇敢地說：『我不知道我們是否能實現主的期望，但我相信主會帶領我們，並且為我們指出如何遵從祂的話。』我們前往厄色尼社群的那天終於來到，要去完成十天的婚禮準備。我的父母留在家裡，他們能接受在厄色尼婚禮中父母不在場的狀況。在庫母蘭，進入婚姻並不帶任何約束，除了夫妻倆人及婚姻本身的承諾外，並沒有家人的約束。」

「離開的時候，父母給了我一份家傳的禮物：一個裝有母親與外婆的珠寶的盒子，傳給我這新的一代。母親情緒很激動，父親極為敬重我們，約瑟夫依古猶太傳統給了他一整袋的金幣，以酬報父母支持並教育女兒直至出嫁的心血。」

「接著我們同行到庫母蘭，到了那兒我們就去到各自在鎮外的住處。待三天之後，七天七夜開始了，儀式由厄色尼的大師陪同，為我們釋放世俗牽絆、淨化及塗膏，讓我們得以進入神聖婚姻。然後就到了我們簡單婚禮舉行的那天——安靜地與聖靈交流，聖靈以火焰之態出現在我們上方，將我們一起繫圍入婚姻中。這是我的新婚丈夫第一次帶我去他的屋子，因為傳統上新婚妻子在結婚前是不能見到她未來的家的。」

「我們到了他的屋子，我第一時間便有了回家的感覺，這會是我們的避風港，共享彼此生命的庇護所。約瑟夫以愛與用心打造我們的新家，它乾淨簡單，但足夠讓我們有各自的空間並滋長互信。幾個月之後，我接到伊莉莎白生了一個健康兒子的消息，也發現自己懷孕了。那是我生命中的安靜時刻，我能覺知到加百列天使常在左右，一切都寧靜而在祂的保護中。」

這時瑪利亞停了下來說：「已經很晚了，我們今晚應該到此為止，好應付明天的旅程。」我們都做了厄色尼的潔淨禮，瑪利亞伴我入睡，就如以前我母親對我做的，我極為喜愛。我已經好久沒有這種被照顧與保護的感受，那是個安寧的夜，是我好久不曾有的。隔天早晨，瑪利亞來叫醒我，我們準備好繼續旅程，嚮導已經在等我們，我們似乎都選擇人跡較少的路線。我迫不及待想找時間讓瑪利亞繼續她的述說，它佔據了我所有的心思，那些故事給我平靜與希望，讓我十分沈醉。那天我們行旅到夜晚，當我們到達庫母蘭時，太陽已經沒入地平線，是月亮與星星迎接我們的來到。

我們被請入鎮裡後，瑪利亞說：「今晚你可以睡在我家，明天我們再看看你要待在哪裡。我會照料你，確保你有自己的房間而不會睡在小孩的通舖，我要你把這當自己的家。」筋疲力盡的我馬上就睡著了，覺知著庫母蘭熟悉的光。我想必睡了很久，因為我醒來時瑪利亞已經不在房裡了，我仔細地端詳了房間，簡單、明亮而平靜，充滿著慈愛的光及平靜的感覺。

接下來的幾天主要在等待。瑪利亞會來帶我去用餐，但似乎在我的未來被決定前，我必須保持耐性。瑪利亞沒有跟我說太多話，而我也不被允許自己一個人上街，因此我有許多時間享有獨處的平靜祥和。

然後，有一天，耶穌突然出現在我門前，問我是否想要到鎮外散步。這是我這趟第一次看到他，我歡喜不已。對他來說，一切沒有界限，無論去到哪裡。我幾乎不發一語地跟著他，離開庫母蘭大門時，我們沒有見到任何人，也沒有人試圖阻擋我們。我們一起走了一段時間，直到耶穌說：「來吧，坐在我旁邊。」他望向遼闊沙漠，而我第一次發現鎮周圍的無花果樹及棕櫚綻放著花朵，我看到供應居民食物的耕地，這在後來會改變。庫母蘭周圍，在厄色尼人的用心栽種下，一片茂盛青蔥。然而從高地，我能看到遠處的沙漠，土地乾涸死蕪。耶穌必定讀到了我的心，他說：「透過愛與努力，厄色尼人能創造非原生的新狀態，看看那裡的沙漠，貧瘠乾枯。厄色尼人運用他們古老的知識寶庫，能在任何他們想要的地方造出沃土，跟我來，我帶你去看。」

他繼續解釋：「無論其他地方發生了什麼事，厄色尼人的果實總能長大成熟，供我們所食——這是他們愛與臣服的奇蹟。」然後他問：「我們該在這裡待一會兒嗎？」我渴了，而他在我隻字未提下便注意到，問：「你需要一些水嗎？」在我能答覆前，他用手揭開了一個地下泉，把它稍微挖開來，說：「你能喝這裡的水，地球的資源取之不盡，你只須知道要往哪裡找。」

我將地裡湧出的水接到手上，那是我喝過最好喝的水，就像蜂蜜、花朵、土壤及我在父母家裡聞過的酒。它以如此美好的方式止住了我的渴，當我喝完時，流水停止了，泥土蓋掉了水源。耶穌微笑著說：「這世界充滿奇蹟，我在這裡要喚醒它們，讓它們活回來。」他安靜了一下，接著問：「妳知道嗎？我已經在庫母蘭待一段時間了，厄色尼人已經傳遞了他們的所有智識給我，但很快我就要去國外了。我很高興你來了，讓我能在離開前見到你，因為我會離開很久，你應該知道，你屬於我的同行者。」

我不是真的了解他說的每件事，但接著他補充：「我想要你利用在庫母蘭的時間，跟厄色尼人學習一切你未來需要知道的東西——你需要這些知識。你是強大有力的，我們已經認識彼此很久了，我們與許多其他人一起來到地球，帶回那被遺忘的。你隨時可以來找我，因為我認定你為我的第一批伴隨者，很多其他人之後會再加入我們。」接著他站起來說：「來！我想讓你見我最親愛的朋友，約翰。」

我記得瑪利亞提過約翰，所以我知道一定是他。我們經過厄色尼人正在辛勤耕作的田地回去，我跟著耶穌走過鎮裡的窄巷。那天學校沒上課，我們來到一個廣場，一個大約與耶穌同樣年紀的男孩坐在那兒，我認出我曾在到庫母蘭的第一天看到他。我看到人們周圍能量的能力增強了，我看得到約翰氣場的火焰，陽光讓它更強大了。他看起來比之前更像大人，深色的頭髮及深陷的眼窩襯托出他剛烈的性格。耶穌笑了，說：「哈囉約翰，你在養大你的火嗎？」約翰看著我笑了。即使有那樣的性格與眼中燃燒的火，他仍然是個安靜的人，並給我一種熟悉的感覺。

耶穌對我說：「約翰也會很快離開這裡，因為他被指派了一個新任務——他要有一個新老師了。」約翰看著我，我在想他是否真的想與這樣的小女孩說話，但他微笑了，並大膽問我：「若你想的話，可以加入我們的探險，有時我們偷偷地溜出鎮外，去做區域調查。」我的心蹦蹦跳，在過去幾天無聊的日子後我很歡迎改變，耶穌與約翰看起來都是愛冒險的男孩，勇敢又雀躍。

「現在我們必須回去上課了，」他們說。「我們會再見的。」耶穌帶我回我的房間，我們發現瑪利亞不太高興。「你們跑到那裡去了，我真的很擔心。」耶穌回答：「我跟她在附近的田裡，我帶她去看看外面的世界。」他的話似乎安撫了瑪利亞，因為她說：「好。但下次請在出門前告訴我，我必須對她負責；她在這裡無父無母，我是她的監護人，請記得這點。」她的語氣堅定，耶穌點點頭離開了。

然後我又一個人了。那天快結束時，瑪利亞不再緊繃，跟我說：「我想讓你加入我們晚上在大會堂的晚禱。委員會對你未來在這裡受教育的細節已達成協議，現在起，你將參與鎮裡的生活，明天我們會出席委員會，他們會對你說明所有細節。我為你談成了一些好事，你會繼續由我照顧，至少在未來幾個月間，然後看看事情如何發展。」

她握起我的手：「來，我們一起去禱告。」厄色尼人都在大會堂集合了，我加入他們的冥想。藉著回到內心並以「以利（Eli）」之名冥想，他們形成了高強度的光，照亮並統合了眾界。在這安靜的時刻，我非常高興回到庫母蘭。

第六章

耶穌的誕生

次日早晨，我隨同瑪利亞去七位大師的委員會，擺了石桌椅的會議室讓我回想起上次我與父親在這裡的時光。委員會說明，現在是我在庫母蘭實習與學習開始的時候了，蘇瑪亞接著對我解釋，庫母蘭七位大師的每一位都負責一個厄色尼學派的高等學校，負責的男性或女性大師會教導那些他們認定有潛力的孩子們。

蘇瑪亞說她會負責我第一部分的教育，她告訴我：「現在我們必須為你取一個合適的名字，你的父母叫你什麼？」我說我只記得「小公主」的名字——沒人叫過我其他名字。蘇瑪亞說：「我們必須為你找一個厄色尼名，瑪利亞，請為她取個厄色尼名字，因為她在這裡不能用她家裡給的名字——那會帶來麻煩。」我後來才知道她說的是什麼意思。

瑪利亞看著我，問：「你熟悉的名字是什麼？」我想了一下，說：「嗯，就只有你的。」她停頓一下思考後說：「那我們就叫你米瑞安（Miriam），跟我們往生的女大師一樣。這就是你的厄色尼名，是你實習期間及跟我們在這裡時的名字。」然後瑪利亞向我說明她該回到她丈夫身邊了，但她會與耶穌、約翰與我度過她的最後一晚。她要告訴我們她未說完的故事，為了讓我自在，她告訴我耶穌與約翰也想聽她跟我說的那些故事的結尾——包括耶穌出生過程的美妙經驗，那也與約翰有關。然後她說：「從明天開始，蘇瑪亞會照顧你，我會帶你去你在孩童迴廊的房間。」

她帶我到一個小房間，這裡以後就是我自己的房間了，有這麼一瞬間，我害怕了，因為過去我一直都有家人在身邊，不曾落單。瑪利亞注意到了，說：「不要害怕，你所需要的這裡都會有，我們今晚見。我會為我們燃起火，你將聽到故事未完的部份，並為了將來，將它們留存在你的心裡。」那天白天剩下的時間我便用來熟悉我的房間及環境，晚上我也能自己找到去冥想房間的路。冥想後，瑪利亞、耶穌與約翰等著我，瑪利亞帶我們去她的房間，她以厄色尼方式在一個銅缽上燃起火，很快焚香與美好的味道便充滿整個房間。

然後瑪利亞開始說：「在我用心呵護懷著你時，耶穌，我與我親愛的丈夫約瑟夫一起，渡過了生命中最平靜的時光。雖然整個以色列處在極大的社會動盪中，會有朋友告訴我們情勢如何。沒有人知道我子宮裡孩子的事，除了家人及厄色尼人，我們非常小心。但是有一天，厄色尼大師們來通報，說以色列國王希律（Herod）被他的智者術士們告誡，說他們從星象中讀出世界之王即將誕生。以自大、多疑、凶暴而惡名昭彰的希律，聽到這消息暴跳如雷，因為害怕失去他的權力，他派了特務與密探到附近領土尋找這年輕國王，想要殺掉他。不幸的是，他的智者雖說有預知能力，卻也講不出確切的時間或出生地。」

「給我們捎來消息的使者離開之後，很顯然我臨盆在即，約瑟夫和我忖度在拿撒勒附近生產是否安全，因為希律的密探無所不在，沒有什麼城鎮或村莊是安全的，特別是對貴族或王室的後代來說。希律知道世界之王來自貴族血統而循線尋找，那對我們是危險的。由於當局曾命令我們要報戶口，我們也照做了。」

「就在那之後，我們馬上前往庫母蘭，我們覺得這是讓兒子出生最安全的地方。在我們與驢子一起離開家時，我的身體腫脹笨重，然而我們還是奮力到了庫母蘭的城門，這裡的大師立刻接應我們，因為厄色尼人已經從星星的異常運行判定出彌賽亞即將到來。無論如何，有人警告我們庫母蘭並不完全安全，因為這是希律第一時間會派密探及士兵來的地方，他一直懷疑厄色尼人意圖推翻他。他的恐懼及對權力的著魔殃及全國，因此厄色尼人決定送我們到一個他們才知道的祕密所在，並由女智者們陪伴我們，以協助彌賽亞的誕生。」

「我們立刻離開庫母蘭，被帶到只有住在那裡的牧羊人及親近當地厄色尼人者才知道的一處山洞裡，這些毫不起眼的村落，又小又沒人知道，不會引起希律勢力的注意。這旅程對我非常吃力，因為我已經在陣痛了，我向神祈禱讓我撐到我們找到地方，好在祂的庇護下生出孩子。厄色尼人給了我們神聖的植物、療癒箱及焚香，我們終於到了為我們選定的洞穴，兩位女智者立刻隱藏了我們所有的足跡，我們終於感到安全了。然後他們開始為我們準備房間，點上香與油燈，進行神聖儀式。」

「就是這個地方，耶穌，」他的母親解釋：「是你第一次看到天光之處，安安全全地，在女智者的襁褓中，約瑟夫在洞穴站崗保護著你。在這裡我們真的是安全的——這是一個沒有人會預料到一位王者會誕生的地方！他們為你用庫母蘭大師給的神聖麻布及毯子做了一張床。我精疲力竭，但加百列及其他天使在分娩期間全程在場，我能聽到來自天堂的樂聲，地球敞開而包裹了我的身體，在最後的分娩疼痛中給我力氣。」

「厄色尼人擁有豐富的療癒知識，所以生產本身完全不困難。事實上，我感覺整個過程彷彿只是進入一段狂喜出神；我們在天堂與地球間，我與你合一。然後，」瑪利亞繼續：「我第一次抱了你，彌賽亞，在我的臂彎中。女智者以厄色尼迎接孩子出世的方式為你塗膏，其中一位叫做賽莉亞（Celia）的女智者留下來照顧我。另一位瑪菈（Marla）則回到庫母蘭告知厄色尼人彌賽亞的出世，我們想要將這大好消息，帶給在我們亟需時協助我們的厄色尼人。然而，直到那時我們還沒注意到天際的壯觀景象：星星位置異於平常，代表彌賽亞誕生了。」

「瑪菈回到庫母蘭之後，這消息傳得飛快！在讀到天界的訊息後，三位牧羊人突然出現在洞穴前，讓約瑟夫很驚訝，他問他們：『你們在找什麼？』牧羊人說：『今夜當我們與牧群一起在開闊的星空下，天界給了我們神奇的訊號，許多星星合而為一顆明亮的星星，是我們所見過的最閃亮的星。這光對我們傳遞——救贖者已經誕生！快去迎接他，送上你們的禮物——然後天使出現，告訴我們跟著那顆明亮星星的移動，就會找到這個地方，我們就跟著它直到它停在這洞穴上方，我們此刻站的地方，然後星星開始閃得更加明亮，我們猜想彌賽亞就在這兒了，就如星星所展現並預示的。』」

「約瑟夫進來對我們說：『外面有些牧羊人想要歡迎我們兒子的出世，看起來是神派來的。』所以我們就讓他們進來了，他們是第一批來歡迎你的人。天堂的光從你的搖籃散放出來，充滿了房間，牧羊人認出這道光而跪下來讚美神。然後他們獻出禮物給我們，他們也帶來自己織的羊毛毯，我們因而被供應無虞。他們答應要為我們防衛陌生人及阻止麻煩，約瑟夫告訴他們有位女使者將很快從庫母蘭回來，並給他們她的名字讓她能進入。」

「那晚我在天使搖鈴的樂聲中入睡，疲累卻滿足，約瑟夫與牧羊人繼續整夜在外守衛。一大清早，來自庫母蘭的使者來告訴我們鎮裡發生的事：一整個晚上，天空展現前所未見的星星及行星的排列，令人驚奇，所以當彌賽亞誕生時，庫母蘭居民馬上就知道了，但是，」瑪利亞繼續：「大家知道他們不該在此時前來朝聖，以避免被希律的密探或特務跟蹤。」

「我們在那裡待了幾天，讓我能藉由厄色尼女人賜與的療癒力量中恢復適當的元氣。一天，庫母蘭派出另一位使者來告訴我們：『有三位大師來到鎮裡，顯然是來自國外的聖者，他們從星象中讀出神要他們從自己的國家來厄色尼處尋找彌賽亞。他們接著詢問自己的心，得到必須跟隨神的訊號。厄色尼人派我來問你們，是否願意接見這些來自東方的聖者，若你們同意，我就會回去帶他們走祕密道路過來。』」

瑪利亞繼續她的故事，「我們無法拒絕，因為我們了解，神的訊息送達了那些尋找彌賽亞的人，而我們只是試著在你的道路上服侍你，耶穌。使者回到庫母蘭，而感謝厄色尼優質的藥草與油膏，我也很快恢復元氣。隔天晚上，使者帶著三位男子出現，由約瑟夫先接待。當他們進來時，我看得出他們是遠來的尊者：穿著衣服質料高尚，三位皆散發著智慧與莊嚴。他們向我頂禮，然後，他們看到你並對你下跪，耶穌。我們接受了他們的聖禮，我為你保存起來。」

「一位給了你一個裝滿很棒的焚香的美麗碗缽，是他親自依他國家的傳統準備的，這裡有大地的樹脂，一經點燃它會歌頌你的降臨人間，讓眾界皆能聽聞。第二位智者帶來以沒藥製成的聖膏，並請求塗在你身上，我答應了。第三位帶來一本非常古老的聖書，是歷經幾位老師傳下來的。」

「他說：『好好保存它，瑪利亞，這本書中也預知了彌賽亞的到來。我的師父並不允許我讀這本書，但他訓練我認知到書中教導的重要訓示是原諒罪惡。』然後他把書交給我為你保管。」

「從我們的貴賓口中，」瑪利亞告訴我們三人，「我們知道他們曾經過耶路撒冷，而希律的密探可能聽說了他們的尋訪，或許已經開始進一步的調查。情勢愈來愈清楚，是離開這個地方的時候了，我們意識到危險正迫近。約瑟夫在洞穴外與聖者談話，他們的名字是卡斯柏（Casper）、梅爾該（Melchior）、貝塔薩（Balthazar），讓我能安靜休息。他們商討我們旅行的最好方式，而約瑟夫也發現了這三位聖者具有的預知力與靈性。」

「我睡著了，約瑟夫叫醒我說：『三位聖者解釋說希律從未如此生氣，他計畫以激烈殘忍的方式找到並毀滅威脅他王位的對手，他們因此建議我們儘快離開以色列，因為這裡已經不再安全了。我們的兒子與約翰一樣深陷至險，我們必須及早打包離開。』他們三位願意陪我們去埃及找一群亞伯拉罕的直系後代，這些人會給我們安全庇護，他們依我們的傳統生活，當中也有博學之師與治療師。這些亞伯拉罕的後代與他們埃及的鄰人們和睦相處，並被允許保留自己的風俗習慣，我們就待在那裡，等待重返以色列的時機到來。」瑪利亞對我們解釋：「『兒子該回到以色列，但只有當危險過去的時候，』約瑟夫這麼告訴我。他需要跟我們短暫分開，去消滅我們所有出沒的痕跡。『我的老家在伯利恆（Bethlehem），我需要去那裡登記兒子的出生。』約瑟夫解釋，『當我辦完這件事，就會去埃及找你們。』聖者已跟他形容了路徑，他會儘快與我們在埃及相會。『你可以確信我們在神的手中是安全的，並且確信祂在保護著我們。』約瑟夫向我保證。除了這些，當地厄色尼人已經派了使者到庫母蘭去告訴伊莉莎白我們的計畫，並準備讓約翰也去到埃及。目前他是安全的，但厄色尼人必須找到方式把他帶到埃及跟我們在一起。看來聖者似乎與厄色尼人有某種靈性接觸。」

瑪利亞安靜了一下，然後繼續：「約瑟夫說他很抱歉我們必須離開自己的家園，但他感到這是最安全的方式，至少暫時來說。我對他有完全的信心，便同意了。聖者決定留下他們多數的隨扈並為旅程做準備，對於與我們同行，他們有足夠的供糧、毯子及帳篷。在他們的引導下，我們循著祕密道路前進。兩位女智者回去庫母蘭，而我，在約瑟夫離開我們時當然很傷心。三位聖者建議我們儘快離開，因此我們便毫不遲疑地離開了。我無時不把你抱在懷裡，耶穌，貼近我胸膛。我對加百列、對神、對所有強大的光的存有祈禱，希望我們不會受到傷害，就這樣我們開始了前往埃及的旅程。現在我相當熟悉亞伯拉罕後代在埃及的故事，他們仍然過著深深崇敬先祖的生活，特別對是我們的創建之父。我已經聽過許多關於我們在埃及的兄弟姊妹——我們的更大家庭——的故事。在途中，我感到聖者數度以他們隱藏的力量保護我們，外表看來我們沒有遭遇危險，但當我們直覺地感到危險接近時，三位嚮導顯然便啟動神祕力量來保護旅程。」

「我們旅行了幾天後，一位聖者突然說：『我們應該在路上找個安全的地方停留，我感到約瑟夫傳來他即將追上的訊息。我們應該等等他，讓他加入我們後段的旅程。』於是我們搭了帳篷，」瑪利亞繼續說：「我終於從疲累中復原，雖然厄色尼女人幫助我療癒及恢復元氣，我還是相當虛弱。兩天後，約瑟夫出現了。我好高興能擁抱他，有他在身邊。約瑟夫談及希律竟命令屠殺所有新生嬰兒的暴行，我在心裡感到作嘔，想到這麼多無辜的靈魂為了我的兒子必須死去，這個國家因為你的到來而浴於無辜之血中，耶穌，那讓我的心及靈魂都傷痛。」

「約瑟夫告訴我們他把你的戶口報在伯利恆，希望這會掩蓋我們的痕跡並為我們的厄色尼友人免除麻煩。約瑟夫也警告有小嬰孩的母親們躲起來避險，但我的心仍然為希律瘋狂行徑的受害者感到哀傷，因為我知道這還不是結束。當其中一位智者梅該爾聽到約瑟夫所說的，他說：『希律的命運已被封定了，他將死況淒慘，而且就在不久了。但他的繼承者對你們並不會更手下留情：因此你們最好現在就離開以色列，你們的足跡還能隱藏一段時間。』」

「幾天之後，我們到達傳說中的尼羅河，旅隊沿著河岸走了一段，在我看來這條河滋養著這個國家，一如母親之於小孩，我感到它修復了我。在家鄉，埃及的故事總是朦朧，仍然戴著神祕面紗。我能感覺到這片土地的魔力——與我的故鄉以色列不同。我們坐船渡過尼羅河，然後繼續前進，直到抵達一個位於河邊肥沃山谷中的村落的邊緣，同行的聖者告知這就是旅程的終點，他們說：『這是你們能安全躲藏的地方。我們會陪你們一起進入村裡，因為我們認識他們受點化的聖者。我們必須說明所有關於你們的事，這樣他們才知道你們是誰、他們保護的是誰。』」

「我們在村郊等著，隔一段距離可以看到聖者很輕易就進了村裡，雖然這個社群給我們防備密實的感覺。聖者回來說：『他們歡迎你們。這裡還有兩位大祭司及一對深具古亞伯拉罕傳統智慧及經驗的夫婦，他們已經讀到你們到來的預言，而期待著你們。』我們真的受到社群的竭誠歡迎，在那裡度過了幾年快樂的生活。約瑟夫以他的工匠技能支持村落，而我能用我的療癒能力幫助鄰居。我們參與他們的儀式、祈禱及一般的村莊生活。一晚，一位天使出現對我說：『瑪利亞！是你的家庭離開這裡回到以色列的時候了。獨自去，跟人解釋你是來自埃及的旅人，想要拜訪你在以色列的親人，並且因為在以色列無其他倚靠或工作，希望在親戚支持下開始新生活。帶耶穌回厄色尼，順著隱密道路回到庫母蘭，那裡現在已經不再危險了。是耶穌接受厄色尼教派點化的時候了。』」

「於是，我把約瑟夫叫醒，」瑪利亞說。「我心蹦蹦跳地告訴他來自神的天使的訊息，我們的命運在祂的手中，祂將如天使所說的一路保護我們回以色列。這是厄色尼人及其大師首次有認識你的機會。」

第七章
厄色尼人的療癒與儀式

瑪利亞靜默並沉思著，看著星星。夜已深，我注意到耶穌與約翰仔細聽著瑪利亞的故事，停頓一下後，瑪利亞繼續說：「我的兒子啊，厄色尼大師告訴我你已經學會一切他們必須教你的東西……此刻你在庫母蘭的時間結束了，你很快要繼續前往重要旅程，亞利馬太的約瑟夫會帶你前去，因為他已經探訪過這地球上所有的智慧學校。我們將有很久不會見面。明天我會回到丈夫約瑟夫那裡，因為我在這裡也完成了我的所有任務。」

然後她改變語調，再以母親對孩子的口吻說：「晚了，是上床的時候了。今晚的星空特別燦爛，我想它會接納你並在你自己的天堂中分享一部分，而我也要沈入我自己的小小天堂了。」她帶我去我房間並吻我臉頰。「好好睡，小米瑞安，你將至少有一段時間不會再見到我，但請確信，當到了你該學習我要給予你教導的時候，厄色尼人會找我回來的。畢竟，你被指定為我的接班人！」然後她便回房了，而我便第一次獨自在自己的新家，我很驚訝地發現自己並不感到孤單，感受著與星光天堂的親近及神的光的臨在，我睡著了。

隔天早晨蘇瑪亞依約來找我，說：「你會在我的學校開始你的教育，第一天你會跟我在一起。來，我帶你看我學校的教室，明天會有其他老師來這裡教你。」她帶我看不同的教室，每間都有自己的功能並散放獨特的光。她說：「我負責庫母蘭的療癒學校，你會學到厄色尼人服務的方式。我們學習由二元對立創造合一，並能在這種交融中，依神的話語療癒他人。許多來自我們學校的厄色尼人周遊全國，給予那些因二元性而遭受病痛的人力量與康復，但我們絕不能期待從這種服務中獲取報酬，這是我們這裡的規則。」

我們走入教室，我被眼前不尋常的景象嚇了一跳，我看到弟子們圍圈冥想，完全沉浸於靜默中。當蘇瑪亞進入時，每雙眼睛都張開了。課程中大人小孩都有，涵蓋各個年齡層，蘇瑪亞說：「大家好，神聖之光的治療師們，我要為你們介紹新學生，她會加入你們一陣子。」就這樣我便開始接受厄色尼人的教育。

庫母蘭學校的弟子每天花好幾個鐘頭冥想，我們被教導透過愛讓心的二元性合一，當她覺知到弟子們達到這個階段時，便會過來指導我們手的療法及其他技巧。我在這個學校待了幾個月，每天早晨都以蘇瑪亞教導的方式冥想——對著在來自金星的火中結合的太陽與月亮冥想，蘇瑪亞是這麼講的。我完全不覺得定入冥想直到心達合一之境是件困難的事。我完全滿足，並且沒有物質意識。

在蘇瑪亞所教導的一些課程中，她告訴我們：「當你完全沉浸於基督之光時，你便不再需要外在的療癒方式，其他輔助都不再需要，因為光的力量就是你給予療癒所需要的一切；它是生命的純淨本質，為不穩定的生命帶來平衡。完全浸入這種愛中能起死回生，病入膏肓也能得醫治，只要透過對神的祈禱。」

當她說話時，宇宙的光陪伴她的話語，那光包含著她傳給學生也給我的神聖知識。後來我愈來愈注意到，她總是正好在我意識到每個學生都達到心的合一時進入教室，永遠都剛好出現在那刻臨到時，不早也不晚，然後她就會傳遞她那通常被光所包覆住的知識。一天她來找我說：「此刻是你學以致用的時候了，你可以加入一群人去拜訪這個地區的村落，去療癒病者。就是去相信在你內在被點化啟動的力量，其他的就取決於神，除此之外我沒有什麼可以建議了。」

隔天早晨我被允許與這些厄色尼人，當中有些是我認識的，去到鄰近的一些村落。在離庫母蘭不遠的第一個村莊，一位來迎接的村民說：「你們能來真好，我們一些居民病得很嚴重。」治療師娜妮亞（Nanea）指示我跟著她，並說：「來幫我吧，米瑞安。」現在，一如以往，厄色尼人如何能不用言語地彼此溝通並知道該做什麼，總讓我很驚訝，他們似乎能直覺地組織並分派彼此，去拜訪居民以幫助村落。娜妮亞和我拜訪了一位皮膚狀況極為奇特的女人，她的皮膚長滿水泡，好像被啃食過一般。娜妮亞輕聲說：「米瑞安，我們開始治療前會祈禱，當你留意到對的時候時，我們就上前對她的靈魂說話，她的靈會告訴我們可以療癒到什麼程度。」

透過冥想，我們與神合一，我能感覺到在娜妮亞與我之間存在的內在節奏，一直到我接受到是時候的訊號並傳給她。我們站在一起，把手放在這女人的星光體（astral body）上開始工作，我感覺到強烈的宇宙能量流透過我的心進入我的雙手。就像進入了狂喜狀態，我感到對神的祈禱被回應了，並接到用手握著女人的腳的訊息。她完全安靜並且沒有覺知，直到我碰了她，然後她醒來了，我感覺到她全身抽搐了一下，好像她的靈魂回來了。娜妮亞看著我說：「做得好，她的身體與靈魂分離了，而你讓它們再度結合，她很快會復原。」一如我所學地，我們祈禱並感謝女人的靈魂，就在那片刻，我覺知到光，就像母親在療癒時我所經驗到的。光充滿了房間，並把這個女人復原所需的一切交給她自己，任她運用。

從那時起，我規律地加入這些療癒出訪團，當我們幾個月後再回到村裡時，我知道我一開始治療的那個女人完全復原了。聽到我們的來到，她邀請我們共用麵包與酒，那是對我們工作的報答。以這種方式，我繼續了幾個月與厄色尼治療師的學習。當時我不常見到耶穌，即使有也幾乎只是擦身而過，只有兩次我得以與他在庫母蘭外散步，第三次他說：「我很快就要離開了，我的時間到了，我們要很久以後才能再見了。」我感到悲傷，因為即使我不常見到他，仍然非常喜愛他的陪伴，他的光輝、神性與無盡慈悲都是我非常熟悉的。一天，我知道他已經離開，我才開始了解在庫母蘭人們不作道別，厄色尼人不相信這一套——他們與神如此合一而不鼓勵這樣的習慣；然而，我仍知道我將很久見不到耶穌。

我在庫母蘭的教育持續了好幾年——我不確定有幾年，但的確是很長的一段時間。在我受到厄色尼療癒實務的點化後，我被允許到鎮外工作，在一個種植草藥以用於花精及精油的農場。一位叫做約書亞（Joshua）的厄色尼長者教導我，他是個有智慧的老人，讓我意識到地球的作用力如何用來促進植物成長，也教我關於流遍地球、源自地球以及流入天堂的以太（ethereal）力量，以及如何根據元素法則及日月間的節奏，來捕捉並培養植物的療癒力。有時我被允許與他及他的助手在他的藥劑實驗室裡工作，在那裡珍貴的花精及油膏，由藥草、植物及油中製作出來，乾燥的草藥與樹脂混合，然後再度乾燥。特別讓我感到新奇的是，厄色尼人與我們在耶路撒冷的作法不同，他們不使用任何不是自己生產的東西，他們什麼都不買；所用的一切不是自己種植，便是來自饋贈的禮物。

厄色尼人有一種自然節奏與生活方式，讓他們能自給自足。我喜歡為藥師約書亞工作，那裡放置了氣味濃厚而豐富的濃稠精油及油膏（我看起來總是呈現金光），儲藏室除了約書亞本人誰也進不去。約三或四年後，蘇瑪亞來跟我說：「你跟著我的見習已經結束，你的下一階段是跟著菲（Fee）大師，明天來參加委員會，她會向你解釋她要教你什麼及你會獲得什麼訓練。」

會議後，我去菲的教室，受到她熱忱的接待。雖然她變老了，但也變得更清透、甚至更有吸引力，但也更有距離。就在那天她帶我去到聖殿，但在我們進去以前，她對我說明厄色尼人從來不在他們工作的空間中交談，她說：「我是主管火典的大師，目的是要將星星與宇宙之火的能量帶到地球。我與地球之流及天堂之流共同工作，並調和它們以讓合一充滿我們的空間，這是我們在庫母蘭的重要責任。你看，這些流在地球上的許多地方都存在，但彼此卻不協調。宇宙力量流入地球，這些流與以太氣流混合。受點化者的工作，便是運用儀典與祈禱，讓這兩股流結合並彼此和諧。」

「在神性之母與婆羅門人士（譯按：「婆羅門」為起源於印度的社會階級，代表一群由教師、立法人士、學者、祭司等組成宣揚法教的階級）的支持下，」菲繼續：「我將傳遞所有從過去當一切——包含各個門派——在阿格尼的火中合一時以來的知識，由於能夠整合天地之間衝突力量的調節者仍然存在，這些儀式在年歲更迭下仍被保留。這種靈性合一能為我們生活的地方帶來美善與幸福，而我就負責把這樣的合一帶到整個庫母蘭。然而我的存有本體往往也可以擴展到全世界，帶給其他地方和諧，讓那些地方的存有也能接受神性祝福。」

然後她以具穿透力的火焰之眼看著我說：「我知道你能感知許多不同能量，對周圍發生的一切很敏感，但如果我教你的儀式無法擴散到我們周遭的區域，請不要驚訝。以色列或許不願意接受神之愛的火，但我仍可以給予我們的城鎮神性合一並維持這裡的生命力量；只要神聖力量能在這裡散放與照亮我們，我會繼續散佈這個知識到全庫母蘭。只是我擔心，我們熟悉的這些能量，很快便無法再進一步開展。」

「在未來的某個時候，」菲解釋：「我必須離開這個地方，這裡不再需要我，我要你學會所有我知道的東西，我將退隱到群山背後的一個被稱為印度的異域，從那裡，我能繼續我的工作並完成我對地球的任務。若在這裡無法保護我在地球上的工作，我便必須藏在不會被發現的地方，來免於這種能量在世上被濫用。」她看著我繼續：「這套法則的源頭是我的父親，他總是把我送到這種精神存在的文化，以確保其確立與維持。現在他要把我送到另一個需要我幫助的未知之境，因為我能以我的火能量將這獨特之地護持在手中。」當她說話時，無盡慈悲的火焰流出她的心，直達外太空。這是第一次我深深望入她的眼中，而我想我認出了她，也這麼告訴她，但她幾乎不作回答。她全然不為空間與時間所影響，沒有問題也沒有答案，有的只是她的存在。

在那之後，我得以加入菲而進入厄色尼聖殿——那是個祕密的內在之地，庫母蘭的一切生命所需的能量皆由此源起。菲接著淨化儀式用的器皿，並為清晨要進行的神聖服侍而做準備禱告，她以這種例行方式為次日做準備。我們在聖殿中沒有交談，我只是觀看，她並不理會我的在場，直到工作結束時會示意我離開。

我們出來後，菲說：「或許你注意到，我在每天的一大清早帶領我們的敬拜，現在開始你也會加入這個每天早上在地下的紅寶室的祈禱，那之後你要與我去聖殿，去學習我每天早上獻給世界的儀式。現在今天剩下的時間就是你自己的了，明早接近四點時我們在這裡會合，你就在靜默中跟著我，只是臨在、觀看並學習。」

我在庫母蘭待了這麼些時候之後，才被允許自由出入，那個下午我就在大街小巷閒晃。我發現了更多的學校，有教導天文學星座與行星的學校，另一個是教導感知存有的氣場與光的學校，這些學校的知識都被小心地記錄在獨特的庫母蘭卷軸中。那天下午我在這些校園外漫步，我沒有上過任何一間學校，但是他們告訴我我不需要上。每個厄色尼男性或女性大師都要負責其中一間學校，但他們的確切責任及工作則保持祕密，我也不曾知道那是什麼。

那個下午，我會見了我的老朋友約翰。我很久沒有見到他了，因為他跟耶穌一起走，兩人被送到山中找一位老師。他應該是幾天前就回來了，只是我現在才見到他。他比過去更狂野與有生氣，溫暖地跟我打招呼。他有一種天生的敞開與自發性，來自他與神的親近，同時他也變得比以前更成熟、更有智慧了。

有些違背庫母蘭的慣例，我膽敢問了他一個問題：「你去了哪裡，約翰？」他猶豫了一下，說：「我現在跟著一個老師，但會不時回到這兒上厄色尼大師們的課。我的老師是位來自拿撒勒學校的山中祕密隱士，他指派我的任務與責任，並教導我成為一位先知，這是我過去幾世的角色，他再度讓我知道我是誰。有時他會陪我去約旦河，為我點化水的祕密。他說我是『施洗者』，不久我就能以神之名實現我施行浸洗禮的使命。」

約翰微笑著說：「在那裡我過著與這裡好不一樣的生活。在荒野中我們過得更加自然，並只以任何大自然所提供的來滋養自己，你們在這裡被保護得好好，比較起我現在住的地方，這裡是個奢華世界。但說實在的，我比較喜歡那裡，房屋一向對我是陌生的，我從來不真的感到安全；荒野才是我的元素、我的家。抱歉，我有事情要辦必須離開了，祝福你。」約翰的話就如他生命中的一切，簡單直接，他從不曾感到有裝飾或浮誇的必要。雖然如此，他卻總是友善的，我就喜歡他這個樣子，好像他完全沒有來自文明社會的習慣或想法，只是他自己，狂野的自己。

晚間冥想時，像是新的能量流入了我，我意識到與菲學習的時刻真的已經開始，神已送來擴張我知識的智慧之流。至此我已經學會辨識能量之流並操控它們，彷彿它們是故友。自孩提起我最親近的朋友就是神，我與祂如孩子般的對話從未停止。

那晚我在冥想中跟祂說話，問祂：「神，你要拿這個地球怎麼辦？你對我們有什麼計畫？你會將我們帶往何處？」但那晚，主只是與我同在；我能感知到未來，但神祂自己還是保持沈默。我只能在夢中模糊地辨識祂透過我所傳送過來的未來，除此便沒有更具體的形式了。

隔天早上我醒來，行潔淨禮，這儀式隨著我的成長愈來愈擴大，我們每天洗淨身、心與靈，我很早就到聖殿等菲，之後我靜默地在內在跟隨她。男女大師們與其他當天被選到的人們都在，然後所有大師們開始並以一種我從未聽過的方式唱誦說話。我每天夜晚都聽見他們，但置身其中卻是很不一樣的；就如同他們在紅寶石光中激盪出了某些共嗚，過程中紅寶石光包圍著他們。儀式結束後，我跟著他們走過祕密通道，到了一個掩護嚴密的地點，我被獲准與他們一起去地下室。這是第一次，我親眼看到瑪利亞幾年前跟我描述的那個房間，一如往例，我們沒有收到任何指示，我只是根據我所看到的及直覺告訴我的，去跟隨當下的發生。我處於深層的冥想中，我們所有人都沉浸在瀰漫了整個房間的基督之光中。

突然，我似乎跨越許多疆界而接觸到了耶穌，他的影像出現，彷彿就坐在我身邊，而我們能夠彼此溝通。他在一個荒野陌生的國度，我可以看到那裡比起我們國家更青蔥濕潤，但也感覺到更冷。眩目的白圍繞著他，他像是置身於反射著陽光的小小水晶所形成的沙丘中，我後來知道那是雪。他讓我看他所在何處，我接到的振動是個聲音，說：「我現在跟著一位地球上最崇高、最有智慧的老師在一起，我還會在這裡待一段時間，然後就會繼續前往其他國家。」透過這內在畫面（vision），我能看到他遊走於不同國家以及智慧學校之間，這些學校與我所知的頗為不同。然後畫面逐漸消失，我回到與紅寶石光的合一，直到其他厄色尼人準備離開地下室。像是微醺恍神般，我跟著他們進入破曉的灰白，並跟著菲回到聖殿。

當我們再度進入聖殿中，我往後緊縮了一下，一個金色發光的存有正等著我們。那不是人形，而是看起來像是來自火的神性之光的存有，他們都崇敬恭順地鞠躬，然後神性存有的形體在燦爛金光中消逝。我能辨別出它強大得不可思議，光披眾界，然後聖殿中的厄色尼人結束了他們充滿著男女大師及神的力量的儀式。我不是真的能形容那出現的神性存有，一切都置身火中——來自神本身的火。菲喃喃說了些我不懂的話，然後當她完成儀式時，我們都陷入狂喜出神，此刻我們都成了火，並與這神性存有完全合一。儀式結束時，這靈性存有退去，我們回到意識狀態。菲做勢我們一起離開，接著她帶我到聖殿後面的一個有噴泉的地方行早晨的潔淨禮，我便跟著她的示範做。

潔淨禮後我們去用公餐，菲第一次帶我去她自己的地方，她在她的小祭壇點了火。在我看來她好像不曾睡覺，而且總是神智清醒。她說：「今天早上在聖殿裡你見到了我的父親，他是我們傳承的父親、我們智慧的導師。每天早晨他以火的形式來到，幫助我融合天堂與地球間的火，我所知道的一切都是他教的。」

我想問問題，但菲很快地說下去：「對你問題的回答是，他沒有跟我們一起在這裡，但我長久以來都跟他保持接觸。他目前在其他地方以人類形體現身；他已經回來，卻不會以那個人類形體來這裡探望我們。他在以色列，已經準備好要與彌賽亞共同執行任務。有時他會接觸我，但我不曾真的見過他。他每天以其靈性形式出現在聖殿中，並從聖火中淬鍊出我們賴以維持聖者教導的活知識。」

菲結束了她的解釋，說：「今天剩下的時間你可以冥想，直到學到我的教導的基本元素。從現在起直到離開我的學校，你都不要說話。」靜默在庫母蘭並不難，因為許多厄色尼人不是根本很少說話，就是只想僻靜。我每天晚上都和大師們在一起，每天早上回來。他們與我分享知識，但其儀式的力量才是真正給我洞見的泉源。我開始理解天堂與地球間的能量流。有時我人到了異地，觀察星星的火之知識如何與來自地球的火融合，以及這知識如何散佈到全世界。在每個個別儀式進行中，我都汲取到此祕密知識的一些洞見，然而都是零碎的。知識從我的潛意識滲入覺知中，即使我在當時並不總是知道如何運用它們，直到生命的後來，在一個遙遠的國家裡，我才將所有累積的知識運用出來。

之後有一天，當我靜默地要去做晚間祈禱時，突然發現瑪利亞站在我面前。我們只是看著彼此一段時間，令人驚奇地她馬上明白了我的無聲之言。她把眼中愛的白光灌注給我，她帶著一個小男孩。我們一起安靜地參加晚禱。隔天，菲在我們進入聖殿以前來找我，那是個非凡的經驗，她沒有開口或使用言語對我傳達：「今天將由你執行儀式。」這麼幾個星期參加下來，我已經知道如何做，她靜默的聲音鼓勵我：「找到你自己的方式，只有主阿格尼他自己能教導你，即使你的儀式完全與我的不一樣，也不要驚訝。」

我被允許在聖殿中執行接下來二十一天的晨典。在每個儀式後，我們都會進入狂喜，然後就整天在這個狀態。二十一天後，我回到房間時，大師們召見我，瑪利亞也在場，菲說：「到了你離開我們的時間了，米瑞安，你在這裡剩餘的時間，我們希望你繼續如厄色尼教派的慣例執行典禮。我很快會隨著預言與新的職責而離開。」瑪利亞接著說：「米瑞安，現在開始，我將傳遞我作為大祭司的所學給你。」然後她為我介紹跟她一起的小男孩。「這是雅各（Jacob），在耶穌出發前，他預言了他的一位伴隨者會經由我轉世。」我看著這男孩——他像是愛的體現，但又與耶穌相當不同。無論如何，他散放著光暈，在頭頂上方有顆明亮的星星。之後我見到許多戴著同樣符號的人，並知道他們也都在不同的任務上伴隨耶穌。

那天稍晚，我被邀請日落時去大師們的會所，那晚我們沒有像平常一樣參加公餐。在晚間冥想後，我第一次獲准經驗庫母蘭難得的慶祝活動，那是只在不公開及特殊的場合才有的。大師們點了餐點並供上酒，我之前就聽說在庫母蘭釀造的厄色尼酒，也知道在哪裡釀造的，但這是它第一次出現在我眼前的桌上。我獲邀參加的是一個節慶餐，瑪利亞與所有其他男女大師都在，雖然沒有人說出來，但我知道那是菲要去追求她的新生涯前的送別餐。

我們用了美食，喝了酒，有一刻酒麻木了我的感官，我再度感知到地下會所裡的紅寶光。酒滲透了我，影響我對身體的覺知並激發我跟隨著嗡音搖擺。我們都比平常更愉快，大聲笑著，真正地狂歡著，不同於我小時候與父母在家裡的一些慶祝夜晚。每個人都歡慶著，直到菲站起來，除了我以外顯然每個人都知道接下來會發生什麼，那天晚上，我學到了厄色尼人的離別儀式。菲拿了一盆水，靜靜地清洗我們的腳，這是為了清除我們共同走過的道路痕跡，讓新道路的準備更容易。然後瑪利亞洗了菲的腳，如此菲便能自由離去：她背後的道路已被消除。那天的夜很長，大師們喝到夜極深，我們一起慶祝，被喜悅與酒所灌醉。隔天我發現菲沒有道別就離開了。

這輩子我不曾再見到菲，然而從那天起，我在內心連結她，並能跟著她的孤寂之路去到天涯海角。她旅行了很久，直到抵達過了水晶山嶺的一個國家——一片之後被稱為圖博（Tibet，譯按：西藏舊稱）的土地。她在那裡延續她的使命，我經常與她作靈性接觸，沒有被時間或空間所分離。我們是盟友，因為我們曾經共同執行火典。她有時也出現在我夢中，並提醒我我們之間的連結比這一世還久遠，那是份遠古以來的友誼，無可搖撼的親密。

在菲離開後，我接下執行聖殿儀式的責任，也愈來愈熟悉火神阿格尼(Lord of fire Agni)。瑪利亞與她的兒子每天早晨都會陪伴我們到地下室的紅寶室。這段時間我一直保持靜默，只有在為菲餞行之時我才打破，然後有一天，瑪利亞來對我說：「現在是你打破靜默的時候了，繼續執行儀典，但任何時候你覺得有必要時便說話。明天晨典之後，請去到大師的共室。」

那天晨典後，我進入瑪利亞與其他大師等著我的房間，現在我要在阿格尼夏（Agnisha）大師的帶領下，開始學習另一個庫母蘭傳承的法門。瑪利亞解釋：「你將接受厄色尼傳承中一個進階法門的指導，阿格尼夏是負責把這門學問傳授給最有能力的學生的大師。這將會學習讀取你的阿卡莎——記載著你是誰及你來自何處的以太圖書館。這會有助於我對你的教育，因為我便能因材施教，我會親自為你依鑽石之路（Diamond Way）的傳承做點化。」

一切都又突然又驚奇，阿格尼夏坐在我旁邊，年輕如他，卻非常成熟與有智慧，每次見到他都令我讚嘆。他看著我並將火充滿我，然後開始說：「米瑞安，你被揀選而帶有最高的夏克緹（Shakti，譯按：陰性的神性能量）能量；依神所造，你來自那能量而那能量是你的一部分。夏克緹智慧的原初力量流經你，帶著它，你為世界的誕生作準備。你屬於一脈女性祖先的十位後裔之一，瑪利亞來自另一個夏克緹的祖脈並將是你的老師。夏克緹知曉夏克緹，並且是永恆的。」

他的話將我送往另一個世界，進入一個充滿光與生命的宇宙，是我的一切力量所在之地。然後我的靈慢慢回到身體，再度看著阿格尼夏的眼睛。他微笑說：「不要驚訝，你已經在聖殿裡見過我的智慧導師——阿格尼，他是這門生命之書知識的守護者並教授給我，在庫母蘭只有一些人受到閱讀靈魂的訓練。」他有種淘氣又能傳染喜悅的天性，他簡單、純真、不浮誇的教導風格不可思議地深深潛入到我靈魂的最深處。

然後蘇瑪亞告訴我：「我想你需要一些平靜與安寧，因為靈魂閱讀在你身上起了深層作用，你或許需要一些時間反思，現在你需要去休息。」然後她看著瑪利亞說：「三天後米瑞安就能繼續。」我被扶持回房間，房裡食物及盥洗用具已為我準備好。

接下來的三天三夜，我處在狂喜出神與睡眠之間，彷彿持續了一輩子。光穿透我，結合了來自我被火啟動之靈性存在帶來的靈視與新洞見、我自身的原初力量及我的內在世界。我的生命影像也有出現，雖然我無法了解它們。只有在回到完整的意識狀態後，我才終於能離開我的房間。我勉力走到聖殿，雖然已經三天沒有執行儀式，來自聖殿的能量卻顯得絲毫沒有減損。再度見到阿格尼夏時我問他：「阿格尼夏，什麼是夏克緹？」我想他正等著這個問題，他回答：「來，坐在我身邊的階梯上。」我們坐在厄色尼住宅區與聖殿之間的階梯，阿格尼夏非常有耐性：「許多智慧學校都有對這種原初力量的描述。在我們稱為吠陀（Veda）的原初源頭中，這種啟發性的動力叫做夏克緹——跟希臘文的索菲亞（Sofia）有相似的起源——她是女性的、造物的力量，來自眾界的智慧。我無法告訴你更多，這個動力被經驗為知識的源頭，是你必須由自己的靈性經驗來自行解碼的。」

我感謝他友善而大方的支持，比起許多有時非常封閉、高傲及不願意傳遞他們的知識的厄色尼大師，他完全相反，更為開放並樂於溝通，阿格尼夏的敞開對我很好。之後我回到聖殿，清洗器具，為儀式及再度回到例行之事自我準備。

我還沒有完全回到人間，但能感覺到自己更穩固地定錨在我的身體。我也進行了一個習自厄色尼人的儀式，讓我的靈魂更穩固地與地球連結，我第一次明白了這個儀式的理由——當靈魂離開身體去做一個靈魂或靈性經驗的飛行時，必須要有個儀式把靈魂再度帶回身體、再度扎根地球，如此靈魂才不會在其他世界被撕碎。

第八章
火的儀式與內在畫面

隔天當我離開聖殿時，瑪利亞等著我，她說：「跟我來，我想要帶你看一個新地方，我能在那裡給你一些特別的知識。」我們離開庫母蘭朝一個我通常避免的方向——面對死海的那一面。我總記得第一次看到那片海時內在被激起的不愉快感，之後我便盡量不接近這樣的地方。但瑪利亞堅持，我只好跟著她。我們離開庫母蘭的內牆，步下階梯來到一個我從不知道的地點，那裡矗立著一座聖殿，我很驚訝這座聖殿竟然散放出純淨的白光，並且顯然不為周圍死海的能量所影響，它似乎比庫母蘭本身擁有更強的能力來平撫這片海。我們走向聖殿，愈靠近我愈感到一股燃燒著的原始之火，並對我們放射它的原初能量。

我們到達時，我看到住在那裡的女祭司，瑪利亞解釋：「這是個陰性靈性能量的神聖之地，埋藏了太初以來女性造物力量的白色火焰。女祭司遠古以來便一直在這裡服侍這火焰，她們滋養火焰、火焰也滋養她們！基本上，這是基督之光的中心源頭。

「很久以前，庫母蘭社群散佈的更廣遠，」瑪利亞解釋：「厄色尼社群存在已久並擁有曲折的歷史，但是後來發生了一場戰爭；並不是所有厄色尼人都不受人間的二元性所誘惑，原本這裡沒有沙漠，只有沃土。幾個世代以前，一些厄色尼團體在他們的點化之後涉入魔法，因此他們的路便分歧了。對此在我們的社群中談得不多，大師們對這個主題也保持緘默，然而你能感知到這片海底下所隱藏的。厄色尼人在每日的祈禱中都記得這事。它是黑暗的力量，是由他們自己社群中形成的物質世界的陰影。他們試著維持純淨的光，但底下的力量是地球的黑暗勢力——物質主義的勢力召喚來的黑暗。有些厄色尼人認為他們是一個不夠世俗化的團體，因為厄色尼人忽略生命的物質面，因此便分化了社群，於是對立形成，至今仍影響著社群，這些事件出現在歷史記錄中，就是『所多瑪與蛾摩拉』的故事。」

「分離團體及其他我們先人的後裔，離開了舊厄色尼傳承並創造了自己的社群，事實上他們還住在以色列內。但你所認識的在庫母蘭的厄色尼人拒絕與他們接觸，我感覺這是庫母蘭心中的一道裂痕。這座聖殿事實上是母性靈性能量的中心，是厄色尼人過往所滋養的。耶穌再度喚起了這個能量，一天他請我與他一起來這裡，他引出地球中的火焰並說：『母親，這是遁入大地內的太古之火，是餵養基督之光的母火、白光的夏克緹力量。以你白光女祭司的能力，我請求你承載它、保護它。』」

「我去找庫母蘭的厄色尼人，」瑪利亞繼續：「帶著耶穌的要求並請求他們給我一些受了點化的女祭司，來奉獻於聖化火焰的工作，厄色尼社群及大師們同意了。自那時起，我感覺到自己對這座聖殿及其周圍狀況的責任，它再度成為一座進行點化的聖殿。每次我來這裡，便引導母性的靈性能量到海面上──那片讓你害怕的海──耶穌教導我這些，他讓我知道黑暗勢能是無法被否定或消滅的，那海底的黑暗勢能只能以接受它們來對應，這象徵人類與地球所擁有對力量的意識是受限的。」

「耶穌教我如何接近這些勢能，如何能以慈悲將它們充滿，如此它們才能被救贖。這需要很強的寬恕精神──這是厄色尼歷史中長久以來缺乏的。這個影響會很快也在此被注意到，屆時我想在這火焰中點化你，就像耶穌點化我般，每天早上的火典會支持你在這裡的點化，火的轉化力將支撐你在這裡。在你例行的聖殿儀式後，請你跟我來這裡，我會指導你關於原初的夏克緹力量與女性創造力。」

瑪利亞進入聖殿中，開始執行那看起來形式上比我所知道的厄色尼儀式還要古老許多的儀式。三團代表所有域界之智慧的白火焰自火之源頭中迸出，火焰似乎轉向了死海。我聽到海面下的靈魂的呼喊，哭求著解脫與悲憫，瑪利亞在靜默中執行儀式，我們結束後她才開口說話：「女性的夏克緹力量通常能觸碰到那些周遊眾界間、未得救贖的靈魂，這力量讓靈魂回歸，並帶給他們解脫與救贖。我想你今天已經經歷夠多了，這或許會有些擾動你，因為你在庫母蘭從未聽過這些事：他們天性上仍無法接受這些事實。耶穌的特別願望是我們能接受這些自己內在的力量，因為這是我們在世間靈性接觸的一部分。」

我那晚睡得不是很好，並且很高興我能在隔晨四點時浸入基督之光，那次或許是我第一次被全然拉離自己的身體。我在祈禱中接觸耶穌，他說：「聽著，米瑞安，我遊走所有域界間，知道形塑這世界的這種黑暗，是我以我母親的慈悲讓你接觸到昨天的一切。人類把痛苦與罪咎加諸在自己身上，我將需要你及許多人的幫助，讓人類解脫於這種遺害中。比起你昨天的經歷，在我的旅程中我看過嚴重更多的情況。潛入基督之光中吧，那會帶來救贖。我是充滿這個房間的光，所以接受這個使命的責任吧，它是你的！我們先祖們的罪咎哭求救贖。」然後耶穌退離了。

我試著讓自己留在基督之光中，但一開始有些困難。我看到了不該看的事物，我問神為何祂要把這畫面交託給我，然而一會兒之後，我再度在基督之光中找到安慰與平靜。我們離開地下室後我去執行火典，此刻我了解瑪利亞的話了，火的確會給我執行這些任務的力量。接下來的幾個晚上都被攪擾，夢境歷歷並輾轉難眠。到了白天，瑪利亞陪我前往白火之處，並讓我觀察她如何以她的慈悲點燃、加強及喚起白光火焰。阿格尼聖殿中的儀式給了我支持。

黑暗陰影出現，我不知道他們是飄進了我的靈魂還是留在外面。我知道有兩位或三位厄色尼大師擁有靈視力，然而對此我並沒有受過訓練或有過經驗，所以我不知道晚上騷擾我的陰影來自何處。我無法記得過去是否經歷過這種內在擾動，瑪利亞愈增強那火焰，我的靈魂就愈受擾。一天，情況糟到我陷入絕望而詢問她，她望入我的雙眼說：

「請保持耐心。」

同一個下午約瑟夫到了，這是我第一次見他。他看起來比瑪利亞老一些，慈悲明亮的光圍繞著他。那只是個短暫的相遇，我在走向聖殿的路上，他與瑪利亞正走向大師室。但在那短短的時間內，我觀察到他恍惚迷離的神采，那是我在即將前往下一個世界的人身上才見過的，我不得不把這念頭擺在一旁。

從那時起，我的心便非常難以保持平靜，我的靈魂非常沮喪。一天早上，蘇瑪亞在火典結束後等我，請我跟她一起走。她請我進入她的房間，那幾乎是我見過最簡樸的房間，牆上有些奇怪的符號。首先她和許多虔誠的厄色尼人一樣，在祭壇邊坐下，然後她開始說話：「我感覺到你的心沈重了一陣子了，米瑞安，這也讓我心感悲傷，我的內在靈視也愈見黑暗，某種威脅正在我們上方擴張，我不知道你年輕的靈魂為何如此受影響，其他大師們不是沒看到，就是不想看到！但我最近夜裡收到的影像也是悲慘陰暗。」

「我不認為我們的社群會繼續存在太久，我對所有的天堂及耶穌禱告，希望他能在關於我們社群的預言實現前回來。我能判斷出你晚上收到這樣的影像，雖然我自己無法真的接到相同的影像。我會請瑪利亞讓你跟我在一起三天，因為我想我應該為你作一切關於靈視天賦的點化，你的確有接收神的願景的天份。我必須承認，我看到的影像正開始變得有點模糊。」

我深深被感動並在她面前跪下。「蘇瑪亞，我不知道這為什麼會發生在我身上。」她回答：「我也不知道，米瑞安。但感覺上某種東西正要結束，唯一讓我比較心寬的是彌賽亞在此刻出現，如此至少我們完成了自亞特蘭提斯時期以來許諾要完成的使命。」這是我第一次聽到這個名字，但當時我不敢多問。然而，這個詞在我的靈魂內共鳴，直覺告訴我我所收到的黑暗影像與那個時期有關。

接下來的幾天是混亂的。我完全沒再看到瑪利亞，但我知道約瑟夫待在他所歸屬的厄色尼社群；必定是因為他感覺到他的人世生命正要離開他，而想要與他的家人共度最後時光。我每次看到他，都能感覺到他希望耶穌能在他離開他的身體前回來，同時，所有的庫母蘭人似乎益發感到沮喪。

接下來的幾天，我全心投入火典，晚上則在蘇瑪亞的房間深度冥想。我們讓自己潛入某種無法形容的狀態，通往新道路的門因此而開。我走在其他世界的道路上，直到抵達神祂本身的大門。天堂與地球間的通道打開了，畫面不經我的任何刺激便自動出現，突然，在第三個晚上，我接到影像非常清晰的畫面，神讓我看到了未來並給我祂的建議，然後我知道我必須把這些告訴蘇瑪亞及其他厄色尼人。

當我隔晨打開眼睛時，潮湧的影像融化消失了，但我無法甩掉它們的重要性，我所經歷的重重壓在我心上。蘇瑪亞看著我說：「請你必須將你看到的內在畫面告訴委員會，因為你顯然是傳遞它們的管道。火典之後我會召集大家，我極力鼓勵你將神的計畫傳達給我們，我能看到祂透過你的心將這些計畫直接傳遞給我們。」

至於我，我在火典中對阿格尼祈禱，並懇求他給我能量與勇氣。我的靈魂劇烈顫抖：神的諭示令人難以承受，我想起了菲，她可以完全放棄她自己，我祈禱我的靈魂也擁有那樣的力量。事實上，我真的開始經驗到自己內在那不可見的力量。

我在約定的時間進入大師室，他們全部都在等著我了，加了藥草的神性之火被燃燒著，房裡很安靜並開始變暗，蘇瑪亞在我面前跪了下來，說：「我懇求你告訴我們你的內在畫面，這些影像會告訴我們所必須知道的未來，我們才能據以行動。我感覺到我們的時間不多了。」這深深地感動我。我一五一十地描述了我所看到的影像：我周圍的厄色尼社群處於被攻擊的危險中，希律王的繼承人勾結厄色尼派異議者，這些分離團體中的大師們已經成了背神的術士，脫離了神性之光的道路。這個同盟預備要摧毀庫母蘭，這些希律的黨羽已經成了存心報復的讒諫者。

我進入深度出神狀態，無法知道房間裡發生著什麼，只知道所有在場的厄色尼大師們來到我面前，懇求我分享來自神的內在畫面，他們想要知道應該做什麼、採取什麼行動。一個接著一個地，他們將手放在我的膝蓋上，我能夠給每位大師一個他們本身攜帶著的願景，我能看到他們每一位接下來的整個生命直到離開身體的那一刻。在那整個過程後，我需要整整三天三夜來復原。

復原過程中蘇瑪亞來照顧我，她給我療癒的飲料，慢慢地我從劇烈搖撼我的腦中潮湧的內在畫面與影像中復原過來。蘇瑪亞非常支持我，我也對她非常感激，但是顯然她對我的感激甚至更為深刻，我在她的眼中看得到。在這樣輕的年紀去經歷那一切，她的力量對我是很重要的。

社群突然劇烈地動了起來，庫母蘭的厄色尼人聚集起來，蘇瑪亞說明他們無法再保護每一個人，黑暗的陰影已經在這個區域匯聚，威脅到我們的生存。為了保護我們的性命，我們可以自行離開城鎮，開始不顯眼而安全的世俗生活，她已經無法保證在這個鎮裡的日子還能繼續維持安全。她以心意已決的聲音說：「我會繼續待在這裡，但主展現出來的道路是，上師們會離開庫母蘭，我將是唯一一位留在這裡的，我無法保護你們，除了祈禱以外。你們每個人必須選擇自己要走的道路，或許，在不違背你的信仰與傳統下，你會想要遁入俗世生命的文化。對外，你必須否認你的信仰，否則你將會被迫害。那些幻想自己被迫害而意欲報復者，扭曲了國王的心智，若你承認你是厄色尼人，便成了罪犯。」她說完之後現場鴉雀無聲，就在那時耶穌的光出現了，充滿了我們的心，整場聚會只有一句話是清晰可辨的，從輕聲漸漸響亮：「主，祢的旨意在地球上會實現，一如在天堂。」

瑪利亞之後來找我，說：「米瑞安，我原本希望有足夠的時間讓我在白色火焰——萬物的母親與世界的療癒師——的儀式中完全點化你，但現在我們只剩幾小時就要離開了。跟我來，我將盡可能傳遞我最重要的知識給你，其他的部份你只得在生命過程中自己發掘。」我跟著她進入帶著白色火焰的夏克緹聖殿，她冥想並連結耶穌，沈浸入他的光中，然後她將手放在我的頭上。我於是接受了那個傳承的點化及承接了所有知識，當時我只有十四歲，我完全不知道如何應用。

當她將手移開我的頭時，她看著我的眼睛，我看到她眼中的淚。她說：「要有信心，只信任神！從現在開始所有道路都是不確定的。」她與我道別，並說：「我的家人與我決定與約瑟夫回家，在他最終的時候到時，他在那裡會感到較安全。我們希望耶穌能在他的父親離開這一世生命前回來。」她吻了我的額頭，我在她的臂彎裡哭泣，然後她便與小雅各及約瑟夫離開庫母蘭了。

我繼續執行儀式，特別是服事夏克緹的白火，許多當地厄色尼人都決定離開庫母蘭與社群。一天，當我在做完儀式要離開聖殿時，阿格尼夏等著與我道別，他謝謝我的靈視指示他離開，離開對他而言是困難的，但他接收到要前往阿奎坦尼亞（Aquitania）的靈視，在那裡他將可以安全地繼續宣揚厄色尼傳承，這讓他感到樂觀。他跟我道了再見，離開庫母蘭朝他的新生活出發。我在出神中傳遞的靈視也給其他所有人指出了道路，蘇瑪亞是唯一一位留在鎮裡的大師。一切變得相當寂寞，但我們繼續我們的服侍，每天早晨我們都會去紅寶室，由我執行儀式。

一天，蘇瑪亞站在我面前說：「米瑞安，此刻我必須把你送回家了，你不能再留在這裡。我必須告訴你，你的父親在一場戰役中被殺身亡，現在由你哥哥當家，我派了使者送去你會回家的消息，現在你阿姨在照顧你的家。我看到你真的必須走了，因為你在那裡有職責要完成。還記得我們無法為你找到名字嗎？那是因為你的雙親故意不給你取名，因為你的祖先是所羅門家族，你的父母因此決定在這危險時候隱藏你的名字，他們知道希律試圖毀滅所有具野心或成功的王室後裔，那就是他們為什麼改了你的名，甚至不曾真的正式給你名字。」

「現在你必須離開，」蘇瑪亞大師告訴我：「你一直是個好弟子，雖然你並不源自我們，但我們一向尊敬你並以你為榮，你在世間的道路已經被決定而我的道路結束於此，我將支持所有決定留在這裡的人，我計畫要確保庫母蘭的角色會被記錄並隱藏在洞穴裡。我好高興我們提早收到靈視，讓我們來得及將影像與文字記錄下來，即使它們落入非人之手，也不會有人知道它們的意義。這將是我最後的任務，然後……米瑞安，我不知道我們是否還會再見面——應該不會是這一世了。」她微笑了：「但或許是在彌賽亞的預言在地球上實現的那個來世吧！現在走吧，去收拾行李，你必須立刻出發。」

我收拾了行李。在那裡的這麼段時間，並沒有讓我真正地成為厄色尼人，但無論如何我還是為必須離開而落了淚。然後我的老友約和來接我，在他帶我來庫母蘭之後我便完全沒有見到他，他的頭髮更白了，為我帶來了一頭驢子。蘇瑪亞也來與我道別，我們緊緊擁抱，並給了彼此傳統的厄色尼告別：「平安（Shalom），願你的道路受到祝福。」

第九章

回到耶路撒冷

在回到耶路撒冷的路上我百感交集，這麼多年後將回到我父母的家。我們在安靜中旅行，我的嚮導朋友給我安全感，跟他在一起我不會有事發生。我的後方是庫母蘭的經歷、前方則未知而難測。在這麼多年、發生了這麼多事後，我不知道回家的情形會如何，我好奇著在耶路撒冷的生命是否有所改變，我們不斷接到那裡有動亂的消息，所以我知道無法期待回到老家能平安。我騎著驢子走進不確定的未來，我所愛的留在我後面，我的心一想到蘇瑪亞的命運便痛了起來，雖然厄色尼人不相信別離，我依然非常難過無法再見到蘇瑪亞。

我將記憶盡可能地埋藏起來，將未來交給命運，並把信任放在神身上。以祂的無窮智慧祂將知道如何決定我們的命運。我們一路上沈默了好久，但一天我的嚮導說：「有消息說彌賽亞結束旅行回來了。」然後他便又沈默了。有那麼一刻我非常高興，但喜悅的感覺被懷疑所取代，因為我的經驗與揣想我未來將遇到的，深深佔據我的心。

晚上我們都投宿在友善的厄色尼人處，我學到珍視真正的厄色尼人建立的這個網絡的價值。在每個我們所待的屋子裡，雖然受到歡迎，不確定感卻仍然顯在。我們所待的家庭都充滿受威脅的跡象與被曝光的害怕，這種恐懼與我自己的感覺呼應，並強化了我的感覺。然後幾天之後，我們第一次看到了耶路撒冷的城牆，在一開始並沒有興高采烈的感覺，然而當嚮導敲父母家的門、一位僕人開門之後，一切都不一樣了，我的老保姆一見到我就哭了出來，整個房子馬上陷入騷動，他們立刻去喚我哥哥。

我受到哥哥熱忱的歡迎，他長大了，我馬上感受到他成了一家之主，並且完全勝任這個角色。他介紹了母親的妹妹瑪莎（Martha）給我，我不記得她，但她與母親非常相似，謙和、慈愛的性格讓我一開始便感到很放鬆。這個家以如此充滿愛的方式迎接我回來，我受擾的靈魂因此得到平靜。我住回從小住的房間，哥哥告訴我房間保持的和我離開時一樣，沒有人曾被允許住在裡面。父親仍在的時候他便為我留著房間，就像我還在這屋裡一樣。但我擋掉所有關於父親的對話，對我而言他在我不在他身邊時離去是太大的痛苦，我不想再聽到任何有關他的事。

回家之後我花了幾天獨處，試著重新找回我自己。我執行我的儀式，但懷念著庫母蘭的聖殿及我們禱文的靈性啟示，在我之內，我的例行工作仍然維持不變。哥哥經常在外旅行，我推測他應該非常投入耶路撒冷的社會及生活，我那時才發現我們是一個非常富裕並極受尊崇的家庭，而我哥哥維持了這個傳統。我問自己在他的氣場中感知到什麼，因為我知道他也接受了神祕的訓練。

我們還未曾做過很深入的談話，這是我所感激的，事實上我很感謝他給我時間整理自己並調和我的內在世界。我們一起用餐，有時也交換一些看法與見解或談談瑣事，但總是有所保留。對於碰觸對方的世界，我們都遲疑而謹慎。我非常高興我們的餐點是以父母的厄色尼傳統方式來取用。一天晚餐時哥哥說：「明天我們受邀到一個羅馬家庭作客，他們是我的朋友，想要見你。」我同意了，但對此沒有再說什麼，我不記得曾經接觸過任何羅馬人，這對我當然是全新的經驗。

我決定離開我的寂寞生命，並以接受這個邀請來當作融入耶路撒冷生活的第一步。

隔天晚上，一輛羅馬式的座車連同僕人來接我們，那是輛由僕役拉行的兩輪禮車，我原本已感覺到主人是富有而具影響力的，這個感覺在我看到他們派來一輛有僕人的禮車來接我們時，得到確認。這是我自童年以來的第一次回到耶路撒冷的街道上，我們的房子在城外，因此我們必須穿過城門才能到達這主人的家。

城門為我們而開，但我仍然拒絕讓耶路撒冷的氣氛侵入我的意識，我發現這裡的街道巷弄比庫母蘭的黑暗及不友善。我們停在一個羅馬風格的屋子前面被請入內，在一個像是大廳或中庭的地方被接待。

一位穿著與我慣常的猶太服飾很不一樣的年長女士走向我，她穿著長長的白色禮服，頭髮打理地極有藝術感，她散發迷人的溫暖，並自她的心中放出金色的光，我非常開心找到一位友善的羅馬人。她的名字是艾瑞莎（Irisa），我欣賞她的美：她高挑、金髮，並且比起一般矮小、深髮色及纖細的猶太人，更顯強壯。她說：「西門（Simon，之後稱拉撒路），歡迎來作客，我真高興你帶了你的妹妹同來，誠心地歡迎你們。我聽說你離開家了很長時間，雖然西門沒有告訴我你都去了哪裡。」

晚餐席間，我了解到艾瑞莎是個富裕的羅馬女人、大方慈悲的寡婦，她與她的羅馬丈夫一起來耶路撒冷，在他過世後繼續留在這裡，過著舒適安穩的生活。她對我們非常友善，告訴我們自從她來耶路撒冷後，與猶太的傳統生活有了更多的接觸，而這些對她而言魅力勝過琳琅滿目的羅馬眾神，對她來說那些只是偶像崇拜，相對地一神信仰的單純才特別吸引她。她注意到有關彌賽亞已然降世的傳聞已經有一陣子了，她說：「我聽說他旅行多年，此刻回到以色列來了，我的心渴望見他，在某些圈子裡他甚至被稱為『神之子』。」她知道得很多，人脈極廣。

我靜靜地不提我與耶穌的連結，那個夜晚我知道約翰被稱為「施洗約翰」（John the Baptist），他開始在約旦河岸做預言演說並為來聽者施洗，這在耶路撒冷廣為人知，消息很快傳遍整個以色列。艾瑞莎說：「人們在這個議題上意見分歧，有些人跟著群眾的狂熱，只是被他的演說吸引，有些則認為他是先知以利亞的轉世。他的演說有時幾乎毫不掩飾地攻擊王室。另一方面，有些人只是把他當做異教徒，他的朋友散佈到了國外，所以國王與他的支持者從一開始便盯上了他。」我從艾瑞莎口中知道了許多關於耶穌的傳聞，我把這些消化後擱置在一旁，很顯然地我的生命將起變化。

那天晚上回到家，我肯定了兩件事：耶穌回來了，哥哥選擇了好的朋友。我確定耶穌將在未來幾天出現，所以便開始讓自己更加適應新的生活方式，上街採買我們需要的東西，幫忙家裡的事。慢慢地，我開始感到自己成為這個家的女主人。我也在街頭巷尾間聽到甚囂塵上的消息，說彌賽亞已經回來，正周遊以色列。人們已經在談論他所顯的奇蹟以及他的不凡，街頭的耳語最後總以他是否是真的彌賽亞的問題做結束。

我記得我的印象中耶穌至今必定已經是個成人，也很想知道瑪利亞與約瑟夫的近況，然後想到約瑟夫很有可能已經前往下一個世界，我想我現在已經有時間想這些事。一天，我接到艾瑞莎的訊息，她通知我們，友人告訴她耶穌已經在前往耶路撒冷的路上，她派了兩位僕役去找耶穌，邀請他到她家。他同意了，即使並不認識她。在他的探訪期間她也邀請了其他人，因為她確信他真的是彌賽亞，她也邀請我們前去。耶穌給她回話，說會在三天內到達。一旦得到更多細節，她便會來接我們去她家。使者把消息帶給哥哥，他讓我知道時我很高興。

我聽了使者的所有消息後，對哥哥表達我的急切，他不耐地回答：「你在說什麼？新的彌賽亞？你真的相信那些？」我帶著懇求的眼神：「拜託你，西門，你知道我無法獨自出門，請幫我這個忙。我在庫母蘭見過他，知道他的人，相信我，無論他是什麼，他真的很特別，是我一輩子從未看過的。拜託！他到的時候，讓我們一起去艾瑞莎家見他，我很久沒見到他了，好想看看他從旅程中帶了什麼回來。我求求你，拜託……就當我欠你人情？」我注意到他的猶豫，但我不斷哀求一直到他答應了我的要求才停止。我們那時已經培養出彼此尊重且相親相愛的兄妹關係。

一晚，當太陽下山房子正準備進入安靜的夜時，外面傳來猛烈地敲門聲，是艾瑞莎的一位僕人：「大師到達了，我被派來請你們趕快過去，我會將你們帶到大宅。」我很快穿上溫暖的大衣，搖搖哥哥並看著他的眼睛說：「來吧，你答應我的。」然後瑪莎站起來，堅決地說：「我也要去，我想見他。」

我們在僕人的護送下到了艾瑞莎的家，我沒料到會有這麼多人來看耶穌。消息傳地又快又遠，現場有一大群人，但我們還是辦到了！一位僕人帶我們穿越人群到達大宅的入口前廳，那裡擠滿了人。我們無法前進，在一種緊繃的安靜中。雖然耶穌不在那裡，我的心開始瘋狂跳動，興奮地幾乎無法站立。然後，當耶穌從旁邊的一個房間出現時，我開始感到不適而且幾乎不知道自己還能忍多久。

他所經之處人們讓出一條路，透過人群的縫隙我斷續瞄到他的身影，他長大並成熟多了，頭髮垂到雙肩，留了鬍鬚，眼中的光比從前更明亮，他無盡的光輝充滿了整個前廳。我感知能量與氣場的能力已經不如從前，但那晚，他耀眼的光是清晰可見的。我在好多年前我們童年時第一次看到這光，但現在甚至變得更強烈，他散放出無盡的慈悲。

我幾乎無法呼吸，利用每個機會捕捉他的身影。他只是站在那裡，將他的愛與慈悲散放到整個房間，一片寂靜，靜到連一根針掉下去都聽得到，彷彿人們想聽到他的心跳聲，一大群人卻沒有發出一點聲音。他散發愛與祥和，艾瑞莎跟著他走出房間，她的眼睛因為見到彌賽亞而閃爍喜悅，即使隔著一段距離我也看得到。

突然人群中有個聲音發問：「你就是那位人們所企盼許久的彌賽亞重返了嗎？」我能感覺到耶穌發出來的頻率改變了，他輕柔地回答：「你的愛召喚了我，我來此回應你。」我看到那些站在他附近的人跪了下來，彷彿在眩暈中，他們靠向前碰觸他。然後一波能量自他發出；他似乎用能量阻擋了人們，那是股充滿慈悲、耐心與理解的能量。「我並非讓你們對我下跪而來，我在此是為了讓你們對你們自己下跪，我在此是讓你們能認出自己本身就是這愛與慈悲。你不需要碰我，伸出手來觸碰彼此。」

靠近他的人退了回去。突然一名女子走向他說：「耶穌，你路途中療癒了我好幾位鄰居，我的孩子病了，就包在我的大衣中，我知道只有你能幫助我的孩子。」耶穌安靜了一下，像是在禱告，問神他是否應該因為滿足這母親的要求而引起可能的騷動，在我背後的人群開始耳語討論他將怎麼做。然後他的臉變了，看起來充滿了火。「若你們想讓我留下來，就不要用貪婪與物質願望對待我，這裡有些人想要對我們不利。」說著，他停了下來，深深地祈禱。他看了那位女子一眼說：「帶你的孩子回家。」他看著艾瑞莎，要她讓僕人領這婦人走過人群，在我看來他好像想避免一場暴動。

突然我們聽到外面的驚叫，是那位母親的聲音：「我的孩子！主啊！他是真的彌賽亞！他治好了我的孩子，我的小女兒康復了。」就在那刻，我注意到耶穌安靜地消失了。在場的一些人跪了下來，一些人相當激動，其他人則仍安靜離開。那是一種不可思議的氣氛，跪下來的人安靜地禱告著，讚美主。

就在那時有個人拉了我的外衣，是哥哥，他說：「來吧，我們離開吧，我想這裡並不安全。」他拉了我幾次，因為我不想走，但他抓住我的手臂緊緊地把我拉到外面，說：「不要再對我做這些，你所做的是危險的，你知道耶路撒冷的現況的，今晚的事若傳了開來，我們就可能有危險。」他把我拉到座車上，回家的路上我出神眩惑著，瑪莎坐在我旁邊，她跟我一樣迷醉在剛剛的經驗中，臉上有著快樂的微笑。我對她微笑了一下，她了解我。

那是個失眠的晚上，我翻來覆去卻無法平靜。隔天當太陽快升到天頂的時候，有人來敲我們的門，當一位僕人去開門時，我走到內庭去等待這位不速之客。然後我快樂地叫了出來：是瑪利亞。我急急迎向她，我們輕柔地擁抱了幾分鐘，放開彼此後，她說：「嗯，至少我來拜訪你是不會不適當的，你的父母親都是我家非常親近的朋友，所以正式說來是我來拜訪你！」

我邀請她留下來並給她一些食物與飲料，然後充滿好奇地問她：「瑪利亞，你過得如何？有什麼庫母蘭的消息嗎？我已經好久都沒有任何消息了，請告訴我。」她述說她與約瑟夫及雅各回家，當他們到家時，耶穌已經像幽靈般站在門口等著他們了，看到他她開心極了。在國外時，他覺知到瑪利亞的內在聲音，知道他的父親很快就會離世，因此他回來了。伴他同行的亞利馬太的約瑟夫，看到我們後便道別回去耶路撒冷。

我後來知道亞利馬太的約瑟夫與耶穌一起在國外旅行，他們有著某種彼此間的內在連結，亞利馬太的約瑟夫因為經常出差而知道許多地方，也經常為了工作或政治事務回到耶路撒冷。多年來他們一起旅行，經常在遙遠的國度，這次他陪耶穌來到這裡。瑪利亞告訴我耶穌打算留下來，因為她的丈夫約瑟夫顯然愈來愈虛弱，在最後的那些日子裡，耶穌日夜服侍身側，直到父親離世，讓她深深感動。然後她服守了習俗上的哀悼期，多年之後，她再度擁有只給兒子的時間。哀悼期過後，耶穌對瑪利亞說：「現在我已經完成了我對家庭的責任，盡了我的義務並實踐了世間的規則。母親，我想請你與你的小兒子跟我走，我的弟弟雅各將長大成為我的伴隨者，此刻是我開始在我父親們的土地上執行任務的時候了。」

瑪利亞解釋：「你知道，米瑞安，一如往常，他並沒有下任何命令，而是把決定的自由交給我。那晚，我決定脫離我習慣的生活及所享有的一切安全感跟他走。我們旅行了一處又一處，一開始我們拜訪了厄色尼人並待了一陣子，我愈來愈見識到這個我自己從小男孩撫養大的兒子，如何毫無預警地停下來就開始對群眾講道。我們不知道他下一秒鐘的計畫，我從不知道隔天將會發生什麼事，但那是我所選擇的生命。」我出神地聽著她的話，接著我問：「瑪利亞，我幾乎不敢問的是，你知道庫母蘭發生了什麼事嗎？

我聽到了一些令人擔心的傳聞，說它受到攻擊被夷為平地，我好害怕，不知道自己是否想知道發生了什麼，特別是關於所有我認識並愛著的每個人。」

瑪利亞靜默下來，眼淚直接從她內心落下卻還相當平靜，然後她說：「我有好消息、也有壞消息給你。」許多厄色尼人在極為懦弱並且不必要的慘忍攻擊中喪生了，在我與耶穌走遍鄉間後的現在，我必須說我不再相信巧合了。一天，當我們接近庫母蘭時，耶穌突然告訴我他必須離開我們一兩天，兩天之後，他帶著蘇瑪亞回來了。他預見庫母蘭的狀況，幾乎是以強迫的方式說服了她離開，並讓她了解到她在地球的任務並沒有結束。之後幾天她去投靠一位旅行的商人，是亞利馬太約瑟夫的員工，他們的船經常往來於這一帶與歐斯丹尼（Occitania）的海岸間，他們幫她安排了船位，也幫她進入現在阿格尼夏住的國家。這是好消息。」

「我們不確定她在哪裡，但知道她是安全而安好的。相信我，她並不想離開，甚至已經準備好要為了庫母蘭犧牲她自己，但耶穌極為堅持甚至必須命令她，他說：「你無法改變其他人的命運，但是你必須實現自己的天命，否則你會接收別人的罪咎為自己命運的一部分。」所以，最後她終究跟他走了。兩天後庫母蘭完全被摧毀了，我們繞了長長的路避開庫母蘭，因為所有的混亂與破壞也將讓我們陷入危險。」

我專注聽著她接下來的故事。「我們並沒有隱瞞自己是厄色尼人的事實，因此能不遇險阻地在國內旅行可說是奇蹟，像是耶穌無形中保護了所有聽從他的人，我們無論出現在哪裡都是安全無虞的。過了一站又一站後我們終於到了耶路撒冷，剩下的故事你就知道了。」最後她補充：「一天，一位使者捎來一位陌生的羅馬女士邀請我們去作客的消息，耶穌答應了。」

我很高興哥哥西門讓我們能獨處，能與瑪利亞再續友情對我是好的，她的母性能量安撫了我紛亂的心，我感到心安，也感到她也一樣，然後她請我去找哥哥與瑪莎過來，她與瑪莎之前便因家庭世交而認識。瑪利亞對哥哥說：「西門，你是一家之主，我代表我的兒子到此請問你是否願意邀請他來，他想拜訪你，亞利馬太的約瑟夫此刻也與我們在一起，若你能歡迎我們就太好了。」西門的回覆讓我驚訝：「你與我父母間的情誼是我們新友情的關鍵，我正要為要事出差，但會很高興在兩天後接待你們。然而，我必須請求你，請你們對行跡保密，因為耶穌總是引來不小的騷動，這有可能辦到嗎？」

瑪利亞笑著回答：「來無影去無蹤已經是我們生命的一部分了，所以請放心，沒有人會看到我們到達或離開這房子的。」然後瑪利亞與瑪莎走開了，我只能擁抱並感謝哥哥，我們一時再度成了小孩，我說：「你真的是我的好大哥。」我發覺某些事似乎以某種方式改變了他，軟化了他對違反社會規範的恐懼，讓他甘冒減損我們在耶路撒冷的社會地位的風險，朝向更正向的事。我們於是成了盟友！

第十章
耶穌講述他的旅程

接下來的兩天我有時間消化思索這些事件，在我心中愈來愈大的疑問是，哥哥西門的政治事務是什麼？我不曾問過他。因為他再度離家兩天，我開始對他在外的行為感興趣，我感覺到那必定是一些很敏感的交涉，他與一些具影響力的人甚至是王室往來，在他接待生意上的訪客時，我是不被允許在場的，他與客人討論事情時總是小心迴避。他們的交易似乎吐露著麻煩，但我不知道是怎麼回事。

我沒機會與哥哥談這些事，瑪莎與我在家裡照應日常事務並準備耶穌的到來。那個晚上我幾乎無法控制住興奮，只能以點上油燈並放置訪客抵達時清洗的聖水——這是我習自厄色尼人的禮儀——讓自己冷靜下來。瑪莎將我請出廚房，因為她說我此時心不在焉。西門在那天下午回來，似乎心事重重，然而我沒有心情與他做此討論。突然有人敲了門，雖然慣例上這不是女人該做的，我還是自己去開了門。

果不其然，耶穌、瑪利亞、亞利馬太的約瑟夫三人站在門口。耶穌首先步入屋裡，在久久的分離後，重逢的第一時刻我們只是看著彼此。我幾年前認識的男孩已經成了彌賽亞，我對他極為尊重並保持距離，現在他是耶穌——神的兒子。不顧我的節制，他直接過來給我一個熱烈擁抱，說：「能再見到你真好，米瑞安，我感謝你們歡迎我來。」我注意到在我後面的西門有些不悅，因為我打破了男主人的規矩。他問候客人，然後他們依我們的習慣，清洗後才上座。氣氛變得輕快而熟悉，是我很久以來未曾在家中經驗到的，我們的對話輕鬆友善，即使西門看來也很享受。瑪利亞與我彼此開著玩笑，雅各長成了一個淘氣聰慧的男孩。我迫不及待要耶穌告訴我們他那麼久以來去了哪裡，但我沒有在席間提起，因為不確定他是否會在西門與瑪莎面前自在談論，突然耶穌說：「西門，你能否同意我與米瑞安單獨談話？」

我第一次注意到小耶穌如何因應社會規範：他做他想做的，並沒有被社會要求所困擾。在我身旁的西門硬生生地吞下為難，我希望他能同意，我知道這個與耶穌的對話將會是嚴肅的，不是餐桌上的話題。瑪利亞與亞利馬太的約瑟夫沒說什麼，接著西門說：

「我們屋子的後面有個小庭園，我不希望你們被外面看見，若你想與我的妹妹單獨談話，可以在這屋子的牆內進行。」哥哥親自帶我們去了庭園，這是我在想獨處時會來的地方。我興奮得不得了，我們坐在能看到景物的長石凳上，耶穌安靜了一會兒，直到我的好奇打破了沈默。「我迫不及待想知道你去了哪裡、經歷了什麼、這段歲月你做了什麼，我無法想像你在世界的哪裡。」他微笑地說：「我想這些事對你們所有人來說都會是很有趣的，亞利馬太的約瑟夫也不知道所有的事，在你的家人允許下，我想把一切告訴你們所有人，特別是你。我知道母親告訴了你我年少時的一切，你所不知道的是，我的生命故事會深深刻印在你心中，好讓這故事在遙遠未來的某一天，重見天光。」

在我能提出任何問題前，他繼續說：「現在要開展的故事將會被仇恨我們的人扭曲改變，你會保有真實的版本，你必須知道我所走的每一步，來確保真實故事被說出來。過去從來不曾有這樣的故事——來自所有天堂的存有陪伴我來到地球，所有最強大的大師、女神、天使及那些伴隨我任務的人都在這裡，隱藏在不顯眼的人類形體中，我們在這裡會合，讓神的國度能短暫地在地球上存在。」我並不明確知道他所告訴我的是什麼，那是如此不可思議，他如此信任地把他的故事交給我，讓我感到極為光榮。他的靈視讓他能讀取神的計畫。

「你必須知道，米瑞安，我將與你們所有人分享我旅途上的經驗，因為我想避免這知識的任何一部分被遺漏或消滅，它必須被完整保留，因為這些旅程是非常重要的，它們造就了我。我現在會把這些故事只交付給你：在我拜訪了埃及與希臘的智慧學校後，我旅行到亞洲的印度與圖博。透過我舅公——他也是位高階大師——的連結，我接觸到以色列之外最優秀的學校，在每個學校中我投入為學生，直到我的理解夠宏大成熟。我從圖博開始漫長的回家之路，然後終於見到了我長久以來所尋找的他，我面對面見到了他——所有大師的師父。在印度，人們稱他為偉大的「巴巴」（Baba），意思是「父親」。我在白雪皚皚的山中獨自遊盪了好些時候，直到他突然出現在我面前。巴巴只是說：「終於，你來了。」

「我在他身邊待了很長一段時間，直到其他大師一個一個出現，我們共同分享了對地球的內在畫面。那些我們將在地球這裡相會的大師，在那裡以靈性體出現。偉大的巴巴點化我們。在他的臨在中，我再次在地球上認出自己。一切我在人類存在狀態中所尋求的，在他的臨在中益發完善，被整合進我永恆不滅的存在中。之後他對我解釋，其實我並不需要被點化，因為我從過去到未來一直都是受到啟蒙的，然而那仍是一段重要的學習。我之所以告訴你這些，因為他在指導我的過程中也透露了一件很重要的事，他指出我將為了我自己及我的使命而擁有伴隨者，那些人我必須去尋找也將會在以色列找到。當中有些已經以其靈性體與我們同在，現在我必須去找到那些人。他也讓我知道他派了你來支持我，事實上你便自他而來，你將伴隨我的每一步，從我靈視所見的事件開始的那一刻起。你將把故事匯集在你之內，好為後人儲存起來，否則故事將會被遺忘、扭曲或否定。這個從此刻開始的故事，有一天將再度活回來。」

我幾乎無法相信耶穌告訴我的，驚訝到幾乎要從椅子上跌下來，成千個問題在我腦中奔馳。「耶穌，你怎麼能想像這樣的事情會發生？你的行跡遍及全國，我如何能跟著你？你看不出我是誰嗎？我是一個女人；我不能跟著你浪跡天涯寫你的故事，你建議如何解決那樣的問題？」他只是說：「我會問問你哥哥你是否可以跟我走。」我無法想像耶穌的主意會成真，畢竟我們住在以色列，一個女人若非是該男人的母親，是無法與他一起旅行的，這只會讓她在任何經過的城鎮或村莊中惡名昭彰，我完全知道人們會怎麼想，畢竟，我們是老派的希伯來猶太人，我只會被看成一個妓女。

然而再一次，我見識到耶穌是不遵循傳統與規則的，他就是對這些規範不在意。一個瘋狂的念頭來到我的腦中：為了贏得伴隨他的自由，沒有什麼我不願意做。然而我不知道這要如何安排，在我看來是不可能的。然後他說：「是回去晚餐的時候了。」我們回去與大家共餐，那晚我不知道如何不想這些事，我很想回自己房間，因為我無法面對哥哥，我心神不寧並心跳加速。但瑪利亞似乎已經知道一切。那晚我無法平靜，之後西門變得輕鬆愉快，他搬出酒窖中最好的酒任我們暢飲，耶穌似乎很喜歡喝酒，我們開心地暢飲。

突然耶穌看著哥哥西門說：「從現在開始你不再叫做西門，你的名字是拉撒路（Lazarus），你屬於伴隨我的一零八人的團體。現在已經是拉撒路的西門，我不喜歡你大膽的地下工作，也不同意你的政治野心，然而你還是屬於我。我不會試著阻止你，只是你放心，我會知道你在做什麼。同時，由於你屬於我，你必須幫我找到其他人。」然後他就沈默了。哥哥的眼中明顯看得出驚嚇，他呼吸急促，顯然很不安。然而從那一刻起，他們兩人之間展開了緊緊相繫的友情，雖然他們對許多事情有著截然不同的看法，彼此間依然有著其他人所難以揣摩的親密。我很高興耶穌在那晚席間沒有重複神聖故事，那必定會嚇死我哥哥。當訪客即將離開時，耶穌說：「我要在耶路撒冷待上一陣子，有許多人家邀請我去，我會很快再與你們聯絡。」

這就是耶穌開始出現在公眾場合的時候。我的決定已經做出，若這是神的願望，我便會陪伴耶穌，好得到完整的故事。他將會知道如何克服困擾我的障礙……同時，我忍不住覺得自己在質疑神，為什麼他讓我以女人的身分來到世上？若我是個男人不就簡單多了嗎？在我內心禁不住要埋怨神，質疑他用意何在。接著幾天我看著哥哥也覺得很有趣，他既困惑又心亂，天啊，耶穌在我們的社會攪動了什麼？他不僅是彌賽亞，也是個叛逆份子，他打破了所有我們所知道的傳統規則，這是我清楚無疑而認同的！無論如何，猶太生活的傳統對我而言，太狹窄也太保守了。

隔天，我們出奇不意地被艾瑞莎的僕人接走，到此時，我們學著接受耶穌的即興。瑪莎、拉撒路及我受到這位以她的人脈、知識及社會名望來幫助我們的羅馬女人——艾瑞莎熱忱的接待，我們的友誼日深。那天晚上，住在那裡的耶穌、瑪利亞與雅各也在，還有亞利馬太的約瑟夫及一些我不認識的人。耶穌讓我們喝酒，開始述說他的故事，這敘述持續了幾個晚上。他跟我們分享他的旅程與經驗，如有疏漏便由經常與他同行的亞利馬太的約瑟夫補充。我們都輕鬆快意並喝了許多好酒，每個人都心滿意足。然後耶穌開始了他旅行的故事，那是一個為時數年的旅程，直到他對以色列的內在畫面變得迫在眉睫而引他回返。

「我因為收到來自遠方大師們的內在召喚而離開庫母蘭，亞利馬太的約瑟夫陪伴我，我們首先朝埃及——長久以來的太陽崇拜之鄉——前進，我立刻察覺我天父的靈在我之內翻攪不安，造物、心智與靈魂的扭曲，在這裡如此極端。當我們在尼羅河河谷旅行時，我真的不知道我們是否會找到聖靈的蹤跡，但是，最後我們還是去到一個接近古亞歷山大港（Alexandria）的地方，在那兒我們找到了一個擁有埃及原始精神、並藉此連結到亞特蘭提斯時代的古老靈性學校。那個學校保有原始而未經修飾的教規，不曾受到法老的世俗權力所踐踏。在亞歷山大港有個圖書館，而我的臨到是被預期的。」

「學校裡還有三位大師，他們自三聖者卡斯柏、梅爾該與貝塔薩口中知道關於我的事，並對當地瞭若指掌。這些大師乞求我教導他們，但我必須告訴他們我是以一個學者的身分來這個世間學校學習的，並非老師。他們說他們沒有什麼我還不知道的東西可以教我。我花了一些時間研讀他們的經文、再度發掘他們的知識，那是神很久以前刻印在地球中的。」

「在吸收了這知識後，一晚我夢到神對我說：『我的子啊，地球上的知識來來去去，告知他們我的意旨。他們應該將所有的書沈入大海，埃及知識的時代已經過去，時至今日那個國家都有執行我的意旨，但這將結束，它將走上神聖點化之光被熄滅的道路。你已經將你所獲得的知識提升到一個活的智慧，傳遞死的知識並非服事我的方式。』我隔天將夢境告知了大師們，我相信他們並不喜歡這個神的意旨，但他們還是遵從了，我們一起離開學校，不留任何駐留的蹤跡，我們也聽從了我父之意旨，埃及原初知識被銷毀並沉入海中。」

耶穌繼續告訴我們他們在離開埃及後的發生。「我們航行到了希臘，旅程中亞利馬太的約瑟夫告知那裡有非常古老的智慧學校及開悟的大師，有些大師仍然散發著這種神聖意識。但我們在希臘的期間，我愈來愈感覺到自己愛的源頭的枯竭，當我們到岸時，我看著約瑟夫說：『約瑟夫，這裡的學問或許龐大，但卻缺少了愛。我不願拜訪另一個並非以愛為根基的智慧學校，少了慈悲，知識本身能有何貢獻？請不要做此建議，特別是我知道你真正想要的會透過我實現。無論我們做什麼，必須能導向神性平衡，來這裡並不是個好決定——我不該被捲入這裡的思維形態，我們繼續前進吧，這裡沒有我們要的東西。』」

「於是，我們便往一個相當不同的方向前進，」耶穌解釋。「我被一片古老的土地吸引，那是我自厄色尼人處聽聞的——我們祖先的土地，自梵天、毗濕奴及濕婆一脈相承——那是我的目的地。前往那裡的路上，我們拜訪了地球上頗完善整全的不同靈性智慧學校，然而我的目的是去到印度。在幾個月的旅程後，我們終於到達我所選之國，我們拜訪了仍然充滿生命力的不同聖地，但我找不到一個能碰觸我靈魂的地方；我與古老智慧及其受點化的護持者有許多接觸，但卻沒有什麼能感動我的心。天父的靈開始透過我說話，我被視為帶回活的話語的先知，而我雖然在許多學校待了相當長的時間，卻不想留下來。閱讀古老吠陀經的書籍中關於人性的故事對我是很重要的，神在其字裡行間說話。然而我找不到真正慈悲的學校的蹤影，只有與神之愛無關的孤立知識。」

「一天我對約瑟夫說，我已經夠大而不需要他陪我旅行了，我告訴他：『約瑟夫，你現在可以回家了，接下來的旅程我想要自己走，我會保持與你的內在溝通，讓你知道何時回到我身邊。我無法說會是什麼時候，但請相信我並保持連結，然後我們再一起回以色列並拜訪一些地方。神與我同在並將引導我。由於我知道了我原初點化的道路，我的天父是如此強烈地在我之內。』」

「此刻我開始自己旅行，一路上總有人供我食宿，通常我都只做個匿名的旅人。我接到來自喜瑪拉雅白雪大山背後的遙遠國度——一個叫做圖博的國家——的召喚，當我到達時，迎接我的是一個相當孤立於外在世界的神聖文化。我發現了一個非常古老的修道院，在那裡見到年齡極為難測的有智慧的守護者。一如以往，當大師相會時，他們都知道眼前的人是誰，所以他們立即接受了我並邀請我留下來，一位散放金色的愛與智慧之光的高階大師說：『你到這裡是要發掘我們被埋葬的香巴拉（Shambala），自太古以來，我們守護著這個會打開我們古老城市的記號。我認識你！你是打開通往香巴拉之門的鑰匙，我們的意識因你的到來而被喚醒。』」

耶穌就這樣持續幾個夜晚講述他的經驗。在下一個日落時，他開始告訴我們香巴拉的故事：「就像做夢一樣，我從這個修道院開始，打開了許多門並找到不同的路，有時漫遊於眾山之間，有時只能在夢中前進。而我一直知道自己必須找到那通往超越眾界之境的鑰匙，我的人間意識必須達到我層次更高的靈性意識，我是唯一握有鑰匙者。然後一個晚上，神之愛的火焰觸及了我，我派了一位火的使者走上通過眾界的道路，那火焰之海驅散了幻相的迷霧，接下來我便發現自己站在一道門之前，門後就是香巴拉，我找到了。」

「我進入那充滿生命之地，以一個統領者的身分回來。我的人類與超人類意識不再彼此分離，所以我回到了香巴拉。香巴拉的智慧是非常古老的，我想要你們熟悉它。那是一個太初之地，在其中，來自所有宇宙的最高靈性大師——那些我們稱為神人（Avatar）的存有，包括神自己——都擁有其一席之地；那是靈性的統馭層級，在地球這裡擁有位置，並以慈悲統治全宇宙的普世意識。我接受了自己統領者的角色，此外我身旁還有四位，我到達時我們更新了地球之神人的同盟。神人是更高存有，你們還不了解祂們；祂們代表所有眾界能量的會合，並會不時在地球出現。我融合了自己與其他神人的意識。」

「我發現自己與其中一位神人合一，他超越時間的面向——指的是一切時間——而在我身邊。所有域界與宇宙都知道他的名字：阿格尼。我們重新覓回彼此古老的兄弟情誼，那是眾界的靈性意識。在香巴拉我們為地球形成了一個新的同盟，是基督之光的意識、宇宙的聯盟。神聖之光與神人的連結在我之內合一，我們一起到所有世界旅行。在長期的黑暗之後，地球收到了一個新的開始，我們更新了寬恕與和解的連結，我也為自己接受了這樣的願景。在人類的身體中得生、歸屬於神人、並沉浸於來自我父的基督之光中的我，接受了對地球的這個使命。透過我的慈悲，罪咎得以被寬恕，這是我們一致同意的，我們也共同創造出一個新的天堂符號。地球的和諧再度重建，我們在所有域界的結合中合一，並且想啟發世間萬物的靈性意識。」

此時耶穌停頓了一下，接著說：「或許你們不了解我所說的每句話，但我與天父所更新的是遠古的連結，從此刻開始神聖之光的意識將再度滲透地球，我是第一位以基督之光的火焰激化這種意識的使者。神人會不時來到人間，我的任務是為寶瓶世紀時將到來的神人做準備，他們將為地球更新真正的盟約。我先一些神人而行，但有一位已經與我一起來到地球，在他之中我能播下我的種子。他一直與我同在，我們並肩工作。火神阿格尼是我永遠的朋友、永遠的兄弟。」

如此他結束了晚間的述說。這來自許多域界的經驗把我們都迷醉了，他以其意識改變了我們的意識，那晚的訊息是要給全以色列的，他尋求每個想要與他結合的人。整個空間搖晃振動著，透過他的話我們進入了那很久以前從地球上消失的世界。那夜我夢到神的國度數不清的畫面，我不知道如何抓住自己遊蕩的靈魂。我確定耶穌出於好的理由而告訴我們他的故事，我們跟著他去到更高境界、其他領域，好像他想將永恆天堂的一部分帶回來。

在我們選擇接受他對地球任務的挑戰前，我們必須經歷這些事情。在我看來，我們每個人都有意識地做了決定，我們以來日會加入我們的許多人之名而行動，從那時起我們便任務在身，一個內圈已然形成！我們知道我們所得知的事是重要的，需要傳遞給其他人。那夜我躺在燃燒之火中，我的意識延伸到光的許多層次，我認出神的強大存在，與我在地球上找到的完全不同。我看到我們將會伴隨即將來到地球的更偉大的存有們，其中一位是彌賽亞耶穌。這是源自遠古的允諾，慈悲與神的意識是我們的家，無論未來如何，我們都準備好了要接受這挑戰。

第十一章 在沙漠中的四十天

接下來的那晚我們被邀請到艾瑞莎的家，在我們三人到達時屋子已經閃耀著節慶般的燈光，她滿是熱忱地接待客人，那是一個更加歡欣的夜晚，耶穌以酒招待我們，我們的靈魂為之陶醉。他繼續他的敘述：「當我與香巴拉的其他神人達到共識，並且為了地球，合一了在彼此內在新世紀的封印時，我發現是離開香巴拉的時候了。我體現基督之光，基督之光在我之內被確認，我決定再度把這個光給予世界，以打破業力循環並帶來寬恕與救贖，我有意識地選擇實質的方式，踏上朝聖的路途。」

「當香巴拉之門在我背後關起時，我孤獨地一步步踏過覆雪的遼闊峽谷，我不需要任何補給，因為我需要的一切會在我面前顯化，我既不冷也不餓，即使野生動物也是不會傷害我的朋友。我回到之前會見那位宗師的寺院，對他們表達我的感謝，我了解到，是他們負責引我回到香巴拉的，我獻上亙古綿延的祈禱做為禮物來表達我的感謝。」

「我接著繼續更深入圖博，在那裡待了幾年，教導那些等待著活知識來終止飢渴的人。我優遊於圖博的古老文化中，這文化將在基督意識中存續到遙遠的未來。他們教導我，我教導他們，我為他們帶回對神的祈禱。然後是該離開圖博的時候了，我再度跨越覆雪的山谷回家，以色列已經在我的內在意識內。然後一天，一位男子站在我面前，他的眼中充滿了火，我馬上認出他來。他對我說：『你要走我的路嗎，神之子？』」

「我們都能透過對方的眼睛看到彼此，」耶穌繼續說，「透過他的眼睛，我認出他是偉大的大父巴巴吉（Maha Baba Babaji）。他一直遊歷於喜瑪拉雅的聖山之間，統治並喚醒人們的意識。他是眾界的偉大導師，在他歷久不衰的青春中保有神的覺知。透過靈視，我馬上認出了他的經驗與知識。然後他問我：『為了完美你自己，你願意留下來嗎？我是眾生萬物的大師，你的生命道路將由我來塑造。』於是我留在大父身邊七年，在那七年中，我與大父巴巴吉合一，他為我準備我的道路。這段期間我會見了所有我之後會在地球上遇見的存有們，我們一起為未來編織了相同的夢想。」

「他與我合而為一，」耶穌做了關於大父的解釋：「我們彼此訓練並透過對方達到完美，一天他帶我到一個洞穴，透過他的咒語及符號祝福並確認了我將帶在身上的知識，然後他看著我說：『現在是你離開的時候了，我們已經在一起夠久了，你可以回到人世了，你註定要走的道路已經準備好了。』我在大父的認可與支持中得到極大的力量，因此對開始下段旅程做好了準備。我離開大父並開始了返回以色列之路，我對亞利馬太的約瑟夫送出內在訊息，他與我在印度的一個城鎮會面，我們旅經包括阿富汗與波斯的不同國家，並拜訪那裡的多所智慧學校。」

「從那時候起，我就是老師了！這每一個靈性意識的學校都是智慧之輪的一部分，而我能夠推動神之火焰及基督意識的種子，讓智慧與愛終能彼此合一。」以此，耶穌開始為他的旅行故事做結尾。「在漫長的旅途後，我回到了以色列，在這個被神遺忘的土地上開始我的使命，去召集被揀選自天堂而派遣來伴隨我的人。」

然後耶穌結束了他的述說，我們飲著好酒歡慶到深夜，那好像是我們凝聚了一個合一的核心，要擴張並接觸其他人。到清晨時耶穌簡短地說：「十二位伴隨者會加入我而形成內圈，包括三位女人，其中一位會在我的某些旅程中陪伴我，更進一步由一零八位伴隨者形成的外圈，會支持我的使命。」然後他暫停了一下，喃喃而語：「這一切會在適當的時候發生。」接著他沈默了，顯然深深地沉入他的內在世界中，一個沒有人能跟得上的世界。

那晚我們都在靜默中回家，拉撒路與瑪莎陷入在他們的想法中，在他們的靈魂深處，我們到達了一個界定未來之路的關鍵點。這個晚上是安靜而沒有畫面或訊息的，但我清楚知道，依神的話語，未來已經開始。我決心只信任這條未來之路，將我全部的身、心與靈交付。

接下來的幾天，顯然關於耶穌療癒力量的消息在耶路撒冷擴散了開來，耶穌請艾瑞莎接待並協調想要見他的眾多群眾，她擁有很好的組織力。他神聖的療癒力愈來愈廣為人知，每個人都想要找他。我則日漸退回自己的世界，讓自己能平靜下來。我決心投入學習當中繼續進修，哥哥拉撒路同意讓我之前的老師再度來為我授課，因此我把日子花在看書及學習不同語言，我很懷念念書的日子，能重拾書本讓我很開心。我對新知有極大飢渴，因為它們拓展我的視野並分散我對日常生活的注意。我有時會去艾瑞莎家拜訪，她以姊妹之情待我，我們彼此深深相繫。

耶穌無法再把很多時間給我們，人們求助於他，生病的、絕望的、無助的，也有一些只是好奇地想知道他是否真的是神的兒子的，他一概來者不拒。他有時也會出現在大宅的內院裡，我觀察著他，驚訝於他對待所有訪客的耐心與臣服。每個人都被獲准接近他，許多人得到了療癒，無望的人離開時充滿希望及攜帶著他的愛之火，準備好接受生命所給予的一切。看著他的光與愛在空間中擴散並填滿每個來到他面前的靈魂，是非常令人感動的。他所有的訪客離開時，眼中都閃爍著他的愛。

我儘可能地退入屋內來避免人群的攪擾，重拾內在平靜。一天，我拜訪艾瑞莎的家時，耶穌見到我來了，對我說：「米瑞安，到我這裡來。」我穿過聚集了的人群走向他。一個女人站在他前面，他說：「我需要你的協助，現在你可以展現你的療癒力量，我想你能幫的比我還多。」我自然有些不安，因為我已經很久沒有練習厄色尼的療癒技能了，然而他的眼光燃起了我的心並帶回我所有的療癒力量。我在這女人的面前跪下，看到一個黑暗體，有個惡魔住在她之內。我看著耶穌的眼睛尋求幫助，但他說：「只有你能征服這個惡魔，因為它來自她的家裡，你擁有這樣的知識。」彷彿我只要聽祂說話，所有古老的療癒力量便都回來了，讓我能透過我的禱文完成神的旨意並療癒這個女人的靈魂。我靠近這個女人擁抱她，突然我全身顫抖並感受到我內在發出神聖祈禱。於是我釋放了她內在的惡魔，將它送回它所屬的世界。這女人失去意識地跌入了我的臂彎中，當我從出神中回神時，我看到艾瑞莎的僕人在照顧這女人。

我跪下，依我習自厄色尼人的方式，將她滿滿的想法、憂慮及感覺清空。以她來自自身神聖靈魂的療癒力量，她再度被自己的純淨自我所填滿。她醒來了，眼中散放光與喜悅，我接著對她鞠個躬，並想就此退下，但她在我面前跪下並開始哭泣，我將她扶起，說：「你該感謝的不是我、而是彌賽亞，是他給我的力量，是他給所有人力量。他讓神的光回到我們每個人身上。」我不知道這些話從哪裡來，它們似乎不經我的想法而自然說出，就像是他給我的一樣。然後我抬頭看耶穌，愛從他的心中直接流向我，純淨之愛的感覺從他流向我，貫穿了我，什麼都不再重要了。我被包裹在他無盡的愛中，那一刻似乎成了永恆，我失去了時間感。

然後耶穌回到他的訪客中，我再度退回大宅的內室。在這樣的靈性經驗後我必須整理自己，我並沒有立刻知道這個愛對我的意義何在，它攪動了我的內在並碰觸到我的靈魂，那不是這個物質世界的愛，我察覺到我對他的愛是無限而無法控制的。我決定回家，雖然要穿越等著見耶穌的群眾並不是件容易的事，最後我終於奮力走到街上並回到了家；我深受其擾，對如此年輕而經驗不足的我來說，要面對自己對他如此強烈的愛是相當困難的。我逃離艾瑞莎的屋子，嘗試在自己的家找回靈魂的平靜。

隔天當我再去拜訪艾瑞莎時，聽到一位僕人說：「耶穌上路了。」我進入屋中找到艾瑞莎，在我還沒開口問以前，她說：「耶穌今天早上決定離開，他沒有說要去哪裡，只是說：『沙漠在召喚，我必須走，我說不準何時會回來。』」我們的雙眼交會，彷彿暗地裡協議了要看顧他，我們安靜地坐著，卻完全不知道他去了哪裡。日子過了一天又一天，耶路撒冷漸漸變得安靜，我們沒有耶穌捎來的訊息，也沒有得到其他消息，沒有人知道他去了哪裡。我試著集中精神在我的書本與學習上，慢慢開始再度享受希臘文及拉丁文的研讀。我每天都會去找艾瑞莎並開始看到她眼中因為擔心耶穌而漸增的恐懼，即使瑪利亞也沒有被告知耶穌的所在，因此她決定帶著小兒子回去拿撒勒的家。

一切靜悄悄，我們開始愈來愈擔心。在沒有任何耶穌的消息下，我開始計算他離開的日子，到了第三十九天的晚上，我在自己的尖叫聲中醒來——我看到他在沙漠中，他呼喚我、他需要我。我不明白自己是怎麼收到訊息的，但我肯定是他送來了內在訊息，我叫醒哥哥請求他：「帶我去艾瑞莎的家，耶穌需要我們，他呼求我們的幫助。」

我們在黑暗中踉蹌來到艾瑞莎的家，一會兒後她讓我們進入，她馬上察覺到事態嚴重，憂慮地看著我們。我告訴她我見到耶穌在沙漠中的畫面，我們必須找到他施以救援，艾瑞莎問：「你要怎麼找到他？我們完全不知道他離開這裡後往哪裡去。」但我堅持我們必須搜尋他，因為我知道他需要我們。拉撒路決定陪我，我對他說：「我不知道他在哪裡，但我會信任我的內在聲音來引導我找到他，請讓我帶著幾位僕人，我們必須找到他，他發生了些莫名的狀況，需要我們的幫助。」

我們離開耶路撒冷向沙漠的方向前進，拉撒路一路上用不敢置信的眼神看著我，好像我有點瘋了：我怎能想像在這樣無邊無際、無人能獨存的沙漠中找到耶穌？我們走了一陣子，我卻不知道多久——我已經失去所有的時間感。我只知道我們必須繼續下去，然後突然我們看到一位金髮、身穿白袍的男子坐在路中間，他身上散發出燦爛的光，就像來自另一個世界。他問：「你在找耶穌嗎？」我知道他會帶我們去找他，他無言地指出了方向，我知道他是可以信賴的。他突然憑空出現並指引我們，在沙漠走了一天後，我們在他指出的洞穴中找到了耶穌，看到他時我的心幾乎停止跳動，他奄奄一息、蒼白瘦弱。那位陌生人走向耶穌，在他的額頭上作了個記號，手就留在額頭上一段時間，看起來他們好像在彼此溝通，而我好像在一個出神狀態中看著這一切。拉撒路和我萬般焦急，害怕耶穌過不了這關，然後陌生人抬頭看著我們說：「現在你可以讓他起死回生，米瑞安，你現在可以幫助他復原了。」我好奇這陌生人怎麼知道我的名字，但那時這並不重要。然後陌生人便離開我們，消失在沙漠裡了。

我們把耶穌放在僕人帶來的擔架上，我給他一些水，他喝了一些，然後微微睜開眼睛。雖然極為疲憊，他半閉的雙眼仍然透出美好的光芒，彷彿神聖的愛與慈悲比過去還深、還大。然後耶穌以微弱到我必須湊上耳朵的聲音說：「現在你可以把我帶回去了，米瑞安，我很感激你在夜裡聽到了我，黑暗之神以他的世俗誘惑與我在沙漠中相會，但在我之內的神終於勝利了。」為了不讓人發現，我們小心而隱密地抬著耶穌回到艾瑞莎的大宅。我運用了我所有從厄色尼習得的能力與知識來救回耶穌，我記得自己還有的厄色尼療癒草藥，便用了它。兩天後耶穌第一次完全恢復意識，艾瑞莎日夜照顧他、為他祈禱，眼睛不曾離開過他的身上。當我們終於見到他醒來時，我說：「喔，主啊，感謝天堂與所有天使們，你回我們這裡了。」

耶穌坐起來說：「我與地球的黑暗戰鬥了四十個晝夜，我將人類與地球的黑暗接收到我內在，包括一切邪惡與誘惑，直到黑暗之主本身現身。我們戰鬥了三天，直到我自身的光與愛戰勝了黑暗的誘惑。人性的邪惡給他力量，但在我之內的光終究獲勝了。」他微笑著，似乎恢復了他原來的一切元氣，耶穌握起我的手親吻，說：「謝謝你，米瑞安。」然後他握起艾瑞莎的手，說：「還有你，艾瑞莎，邪惡使我元氣大傷，幾乎要奪走我的性命，是你和米瑞安的支持幫助我消滅邪惡之跡的。」

耶穌說話時，我憶起了過去的畫面——死海、所多瑪與蛾摩拉，及所有庫母蘭的舊有記憶。無論如何，耶穌在經歷過這場戰役後，看起來比過去還要強壯，他的光更加明亮。在短短幾小時後，他似乎完全復原了，恢復了原來的樣子。艾瑞莎給他食物，他安靜地吃，嘴角掛著微笑。我對他說：「耶穌，那個在沙漠裡和我們相遇，帶我們去找你的人是誰？」他笑了開來，答道：「我告訴過你我兄弟阿格尼的事，就是他。」然後他再度沈默，繼續吃東西，停頓了一下他說：「此刻是我拜訪約翰的時候了。」他望向艾瑞莎與我說：「我想要你們兩位及拉撒路跟我一起去，施洗者以水造火，是我拜訪他的時候了。」

施洗約翰的事蹟傳遍整個耶路撒冷，人們感受得到情勢的緊繃與政治的動盪，他的作為評價不一，艾瑞莎因此害怕而要耶穌讓她留在家裡。「主啊，你知道嗎，有些人嚼舌根不滿我邀請你來這裡住，當然我樂意讓你隨時來、住多久都沒問題。我們有些羅馬朋友不太多說，但目前為止對你的看法還是正面的，然而拜訪約翰就有些棘手了，可能羅馬人及猶太人都會有些反感，因此我請求你把我留在這裡，讓我能低調地從家裡給你支持。」

耶穌點頭同意。「米瑞安，告訴你哥哥及瑪莎：我們明天出發。」我回到家裡，漸漸發現耶穌與施洗約翰的活動註定要招來對立與敵意，一方面我知道自己要無條件地跟隨耶穌，另一方面我也意識到危險。我與哥哥找了個安靜的時刻談話，向他說明耶穌要我們陪伴他。依我們猶太傳統我必須乞求哥哥的同意才能走，雖然近來我們女人已經多少解放了自己，無論如何，我了解到我應該試著遵守舊傳統；猶太社會，特別在耶路撒冷，是非常保守僵化的，若沒有遵守猶太律法的傳統的話，很快就會被貼上罪人的標籤，被社會所唾棄，一般大眾會毫不遲疑地接受這種認定。

拉撒路寬大如昔，他發自內心的說：「我們是來這裡陪伴主的，我將是你的正式同伴。」我很高興知道他能諒解，跟他在一起我確定不會有事發生。我們計畫明天早上在艾瑞莎家會合後出發。當我們在那裡見面時，耶穌散發過去展現的健康與力道，他從沙漠的潰擊中復原的程度驚人。此時他的身體似乎匯集了超自然力量。

我們啟程前進約旦河，旅途愉快，耶穌心情很好。我們跟他旅行時他幾乎都是輕鬆的，讓我感到安全並且確定不會有什麼狀況發生。他總是照顧我們，大家累的時候他就會找適當的地方休息，他的能量鼓舞著我們，我們知道，跟隨他是唯一到達目的地的方式。我不知道我們走了多久才見到約翰。我記得耶穌與拉撒路有幾段長長的對話，那時我會避開，因為發生了這麼多事，我需要獨處來恢復心情平靜，我很感謝自己擁有安靜的靈魂。

我們愈接近約翰，朝聖的人潮便愈洶湧，現在我們開始了解他的魅力及他如何激勵人們。他的魅力吸引各方的人們，我們於是發現自己置身在這亂流中。由於耶穌不常在耶路撒冷之外的以色列出現，我們幾乎沒有受到注意，這對我們來說很舒服，跟耶穌在耶路撒冷總被人潮包圍的狀況不太一樣。那個時節的夜晚相當溫暖怡人，在星空下過了安靜詳和的一夜後，清晨時我們到達約旦河，幾百人坐著等約翰，卻不見他的踪影。一股奇特的灰霧籠罩著這區域，散佈著憂鬱的氛圍，好像光不敢照耀般。

突然一個男人從迷霧中現身：除了施洗約翰不會有別人。他愈接近，他的樣子就愈讓人吃驚，我幾乎已經認不出這個好幾年前在庫母蘭見過的青年，披著一頭長亂髮的他像頭野獸，衣僅覆體，手持一個大棍子，每走一步都把棍子用力地往地上蹬。他沿著河邊的路走近我們，腳步震撼大地。我很清楚他在清晨回到神聖的約旦河之前，整夜在都在祈禱與冥想。他似乎無視於等著他的人群，我們選了他對岸一個稍微離開人群的位置，我瞥了耶穌一眼，他完全放鬆自在，我驚訝於他見到這個老夥伴的鎮靜，再次看到約翰出現在他面前卻沒有興奮或喜悅，有的只是對現況與後勢的接受——無論這後勢是什麼樣子。

約翰從他那頭進入河中，顯然他清楚水的深淺及流向，很快就站在水深及腰的地方，他接著進行淨洗，彷彿那群安靜注目著他的人們並不在場，像是獨自在神性臨在中。他不疾不徐、平靜地完成了他的儀式，無視於身邊的一切，約旦河在這個時節並不是很深。然後觀眾開始躊躇地向他靠近，他們不敢太接近而停在一個合理的距離，約翰自顧自地踏過河水走到一顆大石頭旁，然後爬上了石頭。

那一刻太陽劃破迷霧，一道明亮的陽光以其火覆蓋了河岸周圍，在場的人都注意到了。約翰以棍棒敲擊石頭，我看到一股火舌從敲擊處升起，散開於大氣中。我不確定是否每個人都看到了，但我確定我有看到，所以約翰變成火了！現在我知道耶穌為什麼說約翰成了火與水的混合，他是水面上出現的火焰。然後約翰提高音量，聲音變得強大又堅定，回音傳遍整個山谷，他不羈的性格找到觸動群眾內心深處的話語。

約翰說：「聽神的話語，不要聽我的，因為我只是由神之火而來的河，要宣告更偉大於我者的來到。我為他的道路做準備，每天呼求他，他是神的兒子，能原諒你們所有的罪並將神的國度帶到地球。與你的心靈交流──你的靈魂被玷污了，帶著世間的痛苦及你個人貪婪的印記，克制你自身的願望，轉向神的道路。懺悔你的罪惡──看看你的負擔是如何增加、你的業力是如何造成的。所有來找我的人，我會準備你回去的路，我會以火與水浸洗你，兩者都是神。元素是聖靈的表達，當你榮耀元素時，它們會祝福你並洗淨你們的靈魂。」

「到我這裡來吧，因為我在此是要以神的先知──我今天是、未來也永遠會是──來服務你並服務祂。來到我這裡，讓我為你施洗，因為這是來自聖靈的禮物，是神所給我的。」聽約翰說話時我顫抖著，我的靈看到邪惡之蛇升起，纏繞他所說的一切，但他之內的火抑制了它們，我試著擺脫這個畫面，因為我覺得很可怕。然後當河水高漲來到約翰的臀部時，他已經準備好接待人群了，人們一個一個來到他面前，他以這些話施以浸禮：「我以即將來到者之名及聖靈之火浸洗你。」幾百人湧向他，不露疲態地，他將他們一一浸入水中再提起，過程中溫柔與慈悲環繞著他，他眼中的火是美善與愛。

耶穌隔著一段距離看著這一切，說：「我們離開這個地方找地方過夜吧，我明天再回來，有朝聖者告訴我附近有個小村落，我們今晚到那裡過夜，晚上我會單獨與神在一起。」我們走了一小段距離便到了山丘後的一個小村落，居民為眾多朝聖者做了準備，販賣水、麵包及酒。我們過了寧靜的一夜。

第十二章

耶穌找到第一批門徒

那是個長長的等待。耶穌退回自己的世界，對我們來說那世界不可捉摸。他完全在自己的念頭裡，但顯然他是十分安詳的，這段時間我與拉撒路及瑪莎靜靜地在一起。我觀察到受到施洗約翰吸引的人潮愈來愈多，目睹他所創造的魅力是讓人咋舌的，在如以色列般無望的土地上，他以神之訊息的消息征服人們。人們對於一位能以神的聲音說話的人的需求是多麼巨大，這聲音又在他們的心裡鎖了多久！人們祈禱一位救世主出現有多久！那些益加與入侵的羅馬人瀣沆一氣的國王們，奴役了人民多久！

在這些敞開的人心中，有著對真理、獨立及自身身分的尋求，他們希望能藉由約翰圓滿這個渴望，觀察人們、看著他們的臉、表情及聽他們的故事，真是太令我心醉。從人們的對話中，我知道約翰顯然在晚上退隱，因此多數人晚上會回到村落中，人潮洶湧，因此到處都有火堆在燒，人們借火取暖。

耶穌想獨處而離開了一段時間，到了晚上他回來，我看到他走入一群人，跟他們一起坐在火邊。他坐在一群男人之中，好像認識他們一樣——他們也接受他。他跟他們說了很久的話，我則遠遠觀察。清朗並星星滿佈的天空像外衣般覆蓋我們，地上的火燃燒著，星空之火也回應著這禮讚，最後耶穌找人來要我們過去。

我們依他的要求加入了這群人，耶穌旁邊有兩個男人，耶穌說：「這是西門（Simon，之後稱彼得）與他的弟弟安德魯（Andrew），我就在這火旁找到他們。」我們有些驚訝，還是就在溫暖的地方坐了下來。在夜的寂靜裡，耶穌突然對西門說：「西門，認出我是誰，我依循你的呼喚找到了你，放下你現在的生命來跟隨我。」西門回答：「你是誰，我該跟著你？」耶穌回答：「就等著，明天你就會認出我來。」然後他對安德魯說：「準備好你自己，安德魯，你也會把過去的痕跡留在身後，將它們從你的記憶中消除。你來此是為了跟隨我。」第三位男人不滿地問：「那是誰，這樣說話？」安德魯遲疑了一會兒，說：「跟我們一起坐在火邊的你，就是大家都在討論的彌賽亞嗎？你是耶穌嗎？」耶穌平靜地回答：「是的，我就是他！」

安德魯站起來，接著在耶穌面前跪下：「若你是預言中的主，那我會跟隨你；我會放棄我所擁有的一切，一切都屬於你，我的心裡知道你是他。」在他身後的西門生氣地問：「你怎麼知道他是誰？」安德魯平靜地回答：「我知道，因為我的整個人都這麼說，你也應該認出他。」很晚了，我決定退離，為夜晚找個安靜的地方，離開所有這些人。天亮時我被往河岸移動的人潮驚擾而醒來，他們想在約翰出現時佔一個好位子。

耶穌在我身邊坐下，他說：「我知道這對你有多困難，我佩服你不問我任何問題的態度，你願意跟我一起到河邊嗎？我想要再見一次施洗約翰。」他去找西門、安德魯以及那位看起來是他們的朋友的男子，耶穌說：「你們想跟著我嗎？」他避談要去哪裡及去多久，只是說：「跟著我！」不等待答案，他便轉身帶領大家前往河邊，前一天的表演再度上場，約翰發表啟發人心的演說，人們聽得如痴如醉，然後耶穌跟那些想受洗的人們站在一起，我站得離河岸近，可以清楚看到發生了什麼，我把頭靠往拉撒路，他出現在我身後，他來了！我的哥哥克服了他的所有恐懼，找到與耶穌深層的內在連結，他們兩個都發展出對彼此極強烈的喜愛，一種看不見的連結將他們繫在親密的友誼中。

耶穌站在施洗約翰前面，約翰彷彿出神地凝視著水面，對著水吟誦神性救贖的神奇話語，突然他抬起頭，看到耶穌並吃驚地問：「你？來找我？不是我才應該接受你的施洗嗎？」耶穌回答：「不，約翰，你應該對我施洗。」從那時起，他們就不再說話，有些人轉述說他們繼續說了一些話，然而那不是真的，或許那些人聽到兩個人不同的內在聲音，然而我，確定沒有聽到任何對話。

耶穌讓約翰在水中對他施洗，然後出水，看了約翰一眼便靜靜離開水中走向河岸，他不說一句話就離開了，人群看著這場景，殷殷期待會聽到關於這一切代表什麼。我望向耶穌漸漸離開視線的方向，我們不知道是否該跟著他或是留在這裡；他什麼也沒說。

約翰打斷了我們的念頭，他站在石頭上，開始以盪氣迴腸的聲音說：「那位來到我面前的人比我更加偉大許多，我便是為他準備道路，你們不應該跟隨我，應該跟隨他！他是神之子，是我們被應許的、萬眾讚美的彌賽亞，而我只是他的先知，以他之名行動。」然後我對同伴們說：「跟我來，我們去找耶穌。」遠遠地，我們可以看到昨晚的三位男子站在他面前，然後對他下跪，他們自那時起就是他最早的三位追隨者——西門（彼得）、安德魯、菲力浦——不會離開他身邊，他們在約旦河岸認出了他。當我們遠離人群時，耶穌走向我們，說：「你們先回耶路撒冷，我隨後幾天就到。」

到了耶路撒冷，我馬上去找艾瑞莎告訴她我們經歷的故事，她真的很擔心，說：「我的天，耶穌計畫了什麼？關於他正式拜訪施洗約翰及約翰的演說，一路傳回了耶路撒冷，他所做的不已經足以把人們從猶太教堂與聖殿吸引出來？約翰的演說攻擊國王，我們會遭遇什麼不幸？」我花了一些時間試著平撫她的恐懼，然後決定回家。

我開始回想發生在我們身上的事，我無法再控制我的生命。我是空的，我不確定這將帶我到哪裡，我感到自己像是被下了藥，卻不知道如何從這種麻木狀態中解脫。拉撒路，瑪莎及我避免交談，那是一種不確定感，我們所有的感覺似乎都無所適從。我無法說我感到舒服，耶穌拔去了我們的過去，我們像是掉入無人之境，沒有人知道自己來自何處、將往哪裡去。我既不感到慈悲也不感到樂觀，我既沒有聽到神的聲音，也沒覺知到我日常的俗世生活，似乎沒有什麼外在任務有任何意義，我的歷史從我的靈魂中消失了。幾天之前我還說得出我的感覺、我的喜歡、我的希望，那些都消失了，這一直持續到耶穌重回耶路撒冷時。

幾天之後，耶穌與他的門徒們再度一起出現，哥哥邀請他們來作客。他們到達時我和耶穌打招呼，我發現他變了，他不再難以接近，而是熱絡而且開心，他的三位同伴也留宿我家。晚上我們一起用餐，我第一次端詳他的三位門徒，他們三位都具有強烈的個性以及了不起的靈性內涵。看著他們，我知道耶穌必然喚起了他們埋藏在表面下的許多東西。

但是，我仍注意到最年長的西門在談話間流露猜忌之情，在我看來他似乎不習慣在一個女人面前如此自在，因此氣氛一開始有些緊張——以色列的社會對女人還是有些非常保守的態度，女人擁有傳統的角色及極有限的自由。耶穌在這幾個月教了我這樣的年輕女孩，與男人享有同樣的自由與平等，我因而能如男人般表達看法並自由行動，我看到西門眼中的不認同。

耶穌極為放鬆，然後他突然再度提起幾天前開始的關於他的任務的主題：「我的前三位同伴此刻已經跟我在一起了，有一天會變成十二位。」很顯然地他們在過去幾天跟耶穌一起經歷了許多，他們開始共同成長，耶穌具有一見到某人便散發溫暖熟悉感的能力，他如磁鐵般吸引人們來到他的慈悲場。西門是個真誠忠實的追隨者，雖然我感受到他內心的矛盾，他守舊的世界與革命性的耶穌有所牴觸，因此他花許多心思試著要調和這兩種態度。

我發現其他兩位較不那麼複雜，他們的舉止輕鬆，對我們一家非常友善，特別是安德魯，他甚至會在我們準備餐點時進到廚房來，與我及瑪莎開玩笑，主動提供幫忙。他沒有受到社會禁忌與限制的困擾，保有著清新的誠實與直率，我們無論開什麼玩笑或做什麼討論都不會冒犯或震驚到他。我們整晚都與耶穌及他的同伴在一起，很顯然他們都將繼續和耶穌在一起，伴隨他到天涯海角。他們形成他內圈十二位當中的前三位，西門在耶穌的生命中會扮演很重要的角色，在他慈悲的心終於自由前，傳統的許多層面將會剝落，對他來說一段漫長的旅程已經開始。

接下來那天，耶穌聯絡了艾瑞莎，他及他的三位同伴到她家度過了一個晚上，我則決定待在家裡。耶穌再度回到耶路撒冷的消息如野火般傳開，想要看他及想要與他說話的人都多了好幾倍。一晚，我在艾瑞莎家，她總是歡迎我們而在這兒我們也總是感到安全，因為她在耶路撒冷是個受到尊重並有影響力的人。餐後大家正放鬆著，突然前門傳來狂亂的敲門聲，門口站著一位頭髮捲黑、眼神狂野的年輕女子。她立刻把門關在身後，說：「不該有人看到我在這裡，我要跟耶穌說話。」艾瑞莎帶她進入我們聚集的房間，她一看見耶穌便在他的面前跪下，說：「耶穌，拜託！拜託！請不要把我送走，請不要告訴任何人我來見你，我的處境不允許我出現在你面前，一刻都不能，但我聽說了你，我無法阻止自己見你的渴望。」

她是莎樂美（Salome），希律王安提帕斯（Antipas）的女兒，沒有人知道為何她想見耶穌，她是個美麗而奔放不羈的女人，眼中燃燒著黑火，她說：「接受我，耶穌，我想成為支持你的人，並不想加入希律王與我母親所主導的犯罪集團。」耶穌注視她的眼睛，回答：「現在對你還不是時候，你在王宮裡還有重要的任務。直到王室的命運被決定前，我無法接受你進入這個圈子。」我們都很震驚，希律王散佈了這麼多關於耶穌的可怕故事，這種人的女兒怎麼會來找耶穌？這一旦被知道了就是叛亂罪，很高興的是她能溜出王宮而沒有被發現。

從那時起，莎樂美抓住所有機會來拜訪艾瑞莎，她也會來看我們，但比較喜歡在耶穌在場的時候。變裝溜出王宮的她，是個心地溫暖而熱情的女人，我與她交談，馬上就喜歡上對方，但當時我們並不曾預料彼此的命運之後會如此交纏。透過莎樂美，我開始知道希律及他的勾當，我知道她利用他有行程離開王宮時開溜。我在莎樂美的周圍覺察到黑火，並且感知到這王室家族註定要遭逢可怕的命運，縱然如此她是我們的一分子，一些耶穌的追隨者命定要面臨世俗上的墜落。我開始欣賞有些人帶著物質世界的地位投向耶穌，卻一點兒也不減損對他的忠誠；莎樂美是我知道顯露這種祕密忠誠的第一人，她的如火性情讓我著迷。

耶穌在耶路撒冷待了幾個星期，並開始再度與亞利馬太的約瑟夫聯絡，他是猶太長老委員會（Jewish Council of Elders, the Sanhedrin）的一員。在某個時點，一群在城裡具影響力的人開了一個機密會議，其中一位與會者是約瑟夫的朋友，叫做尼哥底母（Nicodemus）。會後耶穌決定只開放某些日子諮詢，然而不分階層職業的各路人馬還是繼續去找他，他非常有名，對他的需求不曾間斷。

我們經常與耶穌及他的同伴在一起，這些門徒現在所有的時間都和耶穌一起。至於我，多數時間我待在家裡，這帶給我平靜及安全感。我開始重新發掘自己的生命，耶穌過去幾週帶入我們生命的意外，漸漸在家中有了平衡。即便如此，我們仍然享受到艾瑞莎家作客，同時，一個放鬆的關係在我、哥哥及門徒間滋長，他們開始接受耶穌對社會傳統的不在意，男人與女人對他來說是平等的，他看的是靈魂而非社會地位。我得知耶穌的門徒之一彼得（Peter）（之前的追隨者西門）家中有妻子及其他老小，但他決定跟耶穌走，只在等待回家告訴妻子的機會。

那是段平靜的日子，我與耶穌的人脈接觸不多，之前幾週我被丟入不再認識自己的空無中，此刻我感覺好多了，日子一天天愜意地過去。一天在艾瑞莎家中，她的一位客人是那天在沙漠中等待我們的金髮男子，我即刻想起沙漠中的畫面，認出他的沉著及他是如何帶我們去找耶穌的。這一次他的穿著不一樣，他和耶穌退到另一個房間，整夜都不再出現。隔天，門徒們說耶穌沒有提起這個男人的名字或他是誰，這些依然神祕，但是他們兩人以老友相待，他們對談時沒有人被允許在場。而且，一如他前一晚的出現，隔天早上他以同樣方式消失，沒有人知道他來自何處以及耶穌是如何認識他的。

自然地，艾瑞莎、瑪莎及我都困惑他是誰，因為我們確定自己是耶穌最接近、最信任的朋友，但我克制著不把我在找耶穌時已經在沙漠中見過他的事說出來。我知道他是個不凡的存有，他的獨特氣質對我有種說不出的熟悉，並讓我想到我開始懷念的厄色尼社群的光。即使耶穌在不遠處，外在世界還是詭異、粗暴並充滿黑暗能量，我們很高興至少沒有關於我們的閒言閒語，耶穌離開期間沒有傳聞讓我們鬆了一口氣。這是一段和諧的時光，我們開始發展出彼此間親近的友情及信任。

瑪利亞回來了，她與雅各跟我們住在一起，雅各現在已經是個活潑聰穎的男孩。我很喜歡與瑪利亞在一起，非常高興她回來，她對我而言猶如母親與朋友，我們經常在靜謐中對話，有些晚上我們會見其他人，但多數時候只有我們，單純地享有彼此的陪伴。看起來團體的和諧正形成中，然而不幸地這只是短暫的，平和只存在短暫的時間，直到下一個麻煩出現。

一晚我們都在一起時，艾瑞莎的前門傳來一陣狂亂的敲門聲，打開之後發現施洗約翰站在門口，如常狂野的他立刻佔據整個空間，他沒有看我們便直接去找耶穌，耶穌只是說：「我在等你，約翰。」約翰與耶穌退到另一個房間，一會兒之後約翰又一陣風般離開了，耶穌回來找我們，面帶憂慮，很不尋常的是他立刻開始說：「約翰決定接受他艱難的命運，他來是為了摧毀國王古老王位的根基，他給自己訂下的任務，是挑戰每一位以不實誓約來領導的以色列國王，他願意為這個任務賠上性命。」

那晚耶穌解釋，很久以前，這片神聖的土地由神所啟悟的國王們治理，受點化的男女領導這個國家，他們知道如何支持人們靈性及物質上的需求。亞伯拉罕、摩西、以利亞及其他所有的先知都是很後來才出現的。以色列是神種下他自己子民的其中一個根源，是一片將和平照耀到全世界的金光土地。但接著決定以色列命運的事情開始發生，他說：「這片古老土地的精神註定要消失，就如同所有到達顛峰的文化一樣，和諧被二元所取代。」

耶穌繼續說道，某些人開始攻擊神所指派的王座的權力，結果神性領袖退位，叛徒掌權。但神愛祂子民內在的古老種子，而他們對祂也一直是真誠的。祂派遣忠誠的先知們來帶領祂的子民回到祂身邊，但神也讓那些背離者擁有一部分的權力，耶穌以此做結尾：「約翰是救贖者，他的預言就如以利亞般，當他在彌賽亞在世期間回到地球上時，他會取下以色列眾假神及國王的首級。約翰已經準備好犧牲自己來毀滅統治以色列並破壞世界和平的邪惡『蛇首』，以其言語與行為，必要的時候甚至犧牲自己的生命。」

耶穌離開房間，我聽見他幾乎聽不見的哭泣聲，為他的朋友掉下了淚。他已經看到約翰的命運，他安靜的眼淚從另一個房間穿透了我，他試著接受約翰悲慘的命運。我經常看見耶穌如何為他的所愛哭泣——彷彿他承接此命運的一部分，讓這些人不會在這些不幸當中窒息。我內在與耶穌一同哭泣，那個時刻我經驗了與他一樣的一切感受；從那時起我開始愈來愈與他感同身受，我感受到他的世界所發生的一切，並與他一起活在那些經歷中。只有當他為了跟神獨處而把自己定位在自己的世界時，我才無法接近他。

縱然當時發生了許許多多將塑造未來的事件，那還是個平靜的時期。然而，在約翰的拜訪後，我們知道一顆黑星正在上升，並且將完成它的路程。

第十三章 耶穌認出並任命他的陪伴者

大約那個時候，耶穌並不太被宗教領袖所知悉。之前幾週的日子成了我們美好的回憶，因為當時我們與耶穌最接近，是他最親密的朋友。不過，從約翰來訪的那天起，我們便像站在關閉的大門前，不知道要往哪個方向去。接下來的幾天耶穌非常隱蔽自己，沒有人去找他；沒有進一步的正式拜訪，所有想見他的人也得不到允許，他退隱在艾瑞莎的大宅深處，我們也很少看到他。

自我從庫母蘭回來後，事件劇烈地改變著我的生命。我們沒有思考、不曾詢問地跟隨耶穌，人們一接觸到他會產生無法控制的愉悅感，生命在他的臨在中變得如此聚焦，耶穌與我們暫時拉開的距離給了我們穩住呼吸的時間，並得以享受日常生活的寧靜。

終於，我有了與哥哥更廣泛對話的機會，我對他的生命知道得何其少，我想要真的知道他是誰，因為我對自己家庭的了解僅是片段，對他更是少。一天晚上，與他交談的機會來了。至今為止我並沒有真正正面接觸以色列的政治狀況，厄色尼人在我成長過程中庇護著我，此刻回到父母家的我，真的不知道我住在哪裡，我與拉撒路的對話改變了那一切。

是我哥哥先起了頭，他說：「米瑞安，有關家裡的事你知道的不多，目前為止我都把這些保留給自己，父親臨終時將家族的事務及事業交給我。你知道他送我到古術士學院（School of Ancient Magicians），我不是真的想談這段與家人分隔的時期，但相信我，我在耶路撒冷所遭遇的事讓我得想很多，我並沒有像你被保護得那麼好。」

「你知道，雖然我們活在羅馬帝國的統治下，卻是古老的種族，我們猶太人源自由偉大君主、偉大先知及偉大領袖所統治的人民，深深地尊重與鍾愛那亙古以來便指引我們的神之律法。我不想講太多細節，米瑞安，我想讓你了解的只是我所涉入的以及家族的傳承。」我從拉撒路口中知道術士學院躲過羅馬人的耳目，祕密地教導所羅門聖殿的傳統——一個仍然存在的傳統。只有被揀擇的猶太人民之子才能受點化，並需要通過非常嚴格的測驗。羅馬人完全不知道這些學校。

拉撒路繼續說：「術士學院是希伯來神祕教派的遺產，學院的主持人代表猶太人民以及他們的古老連結和傳承，學院對人民所失去的領土、王權及權利非常在意。我相信我們猶太人必須反叛，我已經加入了稱為奮銳黨的地下工作團體，我確信有一天我們可以脫離羅馬佔領者的掌控，讓我們自己的國王復位。你知道耶穌來自大衛之家，奮銳黨把寄望放在他身上，希望他將來能成為我們的世間之王。」

我看了哥哥一會兒然後說：「你真的認為耶穌來到這裡是為了要坐上猶太人民的世間王位？」他回答：「這是我們的希望，當時機成熟時，我想獻給耶穌以他之名的猶太人的起義，要讓歷史傳承重回猶太人民的手中，統治我們的權力必須被消滅，以色列的神聖子民才會受一位真正具靈性的國王所統治。」

他繼續興奮地說：「即使耶路撒冷聖殿中的祭司們以及委員會的智慧大老也是叛徒，包括亞利馬太的約瑟夫及尼哥底母，他們是羅馬佔領者的奴隸，代表的不是我們人民的利益。我有你所不知道的祕密人脈，我們希望有一天我們的計畫能實現。」

我的感覺與心思都陷入混亂：「拉撒路，我不想再聽下去了，你怎麼能相信這種主意？你看不出耶穌真正在做的是什麼嗎？每個他見的人都從他身上得到了平靜、慈悲、和解與療癒，你怎麼能相信你為他預見的這種計畫能被實現？我在你的心中察覺到不健康的怒氣，我想到了那晚耶穌說你的政治信念讓他不高興。我求你，放掉這些念頭！跟隨耶穌，如他所提供你的。請把這些革命意圖放在一邊，我們都知道他是彌賽亞，他會讓我們的人民再度團結，但不是以反叛及戰爭的方式。請切斷政治牽連；我不想與這些有任何關係，放掉它們！」但我感覺到我並沒有說服他。

他回答：「你知道我既臣服於耶穌，也是他的朋友。但我們就此放下這個話題吧，因為你不了解猶太民眾的心願與想法，我們這個古老又富有的家庭一直都把你保護於外在世界之外，這些事並沒有影響到你，並且你太早離家以致於不了解這些情況，但現在是時候讓你知道更多家族的事了。我們不只富有，並且能將族脈追溯到所羅門國王，父親不只是厄色尼人——那是他的祕密世界——他也是耶路撒冷聖殿的大祭司。我們非常富有，財產遍及全國。知道這些對你是很重要的，你也要知道自己將永遠不會有物質匱乏的煩惱，你能擁有一切你所需要的，父親把財產的管理交給我，我們在耶路撒冷的這個房子不過是遺產的一小部分，你終生都將衣食無虞。」

「我了解耶穌想要你陪伴他去到任何他的計畫會帶他去的地方，即使我們不知道是什麼計畫。這是你的決定，米瑞安，雖然你身為女人並沒有權利繼承家族財產，我不會依我們家族的傳統強迫你進入某宗教位階。你必須決定如何過你的人生，我會支持你的一切需要，你現在十七歲了，可以不擔心物質層面去走自己的路，我們家的權力與遺產讓我有權利與義務去保護並支持你的決定。我們是個自由的家庭，這在以色列是不尋常的，但記住，當你了解耶路撒冷及希伯來社會的生活後，你會不斷被不如你一般自由的女性所挑戰，她們被綑綁住而沒有權利，很少有家庭讓她們繼承遺產。」

那天晚上我知道了哥哥的許多事情，以一個女人我擁有為自己做決定的自由，是他給我的美好禮物，我自內心深處感謝他。天晚了，臨睡前我們以盟友與夥伴擁抱了彼此，那是出於我們的情誼及衷心的情感。

隔天是平靜的，瑪莎與我照料家務並享受彼此的陪伴，開始發展出深厚的友誼，變成親近的夥伴，我領會她大方慈愛的心及對我的鍾愛。一天我們在廚房中準備餐點時，她看著我說：「你知道我是你媽媽的妹妹，你卻不知道我們與耶穌的母親瑪利亞有母系上的親戚關係，我們源自同一個祖脈，我的你沒見過的外婆也是瑪利亞的外婆。」我看著她說：「我不知道瑪利亞與我們的母系家族有關連，甚至有親戚關係。」她只是說：「米瑞安，我們保守這些祕密，因為我們屬於一個女性古老同盟，該同盟源自一群被揀擇的受點化者，對此我們必須保持完全機密。你的母親為了保護你而把你排除於這些圈子外，但我與你母親是一起受點化的，我相信你終究得知道這些事，這是我們所服侍的『偉大母親』的願望。請不要再多問我，我只是感覺我有義務告訴你這些連結，有些事在時機成熟時你應該知道。對我來說要討論這些事是很難的，讓我反覆難眠。」

「你知道，我們的祖脈被保密，即使對猶太人來說我們也被視為叛徒，不但沒有存在的權利甚至隨時可能被迫害。瑪利亞受到厄色尼人的保護，你的母親也是，我則在古老的以弗所團（Order of Ephesus）受教育及服侍，這就是為什麼你以前從沒有認識我。我從不曾穿過會團的傳統服飾，因為怕被憤怒的市民認出、羞辱甚至丟石頭，罵我們是犯人。但相信我，在我就學的地方，我們是最神聖的女人，統治城市的大祭司害怕我們所學的，不擇手段地打擊我們。我的家族還有另一個祕密，有一天我可以讓你知道更多，就先給我一些時間。」我停頓，好奇她會告訴我什麼，我問：「為什麼你告訴我這一切？」她說：「這是耶穌要求的。」

隔天早上我有時間享受著悠閒，此刻我能獨自思索，我的內心深處明白自己對耶路撒冷內的狀況所知有限，我的家位在城牆之外的耶路撒冷邊緣，即使聽到牆內的傳聞，也無法想像那種景況，來自不同背景與文化的群眾，永遠在爭奪權力與領導權。這樣的混亂進不了我們的前門——牆內是不一樣的。我陷入我的想法中，直到有人急急敲我們的門，是艾瑞莎，她說：「快來！耶穌今早離開大宅了，去找最資深的大祭司談話。」

我很快抓起圍巾並召集了拉撒路和瑪莎，艾瑞莎的馬車載我們到接近市中心的地方，她說：「我們需要在這裡下車，剩下的路用走的，我希望消息還沒有在耶路撒冷傳開。耶穌沒有通知其他人就自己去了，他告訴了我他要去那裡，跟我來！」我們在擁擠的街道裡推進，這是多年來的第一次，我再度從城裡看城——狹窄的巷弄、商店、壯觀的建築，一路伸展到山丘頂端。

我們到了已經有人聚集的聖殿前庭，艾瑞莎大喊：「跟我來！」她一心要走到最接近大祭司座位的地方，我們推擠過人群，去到一個有石地板的大房間，祭司們坐在高起的長廊上，當中我認出亞利馬太的約瑟夫，大祭司們戴著獨特的頭飾，有些人表現得彷佛自己就是神。

耶穌在那裡，我們到達時討論已經在進行中。其中一位祭司不斷要求耶穌：「關於你是大衛之子的消息使得群情激動，大家開始造反並要求新的國王。你是他們所等待的國王嗎？」他發問的語調非常不友善，每個字都帶著攻擊性，顯然很害怕失去他的勢力與權威；在每個呼吸中我都可以感受到這個房間統治了整個猶太人民，無論他們同意與否，這裡有些人假藉神之名來領導，實際上卻只對個人權勢有興趣。

耶穌安靜地站在那裡，他眩目的金光讓整個房間充滿了慈悲與平和，在場市民都感受到了光，但這光卻沒有穿透大祭司們，而在他們的腳邊破裂成無數碎片，化為塵埃，只有暗中與耶穌連結的亞利馬太的約瑟夫及尼哥底母沉浸在他的光中。耶穌耐心地聽完問題，停頓之後輕柔地回答：「這是真的，我是他。」祭司憤怒地問：「你是以色列的新國王？」耶穌再度散放他的平和與慈悲，平靜地答道：「你們所等待的國王站在你們面前，但我的領土不是這個世界，我也不會主張世間王位，除了天父所給我的之外。」

祭司的聲音更宏亮了：「你的父親是誰？你指的父親是誰？你是透過誰得到今天可以站在我們面前的權力？」耶穌再一次散放他平和與慈悲的光，而且在接下來的寧靜中，耶穌將他的話語置放在金色光芒之上。「我的父親與你所叫的父親是同一人，只是我聽到祂的聲音並且服事祂，而你不聽。」我沒有注意到這過程中許多人都進了房間，群眾開始耳語：「大衛之子，我們的國王！預言就站在我們面前，他來拯救我們，我們的文獻中已經宣告他的來到。」

好像是被觀眾的聲音所觸動，耶穌轉向他們，他的慈悲帶著金光向他們擴散，他說：「不要把我置於世間王位上，那不是我來到你們身邊的原因。」他再度轉向祭司們說：「無論如何，文獻中關於我是神之子的預言是真的，我來此是為了解放以色列人民，我沒有帶著你們所知道的武器，然而徒手的我卻帶來自由與和平。在我的心中沒有戰爭、沒有革命，但我帶著神的力量，祂看顧著我們所有人，我以祂之名作此宣告。」然後就是一片寂靜，他的話讓祭司們目瞪口呆。沒等他們回答，耶穌就轉身走出房間，群眾敬重地移到兩旁讓他通過，但耳語變得更大聲，「彌賽亞，我們的國王！猶太國王，解救我們！」耶穌沒有留心這些話——彷彿他沒有聽到一樣，他就消失了。

我們急急跟著走出富麗堂皇、雕樑畫柱的聖殿建築，離開的時候我回頭並自忖著：「這就是神的寶座、統治以色列的地方？」建築發散出來的只是世俗權力，毫無任何如我從厄色尼人學到的靈性領導的跡象，沒有閃耀的神性之光的痕跡，只有石柱與石心。

我們奮力穿越激動的人群來到聖殿的前庭，我很震驚地看到一群武裝的羅馬軍人正準備對任何騷動嚴陣以待，我們在聖殿裡時並沒有注意到他們。艾瑞莎說：「奮銳黨！他們在利用這個時機，耶路撒冷有許多躁動的勢力正等著開始造反，你必須讓你哥哥保持理智，米瑞安。」我突然發現拉撒路不見了，我的心停了一下，想到他或許加入了奮銳黨的起義，我驚恐極了。艾瑞莎說：「來吧！讓我們試著儘快離開城裡，這不是我們該來的地方。」她很熟悉耶路撒冷的路，所以我們就走最快的路徑離開市區，到處都是人，多數擠往市中心。我們幾乎可以嗅到暴動的氣息，但羅馬軍隊已經準備好對付任何暴力或起義的徵兆，甚至準備在亂象成形前打壓下來，士兵的眼睛如其武器般生硬冷酷，這是讓人膽顫心驚的景象！

我很高興離開那地方——太令人沮喪的地方了。我們很高興能坐上馬車，聽著達達的馬蹄聲帶我們回到艾瑞莎的大宅。耶穌不在那裡，只有彼得與安德魯在，彼得表現很友善，但明顯受到城區事件的攪擾，消息已經傳到城的外圍，他的眼中有恐懼，因為耶穌沒有回來。這次我認出他具有的父親特質，我們安撫他並告訴他，即使城裡有動亂他也不該擔心：耶穌是安全的。

事實上耶穌整整兩週都沒有再出現，安德魯比較放輕鬆，但彼得看得出心裡依然擔憂，他必須學習接受耶穌不想說他去了哪裡或為什麼。他的意圖會維持神祕，當神所揀選之子的靈性能量開展，把我們召入他不可抗拒的吸引力中時，我們必須學習在每一刻隨時準備好。

在這個不確定的時候，彼得接到妻子病危的消息。來自加利利海（Sea of Galilee）革內薩瑞湖（Lake Gennesaret）的使者通知他必須儘快回家。我感受到他心裡的衝突，不知道應該回家看妻子或是等耶穌回來。隔天艾瑞莎與我對他說：「彼得，你應該回家照顧妻子，耶穌會了解的，不必擔心，你不需要牽掛耶穌。這是你的妻子的召喚，跟隨它！那也是耶穌會建議你選擇的路。」艾瑞莎給了他一輛座車與嚮導，讓他能迅速回家，她答應當耶穌回來時會通知他。

我們接到消息說耶穌在約旦河河岸，我們已經習慣耶穌訊息的延誤，謠言與八卦來得更快！從他在聖殿的現身以及耶路撒冷高層委員會的邀請後，關於他的新聞如野火般擴散全國，我們留意傳聞，似乎以色列人民益加盼望擁有世間權力的國王來解除他們的枷鎖。同時，羅馬人也加強武裝戒備，耶穌離開耶路撒冷的決定是明智的，這讓激情減退、火氣冷卻。然後有一天，我們接到鄰居確認的消息，耶穌正在回耶路撒冷的路上，帶了兩位新的同伴。瑪莎、拉撒路與我等候邀請去拜訪他，沒多久之後艾瑞莎的座車來接我們，我們接著見了菲力浦（Phillip）與那坦尼爾（Nathaniel），兩位並未對於自己或其來處多做說明。我知道耶穌在約翰身邊找到他們，他們原本是追隨約翰的，但耶穌只需要看著他們，說：「跟著我，跟我來，從現在起我將帶領你們。」我從一開始就可以感覺到他們擁有平靜清明的特質，散發誠實與慈悲，很明顯地他們領會了耶穌的訊息而跟著他。

彼得還沒回來，我們知道他的妻子即將死去，我們的心與他同在；我也學會去愛他。我想到彼得、他的悲傷與他對於耶穌反傳統態度的難以適應，他是個非常保守並且實踐傳統道德的人，相對地耶穌對於男女一視同仁，無論何種性別或出身一律平等對待。猶太區有其律法，但耶穌自有其法，並且主張依其法則來活出自身的權利。我愈來愈意識到我們跟耶穌在一起所享有的特權，這是其他人無法給予我們的。

接下來幾天相對平靜。安德魯、菲力浦及那坦尼爾安排人們在固定的時段見耶穌，耶穌挪出時間給每位來找他的人，艾瑞莎也開始在他身邊療癒與協助。訪客減少了些，因為有些人害怕被看見與他在一起。這是段相對安靜的時光，晚上我們通常沒有訪客，有時耶穌與我能單獨交談，他總是如此慈愛、專注與細心。在這裡他不再是神之子，而是一位充滿愛與值得信任的朋友，但他從不曾再提耶路撒冷的事件，只表現得像個想要與我們分享生命的摯愛友人。

有一天彼得回來了，他眼中的悲傷說明他的妻子已離他而去，他進來時我在家裡，看到耶穌如何慈愛地擁他入懷裡，久久抱著、撫慰他，直到他的痛苦稍稍減輕。然後他看著彼得說：「我的堅石，不要擔心，你妻子的靈魂在神的領土中。」從那時起，彼得便一直在耶穌身邊，不曾再離開他身側。

幾天之後，亞利馬太的約瑟夫拜訪耶穌，兩人在一起一個晚上。他和尼哥底母經常過來，我聽其他人說尼哥底母長久以來抱持懷疑，但耶穌與他深度對談了幾次，慢慢讓他除去了疑慮，發展出自己認同耶穌的信念。然而他過去受制於世俗生活的形態，仍然維持了一段時間。

一晚耶穌派人來接我們到艾瑞莎的大宅，油燈通明，整間屋子充滿了節慶的氣氛。彼得、安德魯、尼哥底母及亞利馬太的約瑟夫、菲力浦及那坦尼爾都在，我們三人加入他們，耶穌說：「來，坐靠近我。」他開始說：「此刻，我們的時刻開始了，神的光輝將開始在天堂閃耀，在地平線上清晰可見。」

然後他看著彼得，對他說：「來我這裡！在我面前跪下！」他看著他好久，那是個神性時刻，他將彼得的頭放入他的雙手中說：「你不知道你是誰，你，眾界之父，與我同來，你是我的第一位門徒，我以我們天父之名點化你——來自古老時代偉大的、古老的、有智慧的統治者。在這個地球上你不再有負擔，沒有桎梏綁住你，自由的你卻仍然來服侍我。在你的領導下有和平。你已經在我父的靈魂中，而你選擇了離開來加入我。你是個自由的存有，已經在大師的圈子裡被接受，此刻開始直到我們的任務完成，你會一直跟我在一起。」天堂射出一道明亮的光祝福彼得——一位善良、有智慧與慈愛的父親——在他的靈魂下萬物皆得平靜。

接下來耶穌看著菲力浦說：「到我這裡來。」他看了他許久，說：「你總是對我真誠，在所有的天堂中，永遠在我身邊。你的內在帶著神的真理，你將在外在以我之名教導真理。你自古以來便在真理中受點化，你是第二位偉大的靈魂，過去你統治亞特蘭提斯；現在你不居王位地伴隨我，在這地球上重建心之律法。當神的領土從地球上撤離時，你離開了你的領土並回到愛之杯中。你也領導過猶太人民，與摩西在一起並服侍他。雖然你過去是國王，卻從未要求地球上的王權，也不會在此時成為地球上的國王。然而你知道這一切，你來此是為了站在我的王位旁並宣告它的存在。」然後他捧著菲力浦的頭說：「祝福你，真理大師。」接著神性之光再一次降臨在他身上，他說：「在我召集到身邊的這些聖者之中，我選擇你來宣告我的訊息。」

那之後，他看著安德魯說：「來我這裡，被遺忘的你，你無止盡地為我及為神承載著你心中的枷鎖，你扛背著人類的負荷，現在你在我身邊來幫我承載我的負荷。因此我愛你，因為你——來自永恆天堂的偉大靈魂——願意與我一起承載這負擔，你會戴著我的十字架，我的擔子將會落在你的雙肩上。但我無法為你卸下這擔子，因為這是你自古以來的命運，這將會持續到地球的負荷之力在神的祝福下得到救贖。」然後他將他的手放在安德魯的頭上，神性之光照耀在他身上。

然後他叫來那坦尼爾，說：「你，來自古老時代的先知、帶著神之訊息的天使，你轉世自宣告我的到來者：我的老朋友加百列；他會在你身邊服侍並靠近我以帶來來自神之國度的光。持載我的火炬的天使，你與我同在，因為你將在天堂與人間宣告我的存在。」然後他捧住那坦尼爾的頭，當他們的眼神交會時，彼此融合為一。

最後他叫來拉撒路，說：「來我這裡，拉撒路，你是我在尋找的一百零八位中的第一位，明天我會離開耶路撒冷，我將再度拜訪聖殿，然後我們將踏上我們的旅途，因為一百零八位都來了，我們必須捕獲他們的靈魂。」耶穌微笑並說：「拉撒路、拉撒路，你要花很久的時間才會知道，沒有任何世間的權力足以宣告天堂的權力的。」然後耶穌才讓他離開。

第十四章
耶穌在聖殿前講道

房間中的氣氛變得超然而充滿神性之光，耶穌要來了酒並給了每個人，他陷入一種狂喜的狀態，以某種方式脫離了時空，他開始如同來自另一個世界般對我們說話：「偉大的時代，從這一刻鐘開始了，一切都將不再與過去一樣，我在此時來到這裡解放你們靈魂的奴役。我父之愛遣我來此，在房裡的你們每一位都如同天父本身般自由。你們來這裡是因為神的渴望以及祂想讓地球擺脫其枷鎖的願望，我們的天父——地球上萬物的天父——的愛派我們來這裡，因為祂沒有忘記背叛祂的孩子們，祂派了生自於祂本身的兒子來彰顯祂的愛，那愛大於任何我們能量測的。

「你們在這房裡的每一位，」他宣布：「都是這份愛的一部分，並且來此與我一起，把這份愛帶給那些遺忘了它的人。我並不是來帶來和平的，而是帶來刀劍的。許多人希望我能來此解放他們，但我帶著的是世人所見過最強大的劍。我被交託的是區分大地良穀與粗糠、去蕪存菁的劍。你們沒有人知道命運會帶給你們什麼，你們每一位都接受了這世間的餽贈而與我同在，只有神性之愛激發你們這麼做。我無法解除地球的擔子，雖然我想這麼做。你們曾有的願望，也是我的以及天父的願望，就是將人類的命運扛到我們肩上並承載著它，以把人類從罪惡、痛苦以及靈性之死中解救出來。」

整個房間振動了一下，他以愛的眼光看著艾瑞莎說：「治療師的母親，如果眾靈魂能如我般看到你的療癒之眼，世間便不再有苦難，相信我，靈魂是盲目的，但我看到你，母親；我看到了你並將永遠看著你。」

此時我們被打斷了，瑪利亞回來了，她有一陣子不在，耶穌把她請回來。他看著母親，為她散放純淨的愛，說：「你永遠在對的時候出現。」瑪利亞帶著雅各，耶穌說：「跟我來，我的弟弟，從此刻起你將是我的門徒。你來自星星，你的訊息也來自星星，你將跟隨我的道路，並以我的光與愛充滿在地球上的每一步。神，我們的父，決定你將伴隨我。你的國度就如我的，是不屬於這世界的，你在上方的天堂中以和平治理，你頭頂上的星星象徵你的力量。我所帶著的光也活在你之內，基督之愛在我們之內。」

他看著瑪利亞說：「母親，你願意將他交給我嗎？這樣他就會永遠跟我在一起。」瑪利亞走近耶穌並將頭放在他的膝蓋上，她將她所有的憂慮與負擔放在他的腳邊，她說：「我從看著你的第一時刻就知道，是你的意旨彰顯了神的意旨。我的服務與我的存有皆屬於你，我在這裡只是因為你在這裡，你的一切願望是我的願望。你幫我扛住我的負擔，我的兒子，那是我承接自我們的主以馬內利的，但請容許我許一個願望：你知道我的內在靈視，它們是如此陰鬱，在一個人獨自的夜晚，我的內在畫面如此陰沈、沮喪及灰暗。我的兒子，請幫我解脫它們。」

耶穌輕撫她的頭說：「看著我，母親，我們所頌揚的偉大時刻，將不是個給我或給你的禮物。主，我的天父，有一個尚未決定的計畫，讓我們開始我們的工作，不帶疑問與期待。每位被天父之靈所觸動的人都可以進入通往永恆的天堂之國，但不要期待地球上的快樂，它不會發生在這個時代、這一刻鐘。」他拿了酒給瑪利亞，「喝吧！」他說：「飲自生命之杯吧！有智慧的女人，你來自偉大母親並會回到她身邊，飲自我的杯中吧，飲自我的愛；我的每滴血平撫你的苦楚，因為我的誕生之痛是你的。」

一團紅寶石色的火焰在我們上方出現，一道閃耀的光在耶穌與瑪利亞間脈動，一如我在厄色尼人處看到的：純淨的基督之光，純粹的慈悲，從其他所有域界散放到他們兩位身上。瑪利亞在此時被提升到靈性天堂，我認識了瑪利亞這麼多年——一個在必死者間的不朽存有、尊者間的尊者，在此她被授以聖職的這一刻，我們看到她進入天堂。從那時起，她人在地球卻不被世間的痛苦所碰觸，她與耶穌霎時融合在一起，合而為一。

耶穌講說了一整個晚上，沒有人睡覺，他講到神的國度，但我不記得細節了。在那永恆的時刻，我們在另一個世界中與他同在，然後他看著我說：「我們是一體的，並且會永遠一體。」然後第一道晨曦出現，他說：「你們這些我的門徒啊，你們會伴隨我走的每一步，我們將一起征服這片土地，一刻都不要離開我。」他沒有回頭便走出房間，說：「來！還有你，拉撒路，也跟我來。」

我們女人留在後面，瑪莎那晚生病了，發著燒並顫抖地做惡夢。我們用盡所有療癒能力來幫她，她的靈魂在夜中為耶穌燃燒，劇烈到身體在火焰中失去了平靜。中午時艾瑞莎來找我，雖然我們都完全沒睡，她說：「來，耶穌又去聖殿了，城裡陷入叫囂，我們應該去看看發生了什麼事。」她很快把我們載到城門口讓我們能走到市中心，城裡有些路是只給羅馬人走而猶太人不能走的，但她帶著我們走那些不能走的巷弄，我們一直走到聖殿前庭而沒有人受到阻止。

已經有一大群人聚在那裡了，耶穌做了了不起的事：他在聖殿的階梯上對著群眾講道。當我們到達時，發現他被聚精會神的民眾所包圍，被隔開的我們無法聽到他在說什麼，只見人們被他的話釘在地上了。他身後的聖殿大門緊閉，像是憤怒的祭司們從裡面關上了門。我知道，這是對聖殿的權力以及聖殿裡的人難以置信的挑戰，然而就是這樣了，還會這樣下去，因為這位耶穌老師，接收了神的話語並且不顧危險地把這些話帶給神的子民；當神想說話的時候，祂透過耶穌。接著一位強壯高大的男子走向耶穌，同時人群異口同聲地驚呼：「該死的稅吏好大膽子！」

這男子挑釁般地走向耶穌，說：「他們稱你為彌賽亞，你談及神的國度，但你如何在地球上見到這個國度？」他將手放入口袋掏出錢給耶穌看，說：「這就是他們服事的神，羅馬人及猶太人都一樣。我可以告訴你，像我這樣成天斂收各種名目的稅，是種骯髒的勾當。」那是挑釁，群情激憤，然後耶穌挪向他說：「馬太（Matthew），我認識你。」男子不解地看著耶穌，答道：「你怎麼知道我的名字？」耶穌回答：「我一直都知道你，並將永遠知道你。」

艾瑞莎與我往前擠到接近這一幕的地方，耶穌說：「給我你口袋裡的錢。」群眾鼓譟不安，因為在那時稅吏的錢被視為是骯髒的，猶太人從不碰觸所謂「髒人」——猶太所鄙視的、被羅馬人派來向猶太人民收錢的稅吏——的錢，這個馬太屬於猶太社會中被鄙視的階級。

耶穌把錢拿到他的手中說：「即便用我手上所有的這些錢，你也買不到天堂國度中的一小角落，無論再多謝克爾（Shekel，古希伯來錢幣）也不能為你打開門；事實上，除了獻給天堂之父的貢祭外，沒有什麼貢祭是有價值的。跟隨我，馬太！放下你的勾當，忘掉財神，沒有一位富翁能帶著他的擔子穿過針孔，天國已經為你顯現了，而你只有透過我才能認識它。」

耶穌把馬太給他的錢幣丟到人群中，現場失序了，因為被錢幣碰到的猶太人像是沾到毒液般向後退。耶穌看著他們說：「你們被錯誤之父所奴役。」他轉身離開，門徒們跟著他，出去時他轉向馬太說：「你要跟我來嗎？」馬太回答：「是的，我的主與王。」

從那天起，每個市民都在說這個故事：稅吏放下他的房子及所有物質財富跟耶穌走，不再回來。然而人們的心卻是困擾的，疑惑著耶穌怎麼會收進一位被猶太社會鄙視的髒人。我們看到人群消失了，即使人群龐大，耶穌還是有能力遁入人群消失無蹤，當他想消失的時候，沒有人能跟得到他。

艾瑞莎和我回到大宅，瑪利亞在照顧瑪莎，她運用厄色尼療癒技巧，以無比慈愛照料瑪莎並安撫她的靈魂。現在只剩我們女人了，這是第一次，我們所有女人在一起而沒有男人在。艾瑞莎邀請我們留在她家裡，因為耶穌、他的追隨者及拉撒路不會回來。我們不敢離開大宅，因為耶路撒冷處於喧囂之中，我們不想在街上被看到，所以我們就待在一起。很久都沒有人再看見耶穌。

那天，我們四個人看著彼此的眼睛，有了特別的經歷，我們都在別人當中認出了自己。那是對我們的愛的測試，三天三夜我們都沒有跟彼此說話，只有安靜地互相關心是被允許的。每位女人都在自己的世界裡，這時我們失去了時空感，當我們每一位都避退到自己的靈性世界時，有種特別的氣氛；縱然在這種僻靜中，我們之間仍存在著一種鬆散的連結，直到我在第四天的晚餐打破沈默。

我看著瑪利亞，從她的眼中看到她知道我心中問題的答案。「瑪利亞，關於我們母親們的傳承，你能告訴我些什麼嗎？請告訴我我們家庭的祕密。」在我身邊的瑪莎靜靜不動，瑪利亞開始說：「我們祖脈的女人，包括你的母親、瑪莎的母親以及我的母親，都追溯到一位偉大的領受聖職的祖先——莎拉（Sarah）。在我們人民的古老歷史中，莎拉是一位接受了神的火點化的虔誠女性，在莎拉的故事中不曾記錄關於她與神的實際經歷，但聽說是一個晚上，聖火出現在她之內，她於是在女性造物力量中受命而成了紅火的女祭司。因為如此，很長時間以來她無法生育，因為她決定將生命及祭司身分獻給了聖火，她受到點化，女性造物的原初知識傳授到她身上。」

「從那時起，紅女的受命祭司身分成了猶太文化的一部分。」瑪利亞對我說。「一次又一次，她們召喚某些女人，祕密地授聖，我們的曾曾祖母屬於這個聖團並在女性造物的原初之火中被點化。這門被視為聖潔的知識從未曾供給男性取用，但他們尊敬它。有些女人甚至獲准離開去擁有自己的家庭，她們被選來把這女性造物力量傳給她們的女兒。」

「但在過去的幾百年來，」瑪利亞說：「我們自己的人開始把這個以弗所團看成不名譽甚至是危險的，女祭司的能力受到唾棄，社會形成強大的父權結構。耶路撒冷的大祭司開始迫害這個聖系，把它逼退到山洞裡，聖團中的女人愈來愈被社會當成罪犯，大祭司們接著開始攻擊聖團中的個人，說她們所做的事非神所愛，並將她們貼上來自惡魔世界的瘋女人的標籤。」

「這聖團慢慢退隱到更祕密的地方，我不提這些地名。我的母親在接受了傳承的點化後，將我託付給耶路撒冷一個安全的聖殿，來保護我們這些孩子不被追殺或迫害。厄色尼人也與這個自由而聖潔的神性力量的聖團有著緊密的連結。米瑞安，你的母親未曾是這個信仰的成員，而瑪莎則被揀選送到紅以弗所團接受點化。我不能告訴你這個聖團的目的，這是祕密。」

「耶路撒冷，」她說，為她的主題暖身：「以及大祭司們只膜拜財神。若是以弗所的女人被發現了，她們將被無知的群眾處以石刑。現今，女人的力量是被譴責的，並被歸類為撒旦的代理，但我知道這個脈系的所有成員都是神聖的，只有最聖潔的女人才能在這個傳承中轉世並得到偉大母親的力量與授聖。聖團將瑪莎釋放並矇住雙眼送到你現在住的房子裡，所以即使是她也不知道她自己藏在哪裡。時至今日，聖團的女人仍是強而有力的，每一位都有能力隱藏她內在深處的點化，讓自己完全不引人注目，聖團的任何事都不能被透露，即使為了保護她們自己免於被逮補或虐待。」

「這就是為什麼瑪莎昨晚會病得這麼重，」瑪利亞輕聲說。「她點化的能量在她體內燃燒，耶穌以他的光與愛重新喚醒她。這樣的女人只服事於原初聖火，我不知道耶穌在哪裡知道這個聖團的，但他跟我談了幾次關於聖團的事，就像他十分熟悉一切。所有在這個脈系的女人，都認得出被聖團授聖並再度出現的女人。」

「米瑞安，我在你眼中看到一些東西，在你上方盤旋著特有的紅寶石光，嵌著所有生命與萬物的祕密。你會問起我並非意外，因為你的靈魂已經準備好接受聖職。但瑪莎不會再回到聖團中了，她把資訊碼帶在內在，選擇了服侍你與耶穌。」瑪利亞安靜了一會兒，接著說：「我很抱歉不能告訴你更多——即使我想說也不能，但我知道我們會相聚不是意外，在你們每位身上我都能感覺到神聖母親的神性力量，那是我們在古老時代便祈禱的。然而黑暗的勢力及父權的黑暗權威將我們推到一旁，這情況愈來愈惡化。無論如何，在我們之內的火依然發光，而它在你之內則熊熊燃燒，我在你之內與周圍都看得到。」

「我確定這個聖團祕密地存在國內，關於它有許多神話與傳奇，也有惡意的，認為女人被惡魔化並被歸類為施用異教術法的巫婆。在早期，女人們會去到民間以她們的療癒技巧服侍人們，今天這是完全被禁止的。我們的人們說著沙漠中顯化神糧嗎哪（manna）的故事，但相信我，米瑞安，造就這些的力量只有聖團的授聖女性才可能有，單單她們便能在自己身上凝聚造物的力量，單單她們便能創造神性糧食，單單她們就在內在擁有造物的力量。她們不是巫婆或妓女，而是真正自由的女性，她們不是野蠻人，是宇宙的基本、原初動力。」

在瑪利亞的述說後，我們都無言了，被一個我們可以感受及被觸動、卻無法清楚定義的力量所俘虜，然後瑪利亞請我們跟她去耶穌常待的房間並打破沈默，「我會為我們點燃火，然後我會祈禱——以一個被遺忘的語言說出非常古老的禱文，這是我的外婆教我的。」她點上火並加了沒藥，然後微笑說：「我總會帶著幾粒外婆給我的神聖沒藥，她告訴我，在神性的時刻丟幾粒進火裡，它會釋放神聖薰煙，確保我們的力量不會滅去。」瑪利亞以只以母音組成的古老語言頌讀禱文，房裡充滿奇幻能量，強大的造物趨力深深攝入心魂並懷抱我們，我們都充滿了喜悅，我們感覺到這種能量只活在我們女人之內。當火熄滅，我們都陷入出神狂喜中，跟著腳步穿越迷霧達至對我們開放的授聖。

第二天早上，我們發現自己回到了世間，卻沒有人記得任何事，除了知道耶穌有跟我們在一起，他是火！我們繼續相守了好幾天，偶爾出門，我們是一群彼此相愛並互相照顧的女人，因為鎖在我們心中不能說的祕密而結合在一起。

幾天後，安德魯出現了，耶穌派他來的。他告訴我們耶穌離開耶路撒冷聖殿的前庭後發生的事，我們很高興再次見到他並給他食物和飲料，他全身骯髒佈滿灰塵，他邊吃邊開始了他的述說。

第十五章
生命的聖杯

耶穌在聖殿前演講已經是三週前的事，安德魯告訴我們這當中發生了什麼。「耶穌一講完便急著離開，我們跟著他，離開了耶路撒冷並啟程前往拿撒勒，這段期間耶穌非常內斂而沉默，雖然我們總是跟著他或是在他身邊，他完全沒有對我們說話，我們不知道他要帶我們去哪裡。每天晚上他都會為我們找到住宿，隨後就退回到一個安靜、不受干擾的地方。我們都感覺到他想要獨自禱告，然後在每個接下來的晚上，他內在的神聖能量一天天增加，就像是他需要夜晚來讓他更接近神，並整合他自身之內的精神。」

「到達拿撒勒後，耶穌獨自拜訪了猶太會堂，他沒有告訴我們他要去哪裡。最後，我們找到了他，他正在深而靜默的禱告中，同時被哀傷及一種奇特的空虛包圍住，我們幾乎不敢和他說話。雖然在一群談笑著的人們中，他並沒有被認出來而且是完全靜止的。然後，他抬頭看著拉撒路說：『跟我來，各位。』我們跟著他到了拿撒勒邊緣的一個安靜所在，他把我們聚集在他周圍。看到我們都餓了，吃掉了僅存的麵包，他顯然充滿抱歉。他開始對我們說話，在我看來他同時也對神說話：『主啊，他們無條件地陪伴我，我周圍的人都以祢和我之名，犧牲自己的家庭和舒適而跟隨我，我求祢憐憫他們，不要讓他們挨餓，他們應該得到滋養和照顧，在祢與我的臨在中，他們不應該遭受飢餓和貧窮。』」

「耶穌又開始祈禱，」安德魯回憶說。「他更深層地沉入他自己之中，彷彿在告知神，我們以他之名選擇了艱困的生命。然後他看著菲力浦說：『給我你的最後一塊麵包。』耶穌拿起麵包，再次進入祈禱中，突然，在我們眼前，出現了足以餵飽所有人的麵包。他分配了麵包並問道：『你們任何人還有酒嗎？』然後，他拿起一個幾乎空了的酒瓶，在他的禱文中，桌上的酒壺被填滿到夠給所有人喝，然後無論我們怎麼喝，酒壺還是滿的。我們的靈魂被安撫了，所有的願望、憂慮及損失都被遺忘了，我們感到飽足、受滋養並且無所匱乏。」

「這一天耶穌再度離開去僻靜，晚上很晚才回來。接著，我們點了火，在靜默中耶穌走向我們每個人，在我們的額頭上畫上符號，對我們說：『去找那些在找你們的人，走進外面的世界中，去和那些等著被找到的人結合。』內在畫面與影像在我們的腦中飛過，我們認出許多人在尋找，等待著與我們接觸。耶穌指出我們應該去庫母蘭附近的修道院，我們便在那天晚上離開，沒有保護也沒有補給，驚奇的是，途中我們既不挨餓也不受凍，也沒有遭受任何困難。」

「所以，」安德魯繼續，他記住了所發生的一切，「那天晚上，天空清朗，星星特別明亮，就像宇宙與我們的心直接接觸，我知道自己的感覺像是一個地球上的遊子，沒有思考地在移動著；事實上，其他人告訴我這也是他們的感覺。我們得以與神聖母親連結，但我們並不是屬於這個世界的，我們是局外人。我覺得月亮在滋養我們，為我們指明方向。耶穌在我們前面大步邁進，沉著和堅定如昔，直到我們到達山丘上的古修道院大門前，嗯，應該不只是個山丘，我猜。我們都聽過這個修道院，那是一個附屬於猶太區修道院系統的敬拜聖地。」

「我們仰望這個建築，我唯一可以做的形容，是它好像被雷聲和閃電所宰制，整個天空都被閃電照亮，儘管天空沒有一片雲。耶穌為我們在山腳下找到地方休息，說：『明天我們會找到等著我們的某個人，他將有一個可辨認的記號告訴我們他是第一個要被找到的。』然後我們就睡覺了。」

「太陽出來時我們開始爬山，在路上耶穌告訴我們，那裡已經建立了一個非常古老的授聖祭司團。我想他說他們曾一度與庫母蘭及在那裡的厄色尼人有關連，但如今祭司們在圍牆裡過著聖潔的生活。我們到達時修道院一片寂靜——它相當孤立——我不知道這麼說是否合理，但連牆壁也散發寂靜。」

「是的，所以接著我們敲了門並被請入，耶穌走在最前面，」安德魯說，注意到我們全神貫注在他說的每一個細節上。「我們在一個聖地，對嗎？修道院中沒有任何裝飾或裝潢。你們知道嗎？完全沒有猶太傳統的跡象，耶穌請一位接見者去通知大祭司們，我們於是被帶到一個簡單的房間，七位祭司接待我們，耶穌開始說話了：『你們諸位聖者、雷電的祭司，我來這裡徵召你們當中的領袖。對於你們所有人，你們孤立的時期結束了。』他走近其中一位，他臣服的臨在和謙卑充滿了房間，他和耶穌認出彼此，當他們面對面時，耶穌伸出他的雙手給他。」

「我記得很清楚，」安德魯告訴我們：「耶穌說：『我的兄弟，你所有的預言都實現了，我們天父的神聖氣息充滿這個空間。約翰（John），我的同伴，離開這些寂靜之牆跟我們一起走，從此刻起你將永遠在我身邊。』突然雷電聲響環繞房間，房間震動起來。他和耶穌握住彼此的手，天堂寶座的強大能量震動了大地，約翰上前跪在耶穌前面，說：『神之子，在好幾個夜晚、在許多靈視中，我已經收到你將到來的神性訊息，神已經對我宣布，雷電也描述了你，我能在每一刻感覺到你的臨在離我更近，我已在等待你，我願意接受你所為我準備的。』」

「然後耶穌說：『站起來，你是與我同在的，我們出生於相同的造物天堂，我們是一體的，你不應該跪在我面前，而是應該面對面與我相會。約翰，我的兄弟，你要陪我遊遍以色列及神聖土地，你的與我的是一體的。現在你受了點化，雷電是你的本質，就在這裡卸下你的祭司身分，因為你超越地球上的任何一位大祭司。』耶穌轉過身來對我們說：『真的，我對你們說真的，正如我誕生自神的種子中，約翰也生於相同的種子，我們既沒有母親也沒有源頭：我們是天父自己的兒子。』就在我們眼前，耶穌和約翰融為一道光。然後耶穌轉過身來向其他祭司們說：『在這裡你們守護著一個美妙的聖杯，保存了數百年的。』然後約翰點點頭，給了一位祭司手勢，這位祭司走進隔壁房間帶著一個黃金聖杯回來，交給約翰，說：『我們保存著它，直到那位能裝滿聖杯的他到來。』」

安德魯繼續述說，顯然深深感動著，「我們都看得出聖杯歷史久遠，是個非常神聖的物體。約翰將聖杯交給耶穌，此時耶穌沉入對神的祈禱中。聖杯充滿了酒，耶穌將它先傳給約翰，說：『這是生命之血，每個在這個房間的人都將飲用它，因為我是生命的聖杯。』杯子被傳下去，直到所有人都喝了。然後耶穌與約翰離開了房間，退離了我們。我們都醉了，被神的愛所灌醉，祭司們給我們食物並讓我們住在他們簡樸的房間，消除我們旅途的疲勞。耶穌與約翰不見了，然後在晚上再度出現，我們聚在修道院的神聖房間中，耶穌將聖杯放在石桌上，說：『這聖杯不是出自人類的手。』」

安德魯帶著發亮的眼神繼續說：「我們都非常驚訝……聖杯開始說話，講述遠古以來的故事，我們都陶醉於它所散發出來的神奇感受，除了耶穌外的所有人都被它迷住了。他對約翰說：『你守護這個修道院的時代已經結束，帶著這個聖杯跟我來，有一天它將找到它的正確位置，明天早上我們就離開這裡。』這些狀況似乎困擾著祭司們，但耶穌澄清了狀況，對他們說：『你們其他人必須離開這個地方，因為明天它便不再存在了！你們在此的所有蹤跡都將被消滅，跟我來，我們前面還有長長的路。』」

安德魯告訴我們那天夜裡，雖然天空中沒有打雷聲，神的閃電籠罩了修道院，沒有人得到安眠。耶穌再度對祭司們說明他們在修道院的功能已經結束，他們應該不帶痕跡地離開，雖然他們長久以來守護這地方，但他們在這裡的義務已經完成了。「隔天早上我們一起用早餐，然後耶穌以這些話語離開了修道院：『是去迦南（Canaan）的時候了。』」

安德魯繼續他的述說：「我們往迦南的方向出發，修道院的祭司們易了裝。耶穌告訴我們受到一位迦南人家的邀請，他接受了這份邀請。當我們到達鎮裡時，耶穌一無旁顧地領我們到一個很高尚的屋子，看來主人很富有。他請我們在一邊等，門打開後他被邀請進入，沒多久他回來請我們跟著他：『來！歡迎你們所有人到我朋友的家裡。』我們進去了，房子展現出這裡優渥的生活水準，我們每個人都有自己的房間，連祭司們也不例外，因為房子非常大，顯然是設計了要接待許多客人。在一個禮拜的辛苦後，我們很高興能享受這不慣有的奢華。耶穌說他的朋友會在晚間的饗宴中歡迎我們，所以我們將在太陽下山的時刻再度集合，那時僕人會來接我們去設宴的大廳。」

「耶穌和他的朋友等著我們，他的同伴對我們來說很眼熟，他與耶穌的互動自在輕鬆，並且非常自然，就像他們認識了一輩子。他不尋常的淡金髮極為稀有，穿著非常華貴講究的猶太男子服飾。他與耶穌表現得像是交情很久的老朋友，用餐期間兩人幾乎對話不斷，我們沒有人知道他們如何認識彼此的，也很好奇他們如何走得如此近。耶穌的朋友非常好客，還親自為我們斟酒。」

「他說：『竭誠歡迎你們每一位來到我家。』在大家盡情吃喝後，耶穌站起來說：『我在一個交情最久、最親近的朋友家裡，從無可追溯的時刻以來我便認識他，並且經常在我的旅途中享受他的款待及他的家園。這個房子裡住的是我最強而有力的同伴，他的房子會永遠是我們交流的地方。』那是一個充滿喜悅與殷勤款待的美好夜晚，我們每個人都感受到坐在宴會桌旁的是耶穌最親密的莫逆之交，耶穌對待他與我們不同。桌席的尾端坐著的是兩位知己，他們平起平坐、交換看法，但是他們之間的對話仍然保持神祕，是他們的祕密。他們之間有著無比的信任。」

「我們在屋裡過了三天的歡樂時光，日日皆盛宴，第四天時耶穌對我說：『安德魯，回耶路撒冷帶女人們過來，我們將在七天後盛大慶祝。』他對其他人說：『去帶你們親愛的人、你們愛的人過來，我們邀請所有人都來參加這個盛宴，七天後我們再度會合，一起慶祝七天七夜。這裡將有最神聖的饗宴，是來自神的禮物。』」

在此安德魯結束了他的描述，他告訴我們：「我是來接你們跟我一起去迦南的，耶穌的朋友已經答應大家都可以住在他家裡，並且將收到最誠心的接待。」我們都非常興奮，在很短的時間內就做好旅行的準備，我們四位女人和安德魯一起離開了耶路撒冷，前往迦南。與艾瑞莎一起旅行是種奢侈，去迦南的路上我想到在沙漠中行旅的過去，跟坐在舒適的羅馬馬車中是如此不同，而時間過得又是如何快！耶路撒冷街道的塵土很快被拋在背後，我們在前往迦南的路上。安德魯是個很會認路的好嚮導，幾天的旅程之後我們到達了耶穌朋友的屋子。

耶穌親自迎接我們，因為他預期我們的到來。他誠摯溫暖地歡迎我們每一位女人，他非常開心，看起來完全放鬆。第一時刻我便可以感覺到他在這裡不是陌生人，這裡像是他的家。幾分鐘後主人現身，我幾乎無法言語；這是我已經遇過兩次的男人：第一次是在沙漠的神祕情況下，他突然從沙塵中冒出來帶我們去找耶穌，第二次在耶路撒冷他去拜訪耶穌時。這次在耶穌介紹他的朋友時，他將手搭在朋友肩上說：「是的，米瑞安，不要驚訝，這是眾界中最偉大的魔術師，雖然他的豐功偉業出了這個屋子便沒有人知道。但我們經常有機會這樣見面，交換點子。」

我們被帶到一個大房間，豐盛的饗宴已經在等著我們，就如安德魯報告的，這裡的款待非常盛大而友善。席間我的心回到與厄色尼人共度的時光，我無法追憶到甚至有如今晚般歡暢宴飲的可能性。然而見到耶穌的朋友喚起了我的記憶，將我帶回在庫母蘭的日子，而在桌席的另一端，他散發歡樂與滿足的光芒。這讓我憶起了什麼，卻又說不出是什麼。我們整天都輕鬆愉快，在這個美麗房子的款待下，那個下午是我們長久以來所擁有最快樂的時光。

那天下午我認識了主人的妹妹：海倫娜莎樂美（Helena Salome）。她加入我們女人群，談話中我們知道了一些關於她家的事，那是我很好奇的。她告訴我們她的父親來自非常富有而尊貴的以色列家族，在其他國家有生意往來。她的父親廣泛旅行，去過希臘在那裡住了幾年，並遇到他後來的妻子。她原來自北方國家，在一個羅馬家庭中幫傭，他愛上這位有著飄逸金髮的女子，便請求她的主人讓他為她贖身以娶她為妻。海倫娜莎樂美解釋，去買一個別人家的奴隸是非常罕見的，但他的父親不斷堅持，直到他買回他心愛女人的自由。然後他儘速帶她回以色列，以消除她被奴役的記憶，根據猶太習俗他不能在我們國家內娶她，所以他依羅馬法律娶了她。他們生了兩個小孩，就是海倫娜莎樂美及她的哥哥。

海倫娜解釋她哥哥從一出生便有不尋常的特質，是個發光又快樂的個體，並且在童年便幾次展現非凡能力。一次他偷偷離家跑去對星星與天堂說話，於是來自天空不同角落的閃電光束擊落在他腳邊的大地；另一次他坐在家裡，被看到用眼睛點燃了火。海倫娜的父親知道這年僅十歲的兒子是個非常特別的個體，因此便經人介紹去徵詢一位隱居的希伯來智者。帶著這個很引人注意的金髮兒子，父親去耶路撒冷見這樣一位智者。

海倫娜解釋：「智者的名字叫麥基洗德（Melchizedek），是一個生活非常簡樸、只有基本需求——他的經書與神——的隱士。他牽著小男孩進入他的聖室，看到他的第一眼他便馬上說：『你的孩子擁有非凡的靈性天賦。』他告訴我父親，他的兒子、我的哥哥，擁有偉大的能力，他最好把他藏起來不要被猶太術士發現：他們會誤用他的能力，甚至會試圖消滅他。他認出這男孩的偉大魔法力：是元素的大師，本身是強大的火。他說：『我會聯絡一位我認識的大祭司，尋求他的建議並試著為你及你兒子找到一個解決方式。你的兒子來此是要促成偉大事蹟的，但我請你過得愈低調愈好，讓他只接觸未受點化的人。我會徵詢星星及天界議會的意見，以提供你更多資訊。』」海倫娜莎樂美就此結束她要說的，夜晚即將來臨，僕人們為夜晚準備好房子所需的一切。

我幾乎無法形容所有人的開心與樂觀，我很高興再度見到拉撒路並享受待在他身邊，雖然我幾乎沒有機會與他說話。屋子裡滿是輕盈與喜悅，我們在這裡是受到保護而安全的。那晚我夢到我在厄色尼的時光，又夢到菲及我們在聖殿的共處。這夜晚的靈視喚起了記憶，突然我置身帶給人幸運及幸福的熊熊火焰中，被它完全包圍，屋子的主人及火的大師融為一人，然後變成一道神性喜樂的燦爛光芒，令人深感滿足與昇華。

我漸漸記起菲的話語：她知道她的天父在外面，在以色列的某處，我知道他是那位熱情待客的主人——火的大師，他默默地在以色列找到了地方，低調地過著富裕的生活，沒有引來懷疑。我醒來時內在的所有畫面組成了一個問題，是我不斷問自己的問題：他與耶穌如何走在一起，他們之間的信任與信心又從何而來。

第十六章

耶穌與西門

隔天我醒來時，益加意識到這個屋裡瀰漫的喜悅、福佑及歡欣，陽光明媚，祝福著我們每一個人。大家一起享受王室級的早餐招待，我們女人們坐在一起，沐浴在屋子的自由與友善中。耶穌與主人不見蹤影，門徒們出外辦事，很快就會回來。

我們自然很渴望海倫娜莎樂美說更多她哥哥的故事，便求她繼續說，她同意了。

「幾週之後我的父親帶著西門（Simon）去耶路撒冷，」——這是我第一次聽到她說她哥哥的名字——「來了解智者在星星中讀到了什麼，父親到達時有另一位男人在場，他的名字是亞利馬太的約瑟夫。麥基洗德對父親解釋來自星星的訊息：他的兒子西門與那已經被宣告出現的彌賽亞有非常緊密的連結，約瑟夫是這位文獻中未來彌賽亞的舅公，這就是為什麼麥基洗德邀請他來見我父親。庫母蘭已經收到了這預言，但目前仍小心地保護它。」

「亞利馬太的約瑟夫對我父親說：『請准許我介紹耶穌以馬內利給你的兒子，他被認出是彌賽亞。我與厄色尼人長期以來關係良好，雖然我在耶路撒冷並不公開這部分。我會很快前往庫母蘭，因為偉大的大師們已經在星星中讀到了訊息：是耶穌離開庫母蘭的時候了。我得到指示要陪他一起旅行到其他國家，接觸其他智慧學校及神祕學派，就像我自己年輕的時候一樣。我命中註定做一個國際貿易商，差旅間我認識許多了不起的人及大師，早在那時他們便預見有一天我會與一位更偉大的人同來，他們將無力教他，而是他教他們！』」

「亞利馬太的約瑟夫以及麥基洗德告訴父親星星已經預見耶穌與西門註定會緊緊相繫，他們的人生將互相交織。約瑟夫提出當他與耶穌離開以色列拜訪其他國家時，他願意帶著西門一起走，他說他會樂意帶著兩個年輕人。約瑟夫與我父親都同意西門應該出國，因為他那遠遠超越平常人類意識的強大魔法力，將會對他造成生命威脅。」

「眾所週知對異議人士極為恐懼的希律王，將會追捕並迫害西門，一切反對國王的人或事，都會被無情殘酷地消滅。西門的星星告知了他的偉大力量——大於任何地球上所知的。父親很快便感到能信任約瑟夫，他們喜歡並尊重彼此，立刻發展出彼此間的友誼。我記得一天，當約瑟夫與耶穌拜訪我們時，我是個小女孩，西門稍大一些。看著這兩位男孩彼此吸引、直覺自發地相互擁抱，是非常動人的。他們凝視彼此的眼睛，耶穌宣告：『這是我重新找回的兄弟，命運已經為我們做了決定，我將與他一起旅行到遙遠的國度，一起點化、獲取學問及成長，為了有一天回到這個國家。這是神的旨意。』」

海倫娜莎樂美停了一下，然後繼續，「因此耶穌、西門以及約瑟夫就從這房子出發了，離開了好幾年。我成人後的某一天，西門再度站在門前，此刻他已經是個男人了。父親擁抱著他，眼淚垂下了雙頰，他歡迎西門的歸來，然而西門已經在旅程中改變了，他不再是幾年前離開我們的那個人。自然，我們問他與耶穌經歷了什麼，但他只是回答：『耶穌與我走了一段長長的旅程，我們一直在一起，到過你無法想像的遙遠土地，但現在不是討論這個的好時機。父親，我求你允許我回到家裡，直到耶穌與我再度找到彼此前，這將會是我居住的地方。』」

「這期間我的母親過世了，但父親極為疼愛西門，在接下來的幾年裡安排他繼承家中的資產，栽培他管理家族財富，因為他感覺到自己將不久人世，他也真的在幾年後辭世。另一方面，遠行歸來的哥哥讓家裡充滿豐盛與喜悅，就如你們也感覺到的。他是一個偉大的大師，每天都在分享他的禮物。」

然後她停止了她的述說，因為西門與耶穌進來了，他們倆人以會意的眼神看我們，西門微笑說：「現在你們都知道我和我最親愛的兄弟的故事了。」他看著耶穌的母親瑪利亞說：「這麼多年後能再見到你真好，瑪利亞，相隔許久，卻仍然榮幸至極。」然後耶穌說：「幾天後這屋子會開始一個盛大慶典，地球將得到滋養，我們將邀請整個城市的人來，但我們會等到我的同伴們回來，這樣他們也能接待客人。整個街坊都準備好了要接待訪客，今天我會進村裡，現在開始人們該要認識我了。」

我們跟著耶穌去到市集，他出現的消息已經傳遍整個地方，許多人爭相來看他。他到達時我看到一位痲瘋病患在等他，當他走近耶穌時人群退後讓他過去。痲瘋病患喚著耶穌：「彌賽亞，我把我的痛苦放在你的腳邊，請療癒我的靈魂。」耶穌接近病患，說：「單單你的信念便已醫治了你，站起來走路！」

當著所有人的面，病患站起來走路，大家被這奇蹟嚇得目瞪口呆。然後他在耶穌面前跪下，歡喜地說：「主解救了我的病痛，我原本是個跛子，現在重拾健康。」然後耶穌慈悲地看著他說：「你對神的信任治癒了你。」然後耶穌站在階梯上指揮，讓集合在市集的西門的僕人發送麵包及酒給現場群眾，每個人都得到了足夠的食物與飲料。

耶穌宣布：「三天後我們將慶祝天父的臨在，你們都是我的客人。我的兄弟西門和我邀請你們所有人，每位聽到這個邀請的人都歡迎，我們有足夠的空間容納所有人。三天後的日落時，去到那位你們都認識的西門的家。」然後西門踏步向前：「我屋子的大門為你們每一位而開，大家長久等待的他此刻已經在這裡，我們一起慶祝他的到來。」

第三天人群湧入西門的房子，大門為所有人敞開，門徒們也帶著他們自己的朋友回來了。太陽下山時耶穌及西門第一次出現，說：「歡迎來到我們天父的家。」西門指示他的僕人提供每個人食物及飲料，耶穌走到成列的人群中與他們說話，並以認真的眼神搜索觀察某些人，就像在群眾中釣魚般，他在尋找特定的對象。

午夜時耶穌站在群眾中間說：「主的召喚觸及了你們許多人，我認出你們當中許多人因為要在地球上跟隨我而來到這裡。今晚的酒被點化來祝福你們，明天你們要在午夜回到這裡來，從現在起我們將共度這幾夜。我正在你們當中尋找一些屬於我的人，我的追隨者的外圈將會完成。天上的主很高興你們找到了我，你們當中許多人並不知道自己是誰，但我將為你們施洗，我們將把天堂的酒以及會見我們天父的狂喜帶到地球。在我的名中，我將點化、祝福並連結那些彼此相屬的人。」

他讓僕人們拿來西門所慷慨提供的酒，開始祈禱並祝福酒。在此刻我看得到能量及光，就像過去般。來自天堂的火焰佈滿了神聖的酒，食物與酒被發送給每一個人。耶穌與西門在成列的客人中行走，對他們說話，他們以友善的話語鼓勵他們、一一歡迎他們。我與艾瑞莎及瑪利亞坐在分派給我們的座位上，觀察一個令人沈醉的盛宴的開始，彌賽亞與西門發散著他們的待客熱情與美好精神。

過了午夜不久後耶穌宣布：「請大家現在回家，明天我們此時再會，天上的神將為我們的客人施洗。天父領土中的一切都準備好了，我與西門會一起為來到我面前、找到到達天父之路的人，準備最高的點化。神祝福你們，神與你們同在，我與你們同在並感謝你們。」所有客人離開了屋子，我們都被狂喜充滿幾乎醉倒了，但也高興地上床睡覺。但在昏昏入睡前，我注意到只有兩個人，耶穌與西門神智清醒著，好像他們那晚不需要睡眠一樣。然後我入睡了，在這個好客及喜悅之屋的屋頂下，那氣氛就像在自己家中一般。

第十七章 迦南的神聖夜晚

次日我們清潔整理節慶後的屋子並準備新的慶祝，大家都雀躍不已。我們可以感覺到門徒間瀰漫著些許嫉妒，因為耶穌看來愈來愈偏愛西門。我們工作中，耶穌現身來對他的門徒及我們女人說話。「到我這裡來一下。」我們圍著他坐成一圈，他用慈愛的眼神看著所有人，然後說：「神創造了各個世界，他給他所創造的所有萬物一樣的愛，無所分別。然而有些存有的源頭較其他存有更接近神，並保持著這種接近；那些源頭與神較遠的，便把他們的光與愛帶到更遠的世界。我想要你們都了解，我對所有存有的愛都是平等的，並且依他們自己的樣子，但我會與有些存有的愛連繫得更緊密些，因為我們體現神的領土、祂的力量與祂的宏大。」

「你們每位都跟著我取得自己的位置，但在天主的領土中，有些人會坐得接近主位些，有些人就離天主遠些，卻依然快樂地執行他們的義務。但有智慧的天主愛他們不分軒輊，無論他的地位或位置。沒有人會比其他人更重要，但雖然有些人可以接觸到天主，有些人還是待在廚房中、在花園、在馬廄中，給出他們的服務。」

「你們相信某個人比另個人重要嗎？給國王他所是的，給僕人他所是的，給人們屬於他們的。我希望你們認出你們都能與我如此接近的祝福，相信我：你們每一位都在多生多世中遭逢了這些苦，但那些在地球上生活卻不需要一路苦戰於俗世生命中的，好比西門與我，自然就以另種方式接近些。請了解這點，不要產生嫉妒或不和，我愛你們多於你們所能理解的。」然後他來到我們每一位，以他的手碰我們的頭，耶穌如此堅定無畏地處理了這個問題，讓我大大鬆了一口氣。我很欣慰這不和諧來得快去得也快。

西門與他的僕人為新的盛宴做準備，我們幫他們整理酒壺並準備給所有客人的食物，太陽下山時，我們開始將整個屋子的火炬點燃並照亮入口，神聖氣氛再現，天黑後我們回去休息。午夜接近時，我們都回到大廳幫忙接待眾多賓客，帶位、照顧他們的需求，讓他們感到受歡迎。有些人問我怎麼認識彌賽亞的，他們都好奇地想聽我們的故事，我們因此認識了許許多人——各式各樣的、熱情的、悲傷的、尋尋覓覓的以及清明的。我很高興處於那麼多人中，艾瑞莎、瑪利亞、海倫娜莎樂美、瑪莎及拉撒路都樂在其中，耶穌的門徒們也是。

我們照顧著賓客，彼此交談，每個人都在等指定的時間，必定大約有兩百人左右，午夜過後不久，耶穌與西門一起出現。然後人們開始唱：「哈雷路亞！和撒那（Hosanna，讚美神的話）！哈雷路亞！讚美並祝福彌賽亞。」然後耶穌做出安靜的手勢，他在我們之間坐下，並讓他的愛擴散到我們之間。我第一次感受到他與西門是如此一體的，他們一起對群眾散放慈悲，並提升他們。

耶穌說：「神將祂的兒子送到地球的應許及計畫，很久以前便被決定了。神的決定從遠古以來便被知曉，並在亞特蘭提斯的古老文獻中被確認，那是一個今日無人提及的時代。我們的人從諾亞傳下來的傳統中便已知道神的願望，神決定拯救並解放被世間勢力所困住、被物質世界所奴役而遺忘祂的人們。你們當中很多人今天來到這裡，是希望在我的任務中陪伴我，支持我完成神的應許。我認出你們，我看到你們，我來這裡召集並帶領你們。在我身旁的朋友與兄弟西門，也有志一同而決定服事這個理想。但是相信我，雖然之前他不公開出現，他的重要性並不亞於我。我本身渴望尋找並提升你們每個人，我的心因找到你們而滿懷感激與喜悅。」

「我在這裡帶領你們並加強你們對神的信心、讓你們從罪咎中解脫、以我的愛解開你們的束縛，並帶你們回到神領土中的家。坐在我身旁的這位，從原初以來便被知曉，但他並不渴望世間的權力；然而相信我，他擁有天國的鑰匙而我是大門，我需要他而他需要我。我們兩位守護神之御座下的天堂，因此大家今晚全聚在這裡，來慶祝你們許多人在天國榮景中啟蒙，然後將來我們將教化其他人。讓我認出你們當中那些已經應允並認出自己的人，但當我們沒有立即認出你時，請別沮喪：我們會一直找到最後，我們會找到你的，這是我們的承諾。」

耶穌接著找了約翰，對他說：「幫我拿聖杯，約翰。」他於是離開房間去拿聖杯回來。耶穌將它放在桌上讓所有人都看得到，在場的所有人都感受到一股冷顫沿脊椎而下；他們看到一個釋放出神祕振動的杯子，碰觸到所有在場的人。我們都聽過聖杯的故事，我記得我們在聽安德魯描述這個故事時，是如何顫抖著，此刻它就擺放在我們面前，而我必須承認，聖杯對我也有魔力效果。

耶穌開始說話，我馬上感知到不同，他再度成為大師及老師：「這個聖杯是很久以前自神的手中鑄造出來的，那時西門與我是地球上的君王，在神的領土上。天父給我們這個聖杯，象徵靈性力量與光的合一。它在規律的間隔下，從一個地球領土移到下一個，並且不斷地被神的祝福及力量所充滿，自那時起它就被以『聖杯』——神所鑄造給地球的——為人所知。但後來新的世紀到來，光啟的領土不得不減弱來自聖杯的光，同時人類本身也與神分離，並將權力移轉給在地球上創造新秩序的人。我們退到光的領土中，把地球上的權力讓給了新的統治者，並非我們想遺棄你們，而是這是人類的自由選擇，人類迫切渴求建立自我秩序的自由，而不遵守光與愛合一的權威。依據人類的願望，我們將地球的管轄權讓渡了出去。」

「然而一位位統治者的許諾卻不曾實現，或者說，情況與人類所憧憬、所希望的完全不一樣。那是奴役的世代，邪惡的國王及專制的大師出現在地球上，接收了權力，這就是今天的狀況，地球上的人們被否定神的旨意的人所統治。請不要誤以為這是對那些統治者的批判，這不是對壓制你們的羅馬人或猶太人的控訴，那些不知道自己在做什麼的人，也無法得到幸福與祝福的。」

「我並不是手持刀劍來此處置統治者或接收權力的。我，連同坐在我身邊的他，來此結合油與火——神聖之火以及來自聖血的油——我帶著神聖火焰的力量而來。在新世紀之前，聖杯便被決定應該留在地球，由神聖的祭司來保存，自遠古以來他們便以禱文與奉獻的精神守衛看護它。聖杯想要重生，已經等了好久好久。」

耶穌看著聖杯，眼淚從他的雙頰滾下。「然而當時候到了的時候，聖杯也將決定我的命運——還有你們的。現在我將斟滿聖杯，將它傳給你們每位喝。每個我認出及西門認出的人，都將接受我們的點化，今晚及接下來的夜晚，我們將把聖血的任命賦予你們當中的一些人。若你們願意，西門將會為你們每位打開大門，而我將以我的血之名為你們施洗！」

耶穌讓人斟滿聖杯，說：「不要到我這裡來，我會去找在找聖杯的每一位。」然後他讓約翰去拿水倒入另一個聖餐杯中、把芬芳的聖油倒入其中並靠近他站著。然後耶穌開始祈禱，神聖的光出現在聖杯之上，充滿了整個房間。他說了一些禱詞，我認出來他把基督統合在基督之中，然後他將聖杯傳給西門，西門也唸了禱文，接著油與火在杯中混合而產生酒。耶穌拿起了酒，首先將它傳給他的門徒們，他先為他們施洗：藉著噴灑約翰杯中的水，並以來自聖靈的神聖字句點化他們每一位。

然後耶穌走向列隊等他的人們，首先他停在一位有著深色長髮的女人身邊，給了她聖杯。「喝下生命之血。」一股不尋常的光從她散放出來，超然神奇。耶穌看著她，對她施洗。當她在耶穌面前跪下並將手放在他的腳上時，她的長髮落到地上，他說：「起身！」然後他們互相注視了一陣子，終於耶穌說：「留在這裡！」

接著耶穌轉向一位體格強壯的男人，給他聖杯喝，接著對他施洗並說：「你是馬可（Mark），我再度認出了你，你屬於我門徒的團體，你也應該留下來。」屋內的緊繃氣氛增加了。耶穌此刻走向一位高大、壯碩的男人，給了他聖杯，此時這男人說：「不，主啊，我不值得受你屋宇的庇護。」耶穌回答：「多馬（Thomas）、多馬，相信我，我認為值得的，對天父來說也是值得的，今晚你也要留在這裡。」然後多馬喝了來自聖杯的酒並受了洗。

接著耶穌穿越人群之前走向一位女士，她的年齡難以辨識，身型健壯，頭髮完全烏黑，他深情地將手給了她，說：「起身！你聽到了我的呼喚，這呼喚滲透了你，你於是鼓起勇氣來到這裡，在你回到來處之前，你今晚也應該待在這裡。」瑪利亞坐在我旁邊，我感覺到她在顫抖，我問她：「怎麼了，瑪利亞？」她回答：「感謝天，沒有人認出她來。」當我問她是什麼意思時，她回答：「她目前是祕密的以弗所女會團之母，若有人認出她來，她將立即被起訴並遭受石刑。」我敬重這女人，她擁有所有人都能感受到的不凡臨在及力量。她在耶穌面前跪下，耶穌親吻她的額頭說：「以我們的天父、主之名得到稱頌，你今晚也應該留在這裡。」

他接著接近一位有著捲曲紅髮的女人，給了她聖杯並施以洗禮，說：「帶著鑰匙的人，你來這裡找像你一樣的人嗎？」他握著她的頭幾分鐘，然後她跪下來並把她的頭放在他的腳上。他說：「今晚你也應該留在這裡。」

屋中寂靜迫人，耶穌抬起他的雙眼，去到一個站在後面門邊的人，拉撒路離我不遠，我聽到他悄聲說：「不，不要是他！」耶穌給了他聖杯，為他施洗並說：「留在這裡，依斯加略的猶大（Judas Iscariot）。」我感覺到拉撒路的沮喪，於是走過去問他有什麼不對。「那個男人是我上過的所羅門學校的大術士，他會帶來厄運。」我說：「一旦耶穌選擇了他，你便應該接受他的決定。」但拉撒路沒有被平息下來：「你不知道他！」無論如何，這個叫做猶大・依斯加略的人留了下來。

然後耶穌走回聚集的人群，他走近一個男人說：「明天帶你的弟弟來，我正在找他，但你今晚可以留在這裡確定我們是誰。」接著他對一個大膽穿著制服進來的羅馬士兵說話，沒有人試著阻止他進來，每個人都知道當耶穌在這裡，這位士兵的現身有益無害，耶穌給了他酒並對他施洗，士兵脫下他的頭盔跪在耶穌面前，耶穌說：「你是個勇敢的羅馬士兵，也是我在兩個世界間的保護，但我祈求你：在不久的將來，不要再現身在我們這裡，有一天你將會保護我們，但時機還未成熟。我祝福你為我做的事，但現在你必須離開，並且避免被別人看到你與我們在一起，回到你的人那裡，我需要你的那一天將會來到。」羅馬人離開了屋子，只有現場的人看到。

然後耶穌走向一位強壯而深色髮的男人，他給了他酒及洗禮，然後問他：「你從哪裡來？」這位男子回答：「來自大馬士革（Damascus）。」耶穌問他：「你千里迢迢來找我？」他回答：「我聽說了你，因此一路走來，直到找到你。」耶穌平靜地回答：「那麼便留下來，你跟著一群朝聖者而來，你將會聽到我的話語，然後將它們傳播到全世界。」然後耶穌將聖餐杯放在桌上說：「現在慶祝已經結束，我請那些受了洗的人留下來，你們將與我們共度今夜；那些回家的人將以我之名受到祝福，我請你們明天再回來。」

我們問候每一個留下來的人，我對那位瑪利亞指認為受點化的以弗所團的女祭司最著迷，她跟我分享了她的祕密。耶穌讓所有人圍在他身邊，在我們之間坐下並給了我們酒。「以我以及西門之名，歡迎你們，我今晚將給出七種聖酒，我們將慶祝到天明，然後你們便可以離開，各自去完成自身的任務。」每個人都拿到了酒，我們慶祝著，讓我震懾的是西門與耶穌輪流祝福酒，每種酒都讓屋中的氣氛更令人心醉神怡，彷彿每啜一口都讓我們割捨了一部分的俗世生命，每飲一杯都讓我們把一部分的過去拋下。

耶穌對來自以弗所的女祭司說：「這屋裡沒有一個人知道你付出了多麼高昂的代價來到這裡，但我求你天亮後回到你的來處，不要讓任何人認出你來。我知道、你知道，你的內在有一枚力量的黑暗之環，帶著這環圈回去，相信我，我將會幫你持載這個環圈，但你受了點化，也知道這環圈只有在很久以後才能被贖回。」他走近並擁抱了她幾分鐘，說：「你所擁有的力量對你而言是沈重的負擔，我會與你同在以解除你的負擔，但我無法讓你繼續留在這裡，你必須回家。」

我的內在深處顫抖著，感覺到自己與她的能量連結，就像耶穌為我們都釋放了舊有負荷。我們每喝一種酒，就更加放鬆喜悅，然後耶穌去到他施洗的第一個女人處，我第一次看到她的臉，她並非特別美麗，但深具個人魅力，他問她：「你的名字是什麼？」她看著他說：「莎拉（Sara）」耶穌抬頭注視我與艾瑞莎，然後他又問那位來自以弗所的女人她的名字，她回答：「瑪拉（MaRa）。」然後他對我們說：「莎拉、瑪拉、艾瑞莎與米瑞安，神聖女人在我們之間，會幫忙塑造未來，你們每位都持有不同的種子，每位都有她自己的負荷要承擔。」

耶穌要我們四位去到他那裡，他將雙手放在我們的頭上，一位接著一位。「你們每一位都帶著一份女性族群的宿命、一個重擔，我來這裡解除這負擔，這是我今天的許諾，會在將來被實現。在這一世你們必須都把一直以來承載的負荷交回，因為我肩負了整個地球的負荷，因此也包括你們的。」他在瑪拉之前跪下。「這個屋裡的每個人都可以聽到你是誰，來自以弗所的黑光母親。你承載著那些女人的巨大悲傷；她們曾經神聖，如今卻成為遭受迫害的罪犯。你還無法放掉目前扛著的負荷，但你有一天將回到你的團體，然後我會讓你獲得新的自由，但時機還沒有成熟。無論如何，我很高興你來找我，目前你必須承載著你的負荷及黑外衣，我還無法放你自由。這屋中也有一個你未來還會見到的人。」

耶穌看著來自大馬士革的深髮男子，對瑪拉說：「當你完成了這個任務，你將會與他一起回去大馬士革，不再有負擔——只有你自己知道的負擔。你將與他共行世間之路，並再度自由，然而時候未到。你們都不知道的是，莎拉、瑪拉、艾瑞莎及米瑞安是姊妹，她們來自同樣的神性根源；在不同時期，都是來自神聖猶太族系的偉大母親、偉大女人，你們回來重新取回你們承繼自父輩的天賦權利。」然後他對莎拉說：「從現在起你將與米瑞安一起工作，跟著她、跟著我們，你屬於我們這群人。」他把手伸向天堂，在她的心中放入一道基督之光，她臉上的痛苦減緩了，開始再度綻放她內在之美。

耶穌走回西門，笑了說：「沒有人知道我們當中有些女神，只有地球與我們知道這祕密。」然後每個人都喝下了一杯酒，那晚便把地球留在身後。耶穌請所有被揀選者留下來過夜，帶著濃濃的酒意我們回房休息，從那時起那些他選擇的人們成了門徒：伊斯加略的猶大、多馬與馬可。

我把莎拉帶回我的房間，艾瑞莎與來自以弗所的女祭司瑪拉同房，她們都是我們的客人，那是個如酒般深沈的夜，我們都沈入了自己當中，那夜，一切不再是地球的沈重，而是神本身的深奧。

第十八章
火的洗禮

次晨，一切都不一樣了。晚間其他我們不認識的人來到，他們的出現改變了氣氛，我感受到他們似曾相識，但我需要一些時間讓自己適應他們。我們一起投入房子的打掃與歸位，然後我們用心準備接下來的夜晚，西門統籌準備工作並照顧我們，派了男人去買酒及添補用品，我把握機會去找瑪拉，她有著溫暖的黑眼睛及美好的氣場，比我年紀大些。

我問她我是否見過她，她點頭肯定。我問：「你可以多告訴我些關於你所持載的及你的出身嗎？」她舉起手來，深情地輕撫我的頭髮說：「我昨天就注意到你了，我認出你是一個有力量的女人。我與其他在以色列北部的女人繼續祕密地維持著神祕學校，避開眾人之眼，你知道我們必須避免被大眾看到，我只能在這樣的場合穿著我們傳統的服裝，對外便不行，否則可能會被認出來。我們承襲女人的力量——那涵容、滋養於我們之內的女人的原初奧秘。因為社會對我們的威脅與傷害，事情變得愈來愈困難，我們在耶路撒冷有敵人。長久以來我們便與彌賽亞有接觸，他召喚我來，因此我結束了離群索居來到這裡；他的呼喚指示了我的路，為了不危及其他朋友及同袍，我獨自旅行。」

我問瑪拉：「你保存了什麼祕密？」她猶豫了一會，然後回答：「我及一些其他人持有女性力量的環圈，我保存著在我之內被點化的黑環圈，一直保護著它，而你也帶著一枚環圈。」我看著她，問：「我們把它們保存在哪裡？」她猶豫著回答：「在我們之內、我們的肚子裡，自不可追溯的過去以來。在這個女性力量不被容忍的時代，我們將環圈放在內在來保存它們。」

瑪拉接著靠近我，將手放在我的頭上，然後突然往後縮，說：「你此刻帶著一枚比我的還強大的環圈，但你必須將它放在你之內；你的生命不會幫助你持戴它。我無法告訴你更多，因為這會引發你內在強烈的運作。」我沒有再聽到什麼，因為我昏倒在地，失去了意識。

醒來時，艾瑞莎及海倫娜莎樂美在我身邊，我不知道自己在哪裡或來自何處，只直覺地知道自己發生了某些事。我不再是之前的少女，某種我所不知道的東西在我內在誕生，我感到不適。瑪拉給了我一種我不知道的特殊飲品，同時喃喃唸著我不知道的語言，我感到天旋地轉又噁心，她帶我去我的房間，莎拉坐在那裡，雖然我意識不清，我可以感覺到她的不安。但在我的處境下，我無法幫她，我的身體不聽使喚。艾瑞莎請莎拉跟她回她的房間，同時瑪拉陪著我並祈禱。到了晚上我覺得好些了，我站起來說：「我想幫忙，在此時任何助手都派得上用場，今晚相信會有更多人來。」我感覺瑪拉投出檢視的眼光，看看我是否安好，然後她說：「好吧，我也去幫忙。」

我們一起點燃了屋中的油燈，去到大廳的路上我們遇到西門，他看著瑪拉說：「我們好久不見，你躲了我那麼久！」瑪拉突然沈重起來，說：「西門，你知道我無能為力。」他注視她一陣子，回答：「無論如何，很久以前我答應要讓你自由。」瑪拉回答：「時候會來到，但不在這個時代。我決定將黑環圈攔在我之內，承擔著直到它被贖取，你知道我的決定的。」他微笑了，說：「時候到了的時候，我將會伸出援手。」他們帶著尊重看著彼此，然後他消失在另一個房間中。天色漸暗，我希望能在哪裡看到耶穌，但他並沒有出現，我決定再度退回自己的房間，等作客的人潮回來，我很感激莎拉沒有再出現。之後當我再度離開房間時，我注意到艾瑞莎還在照顧莎拉，她環抱著莎拉，我能看到莎拉在哭泣。我只能走向她們，在莎拉面前跪下，握住她的雙手，溫柔地問：「親愛的女士，你為什麼如此悲傷？」她悲苦地啜泣，說：「我如何能相信？我的三個小孩及丈夫都死了，沒有人接受我，我被社會所排擠。然後我來到耶穌這裡，他接受了我，說我應該跟你們在一起。」艾瑞莎把她擁入懷裡，撫慰她。「你屬於我們，我感到你已經離開了過去的命運，跟我們在一起將會找到平靜。」

此刻我注意到艾瑞莎的身上綻放有些我以前沒見過的質地，她散放出無盡的祥和寧靜之流，將莎拉包圍住。我從一開始就喜歡莎拉，也注意到她巨大的悲傷與苦難。此外，我感受到她內在深處某種我喜愛的特質，我很高興知道我們的命運將會長久相繫。

現在時候到了，門再度打開，我們幫許多人找位置。關於耶穌在選他的門徒與同伴的消息傳了開來，很顯然每個人都希望是成員之一，所以這晚有更多人出現。那個耶穌要他帶他的弟弟來的男人來了，帶著他面容美善誠實的弟弟，我馬上感覺到他將成為門徒，我很確定耶穌將會收下他。這晚亞利馬太的約瑟夫也帶著跟他住在一起一陣子的雅各來了，我太開心了，瑪利亞更是，艾瑞莎也是喜不自勝，我們久久緊緊地相擁。約瑟夫成了一位如父的慈愛之友，雅各則是個迷人的男孩。雅各與耶穌長得很像，他的氣場較為溫和沈靜，但帶著巨大的清晰與愛。

接近午夜，僕人開始將酒壺注滿酒，因為預期來客更多，又買來了很多壺酒，魚及麵包也供應充沛。然後耶穌與西門出現了，西門以他的幽默與魅力接手成為主人，「在這神聖的夜裡，歡迎你們大家來到我的屋裡，我們在心中歡迎你們，願帶來平和的你們每一位都擁有平靜。」耶穌也在場，但西門主導現場時他坐在後面。西門輕盈愉快的氣息魅惑了在場所有人，他坐下來讓每個人都看到他，說：「你們都不知道自己從哪裡來、將往哪裡去，但我很高興你們來到這裡，今晚我將是你們的主人，事實上我寧可待在幕後，但這次耶穌請我對你們致詞。因為耶穌知道並且也對你們宣布了——這房裡有一些持有鑰匙的人們。」

至此他暫停了一下，我第一次看到眼淚從西門的臉頰滑落。「從太初之時，我便守護天堂與在此臨在的主，通往天堂的大門是我的大門，當大門為你們當中的某一位打開時，我便在那裡帶領你通過那道門。但你絕不會在外面看到我，在這地球上我經常身負重大的職務與責任，但更喜歡保持不為人知。我認識天地間鑰匙的守護者，彌賽亞希望我認出你們當中我能交託古老之鑰的人。那位體現天父與聖子於一的人，希望天國今晚在我們之上顯現。在一瞥之間，我認出你們當中的二十七位，帶著這鑰匙以及三把火焰在你們心中。」

「我想要告訴你們一些關於你們的出身的事情，你們是天堂大門的守衛，是天地之間的強大守衛者，來自原初之火。從這些火焰中誕生的你們，就如同你們所源自的火般活躍並熊熊燃燒。無論你們在哪裡，這火都應該被點燃，而且若其為神的旨意，只有灰燼會留下來。今天你們將會接受你的守衛身分。」

然後他站起來走向拉撒路。「耶穌以酒施洗你，此刻我以火施洗你。」他抬起雙手──我不知道其他人是否有看到──我看到火焰從他的手中噴出，他用這火為拉撒路施洗。他說：「我對你施洗，但耶穌會接手，救贖你。收下通往天堂之門的第一把鑰匙，它會在我們上方形成。」西門將手從拉撒路的頭上移開，用眼神清楚指示拉撒路去找耶穌，我的哥哥在耶穌面前跪下，耶穌將他扶起到腳邊，看著他。房中有種奇特的靜止感，彷彿有把神聖的鑰匙在我們上方出現，明亮而有力──至少這是我看到的。

一個接著一個地，西門喚出剩下的二十六位鑰匙持有者。首先他為昨天出現並留下過夜的那位女子施洗，她的名字是漢娜（Hanna），她也在耶穌面前跪下並受他祝福，然後西門叫來昨天被耶穌命為門徒之一的多馬，他也接受火及鑰匙的洗禮，以這種方式，所有二十七位都被點化為鑰匙持有者。

然後西門對房中其他的人說：「我請今晚在這裡而還沒有被認出的你們，平靜地回家，帶著這裡的訊息回去宣揚平和與愛，那是我們今晚都在這裡的原因。」所有人都準備離開了，此時耶穌站起來對那位前晚要他帶弟弟來的男子說：「我請你和你弟弟留在這裡。」他接著走向弟弟，問：「你的名字是什麼？」那位我稍早注意到的年輕人說：「路加（Luke）。」耶穌回答：「你終於來到這裡了，你持有我的福音之火，你知道嗎？」路加點頭說：「我知道，主，我就是這麼被教導的。」路加在耶穌面前跪下，對前景感到激動，他問：「我能留在這裡嗎，主？」耶穌扶起他說：「你可以留下。」

我喜歡路加。他有純淨、深情的天性，並散發高度的明晰。這晚耶穌沒有請喝酒，我們所有人——二十七位新加入者、路加及其他前晚留下來的人——接受了西門請的酒。在他把酒瓶傳下去前，他把雙手放在我們每個人的頭上，以禱文祝福我們。這次我們沒有被灌醉，而是每飲一杯，便漸漸漂浮進天堂，陶然而歡欣。我們一起慶賀著、沈醉於同歡的狂喜中。然後耶穌站起來，舉起手臂說：「開啟吧，天堂之門！」所有二十七位自動站起來，火焰從他們每位身上升起，彷彿聖靈從他們身上竄出般，這時天搖地動起來，然後便安靜了。耶穌與西門鎮靜如山，但我們其他人都被這天堂經驗深深感動，它震撼了我們的身體及靈魂。

我只記得處在一個將我帶入無夢睡眠的狀態，我不知道自己睡了多久，但發現許多其他人也睡了，耶穌及西門已經不在了。當我慢慢恢復意識時，我發現許多其他人還在睡，我找到路回房間，發現莎拉已經在那裡，我進去時她比之前更平靜並且笑了。我蜷縮在棉被中，但無法入睡，繼續抖動就像地球還在晃動一樣。隔天早晨當我離開房間時，我看見耶穌在與瑪拉說話，我感覺到他們不想被打擾。西門則依每天早上例行的為大家擺設餐桌，我去找東西吃，因為我虛弱的身體需要力氣及營養。

我感到一股想離開這房子回家的內在動力，我需要與過去幾天發生的事件保持一些距離，於是便偷偷溜了出去。突然拉撒路出現在我身旁，說：「請不要獨自走，過去幾天我經常到外面，知道有些什麼事發生。你知道我是奮銳黨員，我知道奮銳黨的動靜。

每次我出去採購補給時，都注意屋外並沒有屋中的平和寧靜，監控的眼睛在盯著我們。」我求拉撒路：「我們出去透透氣吧，我需要到外面一下，你能陪我嗎？」他同意了。我們走出了城，我很高興能脫離過去幾天的困惑。我還在輕微的恍惚中，拉撒路體貼地照顧我，我們沒有多說話，卻共享著安靜的樂觀。

過了一會兒我問他：「你知道發生了什麼事嗎？」他回答：「米瑞安，我不真的知道，但是昨晚我再度與神接觸，已經很久沒有這樣了，如今祂再度在那裡，在這麼些年後，我的心中再度有了希望。」我靠向他，說：「我也是，拉撒路。」我們回到西門家中開始日常工作，經過昨晚的慶祝，我們需要一整天清潔整理，門徒們又去採買補給與酒了，每個人都投入幫忙著。

我遇到莎拉，看著她，我們不說一句話便給彼此一個深長溫柔的擁抱，我感到她的靈魂變亮了，比之前更加輕盈明亮，我感覺到她之中有股白光及美好的火焰，是我所熟悉的。我們很高興能在一起。

那晚瑪拉來找我，說：「我想這是我離開這屋子的時候了，來這裡的人愈來愈多，我必須繼續隱藏身分。我會回到山上，繼續隱姓埋名。」然後她把一張紙條放入我的手中，說：「請小心，假若你想要拜訪我們的時候，這是張你可以找到我的地圖。」她親了我的額頭一下，我看著她，深深敬重她散放的原初力量。她離開時我說：「請照顧好你自己。」她笑了說：「當我不想任何人找到我時，我就是隱形的，沒有人找得到我！我就像大地一樣，我融入她並且能任意現身、隱形。你不須擔心我。」然後她便無聲無息地離開了。

我也去幫忙做準備，耶穌與西門退入一個側房，每當我經過那房間時，都能聽到他們的交談。我不想偷聽或知道他們在談論什麼，但當接近那房間時，我就是享受他們說話的聲音，我無法說出什麼原因，就是享受他們交談的能量，空氣中瀰漫一種美好的感覺，雖然我無法確實描述出。然後我們在大批人群回來前退下休息，艾瑞莎在她房裡挪了個位置給莎拉，我很感激艾瑞莎注意到安寧對我的重要，我真的享受能自己獨處的寂靜，因為我內在的亂流還沒有完全止息，雖然後來我們知道莎拉自己決定不告而別。

晚上當我從房裡出來時，人潮已經在了。我很高興幫手充裕，讓我能安靜地退到角落。接近午夜時，屋子幾乎滿了，我觀察著這一大群人，試著躲在自己的世界中。然後耶穌與西門到了，耶穌說：「今晚是基督之光的夜晚，每一位來到我面前的人都會被基督之光所祝福。」這晚大家沒有言語，一個接著一個走向他，他把手放在我們的頭上，念誦禱文，由於有好幾百人，祝福進行了好久。房中的氣氛讓我沉醉，更甚於酒。當所有人得到他的祝福時，耶穌站起來說：「我請那些沒有被要求留下來的人，現在回家。」

我們與群眾道別，送他們到門口，關起門時大家都鬆了一口氣，當時必定已經三、四點了，然後耶穌叫了酒來。我也被耶穌祝福了，我對他的愛大於任何我能理解的。現在團體小多了，只有他的門徒、幾個女人及特別的朋友，其他所有人都離開了，他讓人斟了酒，然後以話語祝福它：「這是我的血，我們由此而生。」然後我們喝了酒，在幾乎寂靜中慶祝直到清晨。一種擁抱萬有的慈悲在我們上方擴散，幾近沒有人說一句話。耶穌不時再度將酒瓶斟滿。天亮時他突然走向我，以他充滿愛的雙眼注視我，我靠在牆壁上幾乎睡著。我認識他以來第一次，他擁抱了我……我在他的臂彎中睡著，我的極端疲憊終於得到釋放與平靜。

當我醒來時太陽已經出來，我退回房中墜入更深的睡眠裡，整天沒有醒來。當我梳洗完畢離開房間時，所有人都在幫忙做準備了。寧靜與無聲的和諧將我們繫在一起，大家都在幫忙。我走過房間，有意識地留意著門徒們，他們之間明顯地變得如此不同，有些以評判的眼光看待我，不習慣女人在他們當中自由地移動，不習慣像耶穌一樣視女人為平等族群；有些人則友善地與我對話。彼得坐在角落，我坐到他身邊並握起他的手，問他是否一切安好，他以友善的眼神看著我說：「是的，米瑞安，一切沒問題，我只想了一下我所告別的生活——以及我與主在一起的生命會如何！」我看著他，感覺自己對他的愛如此之大，他不斷散發著如父慈祥。我們幾乎剛準備好門就打開了，這次人來得更多，沒辦法所有人都進到屋裡，有些必須留在外面。

我聽到外面有一個女人尖叫發狂，她呼喊：「我必須進到這屋子裡，我必須進去。」兩位門徒握著她的雙手讓她進去，她著魔地狂叫著，這聲音把耶穌吸引出來，她摔倒在他的腳邊，他看著她命令說：「惡魔消失！」一陣顫抖傳過房間，女人跌在地上失去意識。耶穌去到她身邊把手放在她的頭上，她一身黑衣，當她回復意識時，耶穌看著她問：「黑女巫，你來這裡想要什麼？」她從內在深處回答：「找救贖。」然後耶穌說：「黑暗女巫，長久以來你對抗我的力量，然後你來找我求救贖，難道你不知道我的力量與愛會摧毀你？」她撥開她的黑面紗，我看到她烏黑的頭髮與眼睛。

他說：「走吧！有一天我會找到你並救贖你，但首先你必須先找到自己的平靜。只有當你放棄你的魔法力時才能來找我。」準備離開時她開始詛咒，看來惡魔還附著她，突然她再度跌在地上，人們往後退，我無法不去幫她；我走向她看看她是否病了、自己是否能幫她，我看了耶穌一下，他點頭表示同意，然後我古老的厄色尼力量回來了，瑪利亞也來到我身邊，一起結合我們共同的療癒力，終於我們征服了黑暗力量及她內在的惡魔，在刺耳的哭號之後惡魔被逐出了她的體內，飛到天空中。然後我們扶著她，讓我們的愛流過她，當她完全回復意識時，她看著我的眼睛問：「你是誰？」我望入她的深色雙眼回答：「像你一樣，是個姊妹。」

她的眼神完全變了，雙眼依然閃閃發亮又如夜漆黑，卻有了溫柔。耶穌到她身邊說：「你要感謝這些女人及她們的愛，讓一直在你身上的黑暗勢能被放逐了。然而你現在無法留下來，回家，只做好事，散播你的愛，從現在起我將與你同在。」然後西門去到她身邊，用手敲擊她的胸部，黑暗的最後殘留終於在一聲憤怒的嘶吼中離開了她。然後他看著她，笑著說：「我找了你很長一段時間，你膽敢來到這裡，如今你已經脫離舊有勢力重得自由，是時候回去、去祝福你所見到的一切了，做好事，宣揚這兒發生的好消息，讓你所見到的人都能得到救贖。」她開始哭泣，但耶穌與西門堅持她必須離開。

她離開時我痛苦至極，像是自己的姊妹被遣走了，但我也感覺到為了消滅過去她散佈給別人她內在的邪惡，她必須離開。她離開時我看到她周圍的白光，我自忖著有多少女人因為世界的迫害而落入這樣的黑暗，但她看起來是可以擺脫這黑暗的人。在她走了之後，耶穌在房中四處走動與人交談，酒與食物被分送給每位在場的人。

然後耶穌穿過房間去到一位顯然是猶太大祭司的男子身邊，穿著傳統服飾的他在以色列各處的不同聖殿服務。男子在耶穌面前跪下，耶穌將手放在他的頭上，說：「站起來。」男人高大魁武，不像一般猶太祭司的氣場庸俗而無神性，他乾淨而沒有猶太祭司的自負浮誇。耶穌對他說：「卸除你的祭司角色，成為我的門徒，你屬於我。把指引你的書放在一旁，你純淨而高貴，將你的手放在我心的誓言上。」

然後我看到西門走向他，擁抱他並說：「你是我的靈性兒子，在我的名中服侍他，因為我不會一直跟他在一起，但你將以我之名陪伴他。」耶穌要了一碗油來為這男子施洗，他尊貴與謙卑的性格讓我印象非常深刻。西門給了他一個房間，自此他便與我們在一起。耶穌繼續在人群中移動，與某些人說話、給某些人祝福，說：「今晚是給你們所有人的，以我之名，拿更多酒出來吧。在永恆之主的星空下，讓今晚成為最美好的一夜吧，我們將重造古老時代，慶祝天與地的結合。」

我們一起過了美好的一夜，耶穌非常放鬆，周旋在眾人間自在交談。那是個簡單的夜晚，雖然沒有特別發生什麼，大家卻都很享受。耶穌邀請某些在場的人隔夜回來，西門也摻雜在客人間聊天，我們開開心心地喝酒、唱著很老的歌，有些是我從小傳唱的讚美主的猶太聖詩。那是個很開心而平靜的夜，一個歡慶天地結合的國王級慶典。我有機會認識並與許多耶穌邀請的人對話，知道他們來自哪裡、以什麼為生。

凌晨時分，我坐在艾瑞莎旁邊，我們在靜默中看著彼此，全然愉悅，眼中散發滿足與喜樂。過了一會兒我們都睏了，便回自己的房間，但分開前我們彼此擁抱，互道晚安。那晚，菲、蘇瑪亞及阿格尼夏出現在我夢中，我能看到他們現在住在哪裡，像是那一刻我與他們又在一起了。快樂地在異國生活的他們，雖然生命的氛圍看起來相當不同，然而他們的精神與我們同在。在這麼久的分離之後，我們得以再度連結。

第十九章 瑪格妲、耶穌及他的隨同者

我很早便醒了，以厄色尼傳統行了潔淨禮，這是我從在庫母蘭就維持的習慣，然而這次因為夜裡的厄色尼回憶，我感到分外愉悅。然後我走到屋子的內院，看起來大家都還在睡，一片靜止寂然。我通過房子的大廳走到屋子前方的陽台上，在溫暖的太陽下讓陽光深深穿透我的身與靈，突然我感覺到有人在我背後——是耶穌。他加入了在石欄杆邊的我，我們在靜默中一起享受太陽照在臉上的溫暖。

我幾乎不敢與他說話，因為他的臨在總是讓我滿懷敬意。我也知道那晚他沒有睡，他全身充滿了對神的禱文，那照亮了他的氣場。我們一直沒有對話，我享受著我們之間的親密，直到無法再忍受這靜默而說：「我想去看看有沒有人今天要去城裡採購，我想到外面走走。」他看著我點點頭，我感到自己在逃跑，因為我無法跟他單獨相處。

我進到屋內找想要進城的人，然後便跟門徒們去採買。我跟耶穌前天施洗的一位男子聊了起來，他非常友善有禮，我問他的名字，是雅各（Jacob），我笑了起來：「那我們怎麼區分你跟另一位雅各：耶穌的弟弟？」他回答：「那就叫我老雅各吧。」我們採買結束後，西門的僕人幫我們把大批的酒與食物放到手推車中，運回屋子。

回到屋子時，滿滿的活動就等著了。今天耶穌負責，他有效率的監督所有程序，卻同時帶著愛的柔軟。中午時西門邀請我們去到庭園中的大露台，豐盛的饗宴等著我們，無花果樹搭起樹蔭為我們遮陽並打造令人陶醉的沉靜。我們都非常高興，一切如此熟悉而親密，我們感到安全而被保護於外面的世界外。耶穌再度安靜而退到自己的世界了，我們其他人則玩笑作樂，耶穌靜默地坐在桌子前頭、沉思著。午餐後我上床休息，因為我知道夜晚將是漫長的，需要以平靜與安寧來暖身。

中午休息後，我離開房間加入其他女人的準備行列，見到疲倦的瑪利亞，對她說：「去休息吧，瑪利亞，一切交給我們，你應該回去補些眠。」她坐下了片刻，感受到她的疲憊，我溫柔地擁抱她並在她的面前跪下，我們回憶著與厄色尼人共度的時光，我告訴她我夜裡與蘇瑪亞、菲及阿格尼夏的連結，聽到他們三位的消息，瑪利亞恢復了一些元氣，顯得非常有興趣，她說：「我毫無保留地相信你的夢與內在畫面，我也感覺他們都是平平安安的。我們的生命中要經歷多少苦難！我有預感許多苦楚在等著我們，米瑞安，我不知道這是來自神的祝福或負擔。祂也給了我靈視的力量，我知道什麼力量會讓祂不開心。」

她停了一下，我說：「你知道，瑪利亞，這生命中的一切都是神的旨意，我們知道祂總是長伴我們左右，我不知道祂的道路會通往哪裡，但我確定我們必須跟隨。我們總是在祂的手中。」她看著我，充滿愛與慈悲，我感到疲倦悄悄上了身，於是將頭放在她的膝上，我們成了真正的朋友、愛的夥伴，多年的友情發展成對彼此深深的珍愛與信任。最後我們還是各自回房休息，我一進房躺下時，就有一道不尋常的光出現在房裡，房間充滿了閃耀的藍光。我讓自己沉浸在光中，升上充滿星星的天堂，遊遍其他世界的星辰，沐浴在許多光中，那光只能在離地球非常遙遠的地方才看得到，那是多麼美妙的經驗，不過被敲門聲打斷了，來的是艾瑞莎，她問：「你不想來嗎？」

我很快穿好衣服下樓，夜已深，宴客廳慢慢塞滿了人，我估計人數將創下過去幾天的紀錄。這晚我決心要坐離耶穌與西門最近的位置，午夜之前，他們一起出現了，西門歡迎大家。一位灰白長髮的老女士坐在我旁邊，西門過來跟她說話，彼此看似熟絡。他跟耶穌介紹說她是父親的姊妹，是位住在耶路撒冷的著名治療師。坐在她旁邊的我可以感受到她散放出來的療癒力量，讓我感到非常平靜。

耶穌對她說：「來我這兒。」她想跪下，但他抱住了她，一段時間後，他輕撫她的長髮說：「你為我祈禱多久了？你等我多久了？無視自己日漸老去，你仍在這裡支持我，這次你會留下來嗎？」她笑著看著耶穌。「主，你知道我在這個地球上就是為了在你的光榮時刻伴隨你。」我不知道這是怎麼發生的，但我突然出現一個畫面，將來她會坐在耶穌躺著的墳墓旁祈禱，我不知道這些畫面怎麼出現的，但當耶穌說「她用盡全力每天跟主祈禱，她將會在我最黑暗的時刻幫助我」時，我並不訝異。

我所預見的畫面震驚了我——我看到自己與這個女人站在一個石墓葬室中，我無法解析這些畫面，只感到難以負荷的哀傷，因此走出大廳並決定當晚不再回去。房裡盛大的節慶進行著，西門也邀請了音樂家，人們快樂地跳舞，但我逃到露台上想找平靜。過了一會兒我感到有人在我背後——是那位治療師。她在我身邊坐下時我感受到她散放出來的溫暖的光，她開始說話時我悲傷而沉默，她說：「我看到你的內在畫面，它們都是真的，不要害怕將來到你身上的，我們在這裡是要支持他為他自己選擇的命運。看著我，我已這般年老力衰，但不到他實現願望的那天，我不會倒下，我要用所有的療癒能力幫助他。」

她看著我說：「我住在耶路撒冷，聽說你也住在那裡，想要的話你可以來拜訪我，我會很高興接待你。神今天對我說話，說我應該把一些彌賽亞未來需要的療癒能力傳給你。我會需要你的幫助，因為我單獨的力量是不具足的。」耶穌躺在墓地裡的畫面再度出現，但那女士再度對我保證：「不要被這些影像嚇到，它們是徵兆，我知道你，而且已經很久了，我們來自同樣的天堂，同樣服事主。」

我沒回到慶典中，雖然那裡氣氛愉悅輕鬆，雖然裡面載歌載舞，但我在寧靜中享受著這位女士的陪伴，跟她坐在露台上聽她說她的故事。從一開始我就愛這個女人，我怎麼可能不愛這麼樣心腸慈悲的女人？她告訴我她在一個猶太家庭長大，她的父親以極謙遜的心，閱讀神聖經典中彌賽亞的預言。在她還是小女孩時，一天她問父親：「父親，請讓我跟具備神性療癒知識的人學習，當你談及彌賽亞，似乎他一再求我去為他將需要我的時候做準備。」

「我的父親是一位信仰虔誠的人，母親則過世得早。他帶我去耶路撒冷的聖殿，那時聖殿中的女智者仍然教授靈性療癒，她們很快發現我的療癒力超越她們，開始尊敬我並給我空間練習及為人所知。從那時起我便在耶路撒冷的主要聖殿醫治病者，即使大祭司都尊敬我，因為他們看到神的力量流經我。」我看著她問：「我現在可以跟你走嗎？在這裡我的心有時沈重到讓我不知該怎麼辦才好。」她看了我一下，說：「不，現在還不可能，但你可以在我回耶路撒冷之後隨時來拜訪我。瑪利亞與我是舊識，她知道我住在哪裡。」然後她說：「我們回到大廳吧。」

回去時我很驚訝地看到她走到舞者之間，開始隨著音樂優雅地舞動，她的年齡與衰老突然消失，在房間中央跳著神性之舞，為耶穌而舞、為神而舞。光從她的手與心流出，充滿了房間並籠罩在場的人。她進入至喜並開始為神而唱，以神的臨在迷住了所有人，她的虔誠擄獲了所有人的心。耶穌以他無盡的愛關注她，最後她停了下來，全身俯臥在耶穌面前的地上。他說：「站起來，瑪格妲（Magda），你不需要趴伏在我面前，神在你裡面，你不再需要去找，我愛你如你所是。在天堂我們是合一的，女人之中最謙卑及有愛的你啊！」她的舞賜福給在場的所有人，每個人都更喜悅、更歡欣舞動。瑪格妲與耶穌及西門坐在桌邊，他們如老友般對話，耶穌把我叫到桌邊說：「你們彼此相屬，來自同一源頭，米瑞安，有一天你將如瑪格妲般偉大。」我留在桌邊，我們一同飲酒。縱然相當驚訝，我感受到聖靈在我們之間，我的靈魂被這位偉大的女智者吸引，她給了我家一般平靜與滿足的感受。

清晨時西門對瑪格妲說：「我母親的房間供你所用，請留在這裡幾天，你的臨在對我們很重要。」就像找到了母親或祖母般，我不願與這位女士分開，當她準備回房時我的心痛了起來，她注意到我的悲傷便過來擁抱我，說：「我將會是你的母親，因為面對即將來臨的時刻，你將需要一位活著的母親。現在去睡吧，一夜好眠。」然後她跟我道晚安並離開了大廳，我接著回到自己房間，我幾乎無法形容她所給我的快樂，我找到一位能在夢中陪伴我、讓我依靠的母親。

我睡得又沈又久，直到餓醒，潔淨禮後我走到餐廳，大家都在那裡了。門徒們坐在桌子的一邊，另一邊是女人，耶穌與西門坐在長桌之首，餐點如以往般豐盛。當我去坐在女人那邊時，耶穌把我叫過去，問：「你不想來我們這裡嗎？」我幾乎不敢過去，因為沒有其他女人坐在他們那一頭，耶穌讓出一個位子給我，我便坐在耶穌與西門旁邊。我感受到門徒們瞥來的目光，其中幾個把頭低下避免看到，只有老雅各微笑並給我一個友善的眼神。另一方面，耶穌表現得像是我坐在那裡是完全正常的，他把麵包及其他食物傳過來給我吃，我也喜愛西門的友善，他表現的如同我與他是平起平坐的；西門擁有對所有人一視同仁的迷人特質，他的友善性格接受所有與他相遇的人，他常保愉快、幽默風趣。

餐後我們離席再度開始做準備。我看到艾瑞莎及瑪利亞在與瑪格妲說話，便走過去，海倫娜莎樂美也跟著我過來。瑪格妲告訴我們：「你們不知道陪伴主的任務是什麼樣子，相信我，你們會漸漸開始了解自己幫這個世界帶來的神性計畫有多偉大！」我再度感到她的臨在與光，刺激並吸引我靠向她，之後我決定再度幫忙家務發揮功用，其他女人也追隨我。晚上我又累又睏地回到房間，當我躺在床上準備入睡時，瑪利亞與艾瑞莎敲門進來了，瑪利亞說：「耶穌派我們來找你幫忙，因為你有厄色尼的知識，要請你支援我們準備聖油。」

我記得在厄色尼人的藥草工作坊的時光，記得他們準備聖油的畫面。我同意陪她們一起找必須的原料，我們去市場找到了所需的一切，都極盡奇特與昂貴。當天剩下的時間我們便用來製作耶穌所要求的聖油，製成後我們把油放入美麗的容器中，由瑪利亞看管。在喧鬧的人群到達前，我們仍有時間休息。午夜來臨前耶穌來到，他說：「我想要與你們一起慶祝西門的慷慨，最好在空氣清新的戶外慶祝，我們庭園見。」耶穌接著指示僕人把酒帶過來給我們。

我們集合在星空下的寬敞庭園，到處都燃起了火把，讓我們能流連於不同的露台欣賞植物。西門安排了音樂演奏，星光天堂下的樂音如此迷人，像來自另一個世界。我從遠處看到耶穌握住每一瓶酒，在傳出去前對天堂祈禱，然後他把每個瓶子都傳給西門，讓他以禱文祝福它們。接著酒被傳給客人，令人驚奇的是酒瓶不曾空掉，一空掉就自行神奇地注滿了，可無止盡的供應，直到每個人都有了酒。現場人數數百而難以計數，餐間我與艾瑞莎、瑪利亞及瑪格妲坐在一起，隨著耶穌與西門為我們所斟的每杯酒，醉人的愉悅與杯俱增，直到饗宴成了完全的烏托邦世界。我們望著天頂眾星，每啜一口酒便醉入更深的天堂魔幻中。

突然耶穌站起，走向一位獨自坐在角落的男人，這位坐在無花果樹下的男人黝黑而頗嚴肅，耶穌走過去把手放在他肩膀上，對眾人說：「我找到總是第一個宣布我到來的人，我的朋友塔德斯（Thaddeus）！很高興在這裡看到你，自始以來你就是我任務的先驅。」耶穌擁抱他並親吻他的額，然後他要了橄欖油，在星空下把油倒在他的頭上並點化他。「你是我在眾界的先驅，此刻你能宣布我降臨到地球上。因為要先我而至，你離開了自己的領土。」耶穌握起他的手說：「現在以我之名療癒、以我之名言語、以我之名先我而行。」

耶穌加入門徒那桌，這是我第一次看到耶穌與他們互動如此親密，笑鬧玩樂成一片。內圈圍繞耶穌形成了，西門也跟著加入，這桌的溫暖傳到庭園的每一處，擴散到整個饗宴。耶穌請大家喝酒並請門徒們將更多酒分送給其他客人，大家都喜悅而感恩。星星散放著幸福，腳下的大地溫暖並香如野酒，包裹了我們的靈魂，大家都陶陶然，不再感到被地球束縛。饗宴到了某一刻，耶穌站起來請多數賓客回家，只有內圈及屋主之客留下來。然後耶穌請我們圍著他集合起來，在我們面前點化了每位門徒並提升他們為大師。當他去到猶大身邊時，他有些猶豫，然後猶大哀傷地在他面前跪下並開始哭泣，耶穌接起他的淚將之與油混合，然後他點化了他。耶穌接著說：「這是環繞我的圈圈，是最內的圈、也是我的先驅，你們是來自所有天堂的主與王，陪伴著我卻不承受人間的餽贈，但你們的心中帶著神的智識。」

我感到星星垂降地更接近地球了，對著耶穌敬禮。天堂發出明亮的光輝，包圍我們也流入我們心中。當我凝視眾天堂時，瑪格姐站在我身邊說：「你看到天使了嗎？你看到眾天堂敞開讓天使去禮讚他嗎？」這一夜我幾乎不想離開，坐在外面毫不倦怠地望入天界，就像在看神的寶座，彷彿慈愛的祂剎那間把它拉低放到地球上。

然後過程中西門讓他的僕人拿來木頭，在庭園中央升起了火、添進了柴，耶穌把橄欖油倒入。西門要每個人去到他面前，接著把灰燼用手抹在每個人的額頭上，說：「你們的一切罪惡都被寬恕了，來自這火的灰燼赦免了你們所有以來的罪。」西門為我們的任務點化我們，釋放我們的業力結構，並用神性火焰的力量祝福我們。這晚有另一個力量在場：我看到火焰中有個巨大的存有，以他的臨在祝福我們；我不知道其他人是否看到他，我站在瑪格姐旁邊凝視著、深深被火吸引。瑪格姐說：「大父（Maha Baba）出現了，一直以來也將永遠給予我們教導的巴巴，他以出現在火中來給予祝福。」最偉大的存有與我們同在！這個經驗的深度與強度無以形容，我們喝的酒不僅讓我們醺醉，也讓我們專注在地球上，為神聖使命做好準備。

第二十章
祝福與塗膏

那晚我沒有馬上睡著，火燃燒我身體的每個細胞，我只是一片火海，也不確定這烈燄是在折磨我或是釋放我，但出現在西門火中的大靈也在場。我認他為大父，他載我穿越世界，整合我內在的所有面向；面對面時他自稱巴巴吉，從他的眼中我接收到從未經歷過的最大祝福。慢慢地我昏沉進入深眠，隔天早上幾乎無法醒來。意識完全回來後我看到艾瑞莎坐在我床邊，她說她來敲了幾次門卻沒有回應，她慈愛地撫摸我的額頭說：「快到中午了，你應該吃些東西了。」

屋子異常安靜，我像是在出神狀態中移動，艾瑞莎帶我進入為我準備好食物與飲料的房間裡，其他所有人都在他處準備最後一夜，如耶穌及西門所承諾的。飽餐一頓補充元氣後，艾瑞莎帶我回房，一直陪我到入睡，四周平和、安靜而放鬆，我仍然感覺到大父的臨在，他從昨晚就一直與我同在。

終於我醒來了，梳洗、著裝、為最後一夜做準備。房子的內院已經做好慶典的準備，許多客人都到了。我還有些昏沉，意識只有一半在這個世界。當耶穌與西門來到人群中並給予祝福時，大家都是安靜的。我坐在瑪利亞與瑪格妲旁邊，我們合一於靈性的三位一體中，對我來說一切都是不真實的，我幾乎無法認出自己的現實狀況。當多數在場的人都收到祝福後，我走向耶穌並在他腳邊跪下，他把雙手放在我的頭上，此時我完全沉浸在他的光中；然後我在西門面前跪下，也有同樣的感受。我似乎失去了對身體的控制，完全不知所然，我忘記了自己是誰，變得無處不在卻仍然也不知所然地在自己之內，我無法界定自己存在的界線。我模糊記得耶穌喚來瑪利亞，他們交談著。

瑪利亞說：「但是耶穌，我們所有酒的庫存都耗盡了，你請了客人一整晚，我們的備酒已經消耗完了。」耶穌看著西門，他說：「我們買了比前幾晚更多的酒。」耶穌站起來請人把所有瓶罐都裝滿水，帶到廳裡並放在桌上與地上，然後他舉起手說：「分送下去！」

眾人緊張又興奮，瓶罐裡都是酒了，所有在場的人都看到這奇蹟，大家交頭接耳談論著：耶穌把水變成酒了。西門給了我一杯酒，我因為虛弱而喝得慢，那是我嚐過最甘醇的酒，充滿了愛與耶穌基督自身的仁慈。到客人數破了記錄，在他們都喝到酒後，耶穌叫來許多麵包，大家都飽足後，耶穌說：「我想請所有不是屋主之客的人離開，我的祝福與你們同在，並且你們許多人將會在各自不同的路上與我重逢，你們來此找我，從現在起你們將會在未來的世世代代再度遇到我成千次，直到時間終了；與我的會面將不會終止，直到你們都在天國中。」

最後一位客人離開時，門對外面的世界關閉了，現場安靜了下來。耶穌給了留下來的人酒並請瑪利亞拿來聖油，她把它放在他面前，耶穌說：「此刻你們將經驗到這七夜以來最神聖的一刻，我會選擇三位神聖女性來為我塗膏，如同大衛多年前被塗膏般。」他要來了水，懇切地看著他的母親。

他們的眼神融入彼此，他說：「跪下，母親，受祝福的女人。」他開始以送過來的水洗她的頭髮，我們都知道這是七天來我們看過最神聖的舉動，籠罩我們的光愈來愈濃密，直到成為深藍，這光完全滲透了我們。耶穌在以天堂之虔誠淨洗了她之後說：「現在輪到你了，為你的兒子塗膏。」

瑪利亞站起來為耶穌塗膏，把油倒在他的頭上，然後在他面前跪下，帶著謙卑與虔誠低坐在他腳邊。耶穌接著站起來在廳裡走動，碰觸某些人的頭，然後他說：「拿新的酒來，我們要慶祝這最美妙的饗宴。」像是收到無聲的命令，我們都開始狂歡跳舞，耶穌那晚在我們身上所釋放出來的，完全無可言喻，它們深深滲入我們的靈魂，更甚過去幾夜。

耶穌似乎升到了我們之上，但也同時是我們的朋友。他周旋在我們之間，跟某些人談話，然後說：「現在我要選第二位女人。」他走向瑪格妲，再次叫人給他水，她在他面前跪下，眼淚落在他的腳上。他也洗了她的頭髮，然後把聖油交給她說：「你也被揀選來為我塗膏，從遠古以來你便在所有的道路上陪伴我，以你所有的臣服與愛。你是眾界裡所有心的皇后，世間沒有一位皇后能與你相提並論。」他對她鞠躬，她為他塗膏，然後她把頭放在他的腳上，他抬起她的臉說：「因為你帶著我心中的大痛，你是受祝福的，你獲得了永久的自由，並被永遠提升到你靈魂的天堂。」

然後他點了更多的酒，我們再度慶祝，這酒甚至滲透到我們的更深的靈魂中，然後耶穌請我過去。「在我身邊坐下，米瑞安。」我還沒有完全回神，還在不同世界間遊蕩，然後他說：「你知道，米瑞安，你、我與西門彼此如此相連，我們的世界都融在一起了。」我感動到覺得心要碎了，然後他說：「無論我們之中誰呼喚其他一人，我們都會出現，我們無分彼此。」他的話滲入我整個人，我周圍的光更藍了。一份愛存在於我們之間，是種靈魂的融合，在其中我們合而為一個靈魂。耶穌再度給我們酒並給我一個杯子，我對他及西門頂禮，並將頭放在他們的腳上，然後像要離開般起了身，耶穌說：「別走，我請求你留在這裡，我想命你為第三位神聖女性，為我與西門塗膏。」

我不再知道那之後發生了什麼，我再度進入狂喜出神，只感覺到耶穌為我洗髮，層層的過去因而剝落，然後西門也為我洗髮，更多陰影從我的靈魂脫落。耶穌接著把油交給我，我不斷擴展，直到前所未有的大。我拿起了油，它在我手中發燙，為這兩位君王塗膏的不是我，是「神」，神與我共振。然後我完全昏過去了，我不再知道自己是誰以及身在何處。

我被帶回自己房間，聽到外面的歡慶聲音，那不再是一般的慶祝，而像是浪潮匯聚、星星融合。然後門打開了，耶穌進來，他吻了我的額頭說：「我很抱歉這麼說，米瑞安，但你的時間還沒到，明早我將會跟我母親說，讓她陪你去找那位來自以弗所的女人。」我不知道這是否是真的，或是他是否真的說了這些話，然後他再度吻了我的心與額，接著我陷入沈睡，此刻我持續地漂浮在地球之上。隔天一早瑪利亞敲我的門進來，她說：「把你的行李打包好，我要帶你離開這裡，是你走的時候了，把瑪拉給你的地圖帶著。」

她為我淨身及著裝，那天一早我們便離開了，西門給了我們兩頭驢子，我們沒有見任何人就走了，去到山上。我知道瑪利亞知道怎麼去到瑪拉及神聖女人們所住的山上，然而我還是很高興帶著瑪拉的指南。我多少還在似乎無止無盡的某種狂喜出神中，瑪利亞如母親般照顧我，給我食物與飲料。因為我不是原來的自己，她在靈性上支持我，並且總會找到地方休息或睡覺。然後一天晚上，在渺無人跡的山中某處，我們停下來了，到達時瑪拉站在那裡，說：「我在期待你們的到來。」

我被帶到一個洞穴中的特別所在，那裡充滿了紫紅光，我在這裡受著滋養與照料。雖然不知道自己在那種狀態中過了幾天幾夜，但整段時間我都是受到照顧的，瑪拉經常來看我，我能聽到外面的歌聲，我感受到自己一點一點地回到地球意識。一天我從在其他世界中的漫遊裡完全醒來，瑪拉坐在我身邊握著我的手，我看著她問：「我在那半意識旅程中多久了？」她回答：「你離開一個月了。」我問瑪利亞在哪裡，瑪拉回答：「她幾週前離開了，但從現在開始你將與我們在一起。」

第二十一章 與以弗所的女人在一起

我知道自己是跟以弗所的神聖女人們在一起，但我還是不知道身處何處，那是個山區，我只能猜測我們在耶路撒冷以北。有三天的時間我只有自己一個人，五個女人來來去去，但沒有人理我。她們彼此沒有對談，也沒有跟我說話，一切都在靜默中。餐點是準時的，也是在靜默中進行，雖然我坐在瑪拉旁邊，我們並沒有說一句話；就像其他人一樣，她完全歸隱在自己之內。我感受到也知道，這靜默無法被打破，我等著她們的某個人來跟我說話，我完全被放著自己一個人。

我幾乎無法認出誰是誰，因為她們都以紅布遮面，一切都非常神祕，我不知道她們來自何處或是如何過日子。我所醒來的洞穴是我的臥房及家，我讓自己進入這種防備嚴密的狀態。然後一天，或許是第三或第四天，瑪拉來找我：「如果你想的話，跟我來。」她帶我到烈日下的山頂，鄉野環繞著我們，她遙望遠方開始說話。「我們遠離下方的世界退到這裡，為的是照顧被不當對待及羞辱的女人，為了不被發現，我們總是在山裡尋覓新的隱藏地。我們決心護衛自己擁有的知識，把它們留給自己，因為外面的世界不知道如何運用這些知識，我們被貼上魔法師、女巫、甚至有時是妓女的標籤，在耶路撒冷的現代社會裡我們被視為罪犯。」

「但這些控訴一項也不對，也永遠不正確，我們喚自己為以弗所學派，源頭回溯到猶太文化之父摩西（Moses）及以利亞（Elias）的時代。當時神聖女人是受到尊重的，我們保存了來自那時候的知識，那時我們族群的這片神聖土地綿延到希臘。這些密傳的源頭之母們充滿能量與繁殖力，並且直接與神連結，我們曾被視為猶太文化的神聖先知；然而時至今日，這個古老傳承在我人民的物質影響及無神性下，被埋葬了。在今天的猶太社會，男人沒有男性本質，女人沒有女性本質，人們內在完全失去了神之種子的痕跡。我們保存了與猶太人民的原始種子一樣古老的東西，保存了女性特質及原本的母性，然而幾個世紀以來，我們愈來愈退隱，因為我們社會的男性選擇了父權結構，受點化的預言者日漸被排擠及污衊，我們只能在內在守住女性先知的原始力量。」

「但那些今日統治耶路撒冷及猶太區的君王們並不喜歡我們，他們不想要除了自己以外的其他靈性領導，他們害怕我們的知識，他們知道我們來自神而害怕我們的審判。」她停下來問：「你知道為什麼耶穌派你來這裡？」此時某種無法理解的東西在我的內在攪動，我必須坐下，於是我在溫暖的土地上坐了下來，看著我面前的景物，說：「我不知道。」瑪拉在我旁邊坐下，安靜了一陣子。

然後她說：「我們的外在能力愈消失，力量便愈減弱。住在這裡的女人們來自古老家族，你知道甚至你的家庭也附屬於我們，你的阿姨瑪莎跟了我們一段時間，直到她必須要離開。但這些留下來的女人們身上並不帶有種子——我能做點化的種子。我不再年輕、我的力量減弱中，我只能維持住天與地的連結。在我的下腹部持戴著黑環圈；我族女人從這些黑暗時代以來保存在身上的傳承慢慢地毒害著我，我不再知道如何應付這個狀況，直到瑪利亞帶你來我這裡，才讓我燃起了解決問題的希望。我感覺到將有正面的某件事要發生，雖然不知道那是什麼。我要你考慮在這裡待一段時間，我確定的是彌賽亞把我們與神聖作用力連結，我們兩人都會接收到訊息，因為我們是彼此連結的。但是此刻我沒有資訊的跡象——我沒辦法預測什麼。」

「無論如何，我求你不要跟這裡其他女人談論這些事，因為我們都必須保持靜默，這是我們的儀式、我們的生活方式。我盡我所能點化她們內在的力量，我也是唯一一位你可以對話的人，只有我被允許對外運用言語的力量。告訴我，你要花多久時間考慮我提供給你的選擇？這完全是你自己的選擇，你的意志與靈魂都是自由的。」我請瑪拉給我時間到明天早上為止，之後在這個山丘上過了不眠的一夜，試著讓自己在考慮這個可能性時，隔絕掉所有其他的影響。

我意識到自己自從三歲以來，便不斷被送給其他團體或個人照料。首先是厄色尼人，然後是我哥哥，後來耶穌出現，那時候我發現自己與我們先人的神聖女性同在。這是第一次，我感覺到內在對前景的抗拒，這對我來說是不尋常的。我的小我猶豫著，因為過去都是其他人在沒有我的明確同意下為我做了決定，很顯然過去我都得到了美妙的禮物；此刻我長大了，得自己決定，我必須先決定我的目標與應該的去向。

是耶穌帶我進入他的女人圈中的，但我還是感到困難與猶疑。我從一個能量層次被運送到下一個，而我的想法是困惑的；過去我不曾思考過我生命的方向，只是接受來到我面前的。我的心無條件地奉獻給耶穌，但我的成人意識說服我這是我的決定——我一個人的決定——而且必須是來自心的決定。有些東西在等著我，讓我能在彌賽亞的使命中陪伴他。然而，我的生命應該選擇哪個方向呢？

我已經了解，耶穌為我們所選擇的，或許是我們必須走的道路中最困難的一條。一般民眾的感覺與想法也進入我的篩選考量中，當他們看到女人與耶穌共同工作時，他們的心充滿偏見，今日我們的文化不再肯定女人的自由，不再認同她們能對自己生命做決定，並且不能允許她們擁有任何一種權力。但耶穌不曾如此對待我們，我們也不曾覺得他將如此做，他周圍的女人所受到的對待並不相異於他的門徒們或其他男人。

但社會的一般想法是不一樣的。若我選擇以弗所女人的道路，會讓情況更糟。女人總是依賴社會的演變，然而這樣的階段不會永遠持續，有一天我們將會回來。畫面與想法混雜出現，對我顯示當我服侍並跟隨彌賽亞的道路時，未來生命的樣貌——我將會拒絕走上能得到俗世社會的祝福、肯定與掌聲的道路。當我陷入這種內在矛盾時，耶穌出現在我之內，直到我重獲平靜與安寧，然後他離開了。我再次尋找神的話語並祈求答案，然後就這麼睡著了。

我被太陽叫醒，當時已經炎日當空。回到洞穴時，瑪拉已經坐在我房裡等我，在靜默中她看著我，我說：「我將留在這裡，面對命運對我作的任何計畫，我將留下來奉獻於學派，直到我們都知道是我該回去的時候。」她點頭說：「這樣好。現在我們必須離開這裡，我感受到有些不該找到我們的人接近了，我們應該搬到其他地方。將你的東西打包好準備離開，你暫時跟我一起走，雖然通常我們都是各自旅行，以免同時被發現，而且若我們任何人被逮捕了，即使受到虐待或死亡的威脅，也絕不會背叛其他人。你還不熟悉這個崎嶇山區的路況，所以我們一起走，我將以法力保護我們的行程。」

我們在夜晚離開，從那時起我便屬於以弗所女人。我們四處旅行並在許多地方紮營，我沒有跟任何人說話，一路也沒有什麼特別的發生。我知道瑪拉等著接收我們要在哪裡停留的訊息，終於她收到了。平靜無波的幾個月過去了，我沒有看到任何其他女人的臉，除了一位，她跟瑪拉一樣不以布遮面。每次我們遇見時，例如用餐時間，她都肆意地露出臉，從瑪拉的表情我推斷她並不同意她的行為。我興味盎然地觀察這女人，她似乎是瘋狂與聖潔的混合，她的面貌非常獨特而美麗，我很想知道她是誰，但因為我們不允許交談而瑪拉也沒有告訴我，我便沒機會知道她的身分。我沒有被要求為以弗所女人執行任何義務，然而我還是高興能與她們在一起，感到無所匱乏。

這些女人知道如何倚賴大自然的豐盛而活，有些人會消失一陣子，然後帶回食物給所有人，好像她們有些喜愛我們並願意供養我們的人脈。我們不曾挨餓，總是有好精神，這段時間我學到天與地如何滋養我們，讓我們豐足無虞。唯一打破沉默的是這個女人，一天餐後我跟她一起清理，她突然對我說話，當她小聲對我說：「跟我一起到河邊，我們可以在那裡洗餐具」時，我嚇了一跳。

沒有人注意到我們，雖然我猶豫是否要打破規範，不知道是否可以跟她去。她有種不屬於人間的氛圍，深邃的綠色眼珠，以及長長的古銅色頭髮，臉被太陽烤紅了。我決定跟她去就在不遠處的河邊，她坦然直接地說：「我不知道還能忍多久，但我認識你，米瑞安。」

我不敢跟她說話，她的聲音強而有力，同時我感覺到她內在有種黑暗不明的東西，但她的力量讓我著迷。她將兩種特質都融合在她的聲音裡，說：「在我被帶來跟這些女人在一起以前，我看過你，當時你還是小女孩。我和你源自同樣的族脈，但我的母親很早過世，我是你的遠房表親。我和你的瑪莎阿姨同時來到以弗所女人這裡，她是我的朋友，我唯一有過的朋友。瑪拉對我們很無情，我從小就來這裡，有時真的快被逼瘋了。

但我不願再屈從了，暗夜襲擊我，但我無法對她說這些，惡魔出現在我的白日夢，但我不知道要如何對抗他們。當我看到你時，米瑞安，當你來我們這裡時，我知道你為我帶來了希望。我想離開這裡，我不想再待在這裡了。」

我問她的名字，她說：「抹大拉的瑪利亞（Mary Magdalene）。我們的女性祖先來自同一家族，我求你：幫我逃離這個地方，帶我離開這裡，我無法再留下來，我無法忍受活在這些女人當中的黑暗，我知道你有訊息給我，從你一到我就感覺到了，我希望你很快會告訴我這訊息。」抹大拉的瑪利亞約二十多歲，她的深度令我著迷，我說：「抹大拉的瑪利亞，我求你，讓我們回去吧，我不想冒險。我知道瑪拉不會同意我和你說話，但我想我知道應該帶給你什麼，在我知道什麼時候是最好時機，告訴你你所想知道的事之前，給我一些時間。」

突然她開始啜泣，在我的腳邊跪下哭著說：「某個東西把我留在這裡，我知道你有些什麼給我，那將會釋放我。我只想逃走，而我其實不應該逃走，這讓我感到很痛心。」我說：「現在我們必須走了，你放心，你擁有我的友誼及支持，但我求你不要這麼叛逆。即使你無法了解，但瑪拉在這裡所做的保存是好的，我知道那是重要的，並且必須被努力維持到最後一刻，請不要像現在這樣挑戰團體，也請不要誘惑我。」

我決定離開河邊回去，回去時瑪拉在等著。一開始我想她在生我的氣，但她說：「我很抱歉。」我對她的反應很訝異，問：「你為什麼抱歉？」她回答：「我從遠處聽到了你們的對話，我知道我的女人們的念頭並且能讀到它們。請跟我來，我想告訴你一些事。」我們走離開其他人一段距離，她帶我到一個神祕詭異的地方，讓我一開始有些不自在，她說：「坐下，你今天與抹大拉的瑪利亞的對話教我看到我所沒有意識到的。就如我告訴你的，我本身持有女性力量的黑環圈，但地球的能量開始改變，我沒有注意到內在環圈開始跟我們作對，黑暗環圈不再維持受點化了的形式——那是以弗所女人所守護祕密，它開始喚醒其內的邪惡勢能。某個東西變得獨立壯大而漸漸失控，天堂與地球間的作用力改變了，你來到這裡時我希望能將女性先輩所遺贈給我的黑環圈傳給你，它是我們女人的原初點化，但我開始了解到這環圈將不會被傳下去，我決心與環圈一起消失，直到我能回來贖取它的時候。」

「為了知道自己必須做什麼，今晚我會在離你們遠遠的地方執行我古老的點化儀式。有些非善意的東西接近了，我們沒有時間可以浪費。我感謝你的忠心，這裡多數的女人都是年長的，不會再回到社會，但我能看到你與抹大拉的瑪利亞的未來是不一樣的。請給我一個晚上獨處，但以你的禱文支持我，你不知道我的負荷變得多麼重。祈禱神與我同在，因為除了彌賽亞與西門之外，我找不到能幫助我的世間能量。」

那晚我跟著自己的直覺，找來了木柴升火，那讓我想到菲教我的儀式，我用來自大地的宇宙之火將天堂與地球的力量連結在一起。我記得厄色尼的禱文，整夜祈禱，直到我全身的每個細胞都注滿對神的懇求，乞求祂能指引我們。太陽升上地平線時我把火熄滅，去到河邊行潔淨禮，那是我很久都沒有做了的儀式。

然後我回到瑪拉等我的地方，她似乎一夜老了十歲，臉色蒼白彷彿生了大病，她說：「來到我的洞穴中，我要教你將來應該用的點化儀式。」我跟著她進到她的洞穴裡，一股不尋常的光──白、紅及黑火的結合──照亮了整個周遭。她將手放在我的頭上，開始喃喃唸誦讓我進入短暫狂喜出神的古老、神聖的話語，並且把原始的知識灌注給我。這次我很驚訝自己沒有像平常一樣陷入完全的狂喜出神，而變得愈來愈有警覺並能全程保持專注。神祕教派的古老力量、儀式以及傳統的點化提振了我。

這持續了一天一夜。瑪拉禱告並且不時以她的手搖晃我的頭，然後她突然停了下來並放開我的頭，我抬頭一看，發現她倒下去了。我知道我不能找其他女人來幫忙，便以我所有的厄色尼能量拼命想治好她，卻徒勞無功。她失去意識還發著高燒，我找了抹大拉的瑪利亞。「抹大拉的瑪利亞，瑪拉生病了，我的厄色尼力量無法使她恢復，你知道能給她什麼神聖草藥嗎？她曾經為你做療程的點化嗎？」

抹大拉的瑪利亞沒有說一句話，只是離開我去拿了一些石頭回來，她把它們放在火上同時喃喃唸著一些話，然後把熱石頭放在瑪拉的身體上。她的燒漸漸退了，開始恢復意識並睜開眼睛，但還是很虛弱，我日夜留在她身邊看顧她，她的燒退了又起，並且在發熱的夢中說一些我聽不懂的話。

其他女人都不見了，她們完全退隱並四散各方，但我知道抹大拉的瑪利亞還在那裡，觀察著我們並隨時準備在需要時伸出援手，她給我送吃的並支持我。然後一天可怕的事發生了：當我從照顧瑪拉的洞穴中出來的時候，其中一個女人出現了，她疲憊慌亂，當紅布從她的臉上滑落時，她完全倒下了。當我低身看她時，發現她受了重傷、全身是血，只能以微弱的聲音告訴我發生的事。「我們被一群兇狠的男人攻擊，他們殺了所有其他女人，他們還在這區，我們懷疑他們是希律收買來消滅我們的。我逃過了一命但其他人卻沒有辦法，我們沒有告訴他們你們在哪裡，但你們必須儘快逃跑。帶瑪拉到安全的地方，你必須救她，我現在必須離開你們了，以我最後的力氣與法術，我會活下來的。但絕不能讓他們找到你們，你不需要幫我。」

我問這女人是否能為她做些什麼，她回答：「請不要碰我，我現在塗了膏藥能讓我與點化之靈接觸，用我剩下的力氣我會儘量遠離你們。請你們現在就走，並且只能在晚上旅行，黑夜會保護你們，神告訴了我這些。」當抹大拉的瑪利亞再度出現時，我告訴她發生的事情並催她趕快準備啟程，我說：「我們必須愈早離開這裡愈好。」她回答：「我知道我們需要的驢子在哪裡，我們都用牠來載運補給的，兩、三小時後我會帶著牠回來，這樣我們就能載瑪拉。我知道很多路可以離開山區，但之後的路我就不是那麼確定了。」

抹大拉的瑪利亞突然變得思緒異常清晰，我很高興她能採取主動，她說：「我們的衣服必須藏起來，特別是紅面布，但我們這裡還有其他衣服。」我說：「我還留著來這裡時穿的衣服可以換上，這樣我們就更不容易被發現。我們只在晚上移動，我知道耶路撒冷有個不會被發現的房子可以停留，神會與我們在一起，讓我們不被密探盯上，我們必須很快開始行動，請趕快！」抹大拉的瑪利亞離開了，我等她回來，焦急而有些害怕地，然而我知道在天地間有些什麼在保護我們。瑪拉還是沒有完全恢復意識，而我無法對她解釋狀況，她還在另一個世界做著發燒的夢。

兩個半小時後抹大拉的瑪利亞回來了，我鬆了一口氣。我們盡所能地把瑪拉安頓好在驢子上，這樣她至少能旅行，然後我們換了裝，我請抹大拉的瑪利亞坐在瑪拉後面的驢背以免她滑落，我們就出發了。太陽下山了，抹大拉的瑪利亞帶領我們穿梭山路直到離開了山區，然後她說：「我會以我的內在指引來找這裡的路。」

我們在未知的地帶開始了旅途的第二部分，我不知道我們是如何活過那些夜的。為了跟當地人詢問去耶路撒冷的路，我重複地把她們兩位留在驢子上並躲在安全的隱密處。我唯一想得到能讓我們安全躲藏的是艾瑞莎的屋子，我知道神在引導我們的路。看到耶路撒冷的燈光時，我們必定已經旅行了三、四夜之久，某位天堂的使者必定在路上指引我們，而有時我處在微微出神的狀態。

接近耶路撒冷時，抹大拉的瑪利亞請我獨自去找艾瑞莎，讓她與瑪拉能休息並避免增添危險。我找艾瑞莎，因為確定她會讓我們避難，我感覺我可以不被發現地在晚上到達她家。那將會是我們的第一個庇護所。終於我到達了，敲了門之後一位僕人來開門並認出我來，讓我進來後他把門從背後關上，像是知道我的到來必須保密。他叫醒艾瑞莎，當她下來看到又髒又累的我時，她尖叫了出來，聽我解釋狀況後我說：「我們必須趕快行動，請讓我們現在去把她們從城郊接到你家。」她說：「我不會跟你去，但我會派兩個男人帶著擔架去。」於是我們趁天黑把瑪拉與抹大拉的瑪利亞接回來。

然後我倒下了，疲累卻心安，因為知道我們在這屋裡是安全的。我知道瑪拉將會得到從這不知名的病復原所需要的協助。那晚我的療癒能力漸漸回來了，靠著能量我認出要在哪裡運用我的力量。在瑪拉上方匯聚的烏雲並不是死亡之雲，它們是黑暗陰影，她試著以自己的力量征服它們。

抹大拉的瑪利亞也在她周圍集結著烏雲，它們持續跟著她，我可以感覺她如何開始感到沮喪。在我筋疲力竭地爬上艾瑞莎為我準備的床前，我去找抹大拉的瑪利亞，我把手放在她心上開始祈禱折磨她的黑暗勢力不會征服她。我以所有力量迎戰她上方的黑暗，深入她存有的最後一個角落，我知道我無法在那一刻完全征服黑暗，但至少能讓她在那晚睡得安穩。我想起之前耶穌請我征服那位女人身上的邪魔，這些能力以更新的能量回到我身上。然後我回房並放鬆下來，卻輾轉難以入睡。

我決定去找艾瑞莎，坐到她床邊說：「我們必須找到治好瑪拉的方式。」艾瑞莎微笑說：「我每個鐘頭都跟她在一起，耶穌傳授了我許多療癒技巧，看來我至少能重建她必要的身體元氣。冷靜下來，米瑞安，你已經完成了很多。你帶著絕對新的東西回來，我也看到你真的長大了。你離開兩年，我不知道你去了哪裡，期間發生了許多事，我很高興你再度來到這裡。你在這裡是安全的，沒有人知道你在這裡。當你從你的經歷中回復過來、休息夠了以後，我想跟你坐下來交換彼此的消息，耶穌當前不在鎮上，我會盡一切努力來幫你的朋友。我記得她，相信我們在迦南見過。不要害怕，一切都會沒事的。」白光在她周圍發亮，我知道自己是安全的，也終於能夠放鬆而平靜了。

第二十二章
女人們的團圓

我們在艾瑞莎的屋子裡滿足而安全。當我從長而深的睡眠中醒來時，終於知道自己離開了多久，山中女人持續的靜默深深影響我的時間感。走入餐廳時我看到餐點已經為我們準備好了，但首先我想先看看瑪拉的進展如何。進到她房間時我看得出來她好些了，力氣慢慢回來，但還是有些昏沉，不太清楚她是在睡覺還是在半意識狀態，無論如何，好轉是看得出來的。我也去看抹大拉的瑪利亞的狀況，但她還在睡覺，於是我便去找艾瑞莎，她擁抱了我，顯然很高興我得到了休息，我們一起享用餐點。很自然地，我很好奇在我那晚離開了迦南之後發生了什麼。

她描述，那晚之後耶穌驟然而真正地成了彌賽亞，每個看到他的人都知道。然後他跟他的門徒們一起去加利利海，過了些時候又回到耶路撒冷。她告訴我耶穌變得相當出名，人們從四面八方來找他，也有從鄰國來的。他的日子充滿奇蹟，而她也只是從其他人口中知道這些事，因為從那時起耶穌便與他的門徒在以色列到處旅行，偶爾停下來。在加利利海他行了許多奇蹟，聽說彼得與安德魯出去釣魚，彼得三次回來報告海裡沒有魚，然後耶穌以他老師的身分給他上了一課，再度派他出去，這次他帶著滿滿一網魚回來，足夠每個人吃飽。

不僅他的門徒們見證這些發生，當地村民也看到了。也有傳聞說耶穌被看到赤腳走在水上，雙手像是對神說話般舉向天堂。艾瑞莎說：「耶穌的故事一天比一天豐富，他所到之處人群湧至。」我知道了他不斷教導他的門徒，旅途中一位新門徒加入，他醫治了許多病患，有些甚至是群醫束手、從死神門口拉回來的。他花許多時間與他的門徒在一起，但也不時回到耶路撒冷，和拉撒路住在我們家，以避免給艾瑞莎帶來危險。

耶穌每次回到耶路撒冷時便會傳授他的療癒藝術給艾瑞莎，艾瑞莎說：「那是我生命中最明亮的時光了，他本身就是智慧，天堂碰觸他，而他解救人們脫離痛苦。」我問：「為什麼他需要保護自己？」她回答：「你知道，米瑞安，他愈出名，他的周圍便愈躁動，耶路撒冷這裡的統治者開始把他視為敵人，市井百姓稱頌他，說他以猶太國王之姿來到，因此他在王室及統治階層間樹了敵。但他的一些門徒與奮銳黨合作：我不知道他們怎麼能支持那些一心一意只想摧毀羅馬人權力，把他們趕出以色列的叛徒，這是很危險的。而你哥哥拉撒路也積極支持奮銳黨，他不願打消耶穌應該坐上以色列人民王位的念頭，然而我也只是從報導及傳聞知道這些。」

「我試著在耶穌在這裡的短暫時間裡見他，以更了解他的愛及超凡能力，其他的事我就保持距離。可悲的是他愈是助人，樹敵愈多，關於他的奇蹟傳聞總是先他而行，他所出現的地方幾乎難以接近他，他的聲名遠播到以色列外的遙遠國度。有時他與門徒們一起消失去教導他們，沒人知道他在哪裡。你將會看到門徒們改變了，你了解他選擇的人的個性。但也有些可悲的善妒者，有些人說他專選叛徒，並刻意與政府的敵人為伍。」

「但耶穌並不在意這些看法或政府利益，他愛這些叛徒及造反人士，他真的是神之子，愛著每個存有本來的樣子。他不是統治者或政府代理人的奴隸，但那或許就是為何他們不信任他。即使羅馬人也在監視他，雖然他們目前為止還沒有採取任何行動。我的朋友說羅馬人視他為無害，並堅持他沒有做什麼危害他們利益的事。他是沒有損及他們的權力，人們聽不到他煽動的言語，他也不曾說過要接收政府權力或談論政治事務，他所宣揚的只是愛與和解，他所訴諸的是神的權力。」她暫停了一下。

我問她：「我哥哥目前在耶路撒冷嗎？」她回答：「就我所知他現在不在家。他經常不在，但沒人知道他在哪裡，有時他跟耶穌在一起，但其他時候他完全不見人影。」然後我問：「那瑪莎呢？」艾瑞莎回答：「就我所知她在家，我想她會很高興那麼久之後能再見到你，並且見你一切安好。沒人知道你去了哪裡，耶穌要瑪利亞對此保密。」

我問：「那瑪利亞現在在哪裡？」艾瑞莎回答：「瑪利亞經常退隱在她家中，耶穌愈出名，她愈退回自己的世界。她的小兒子雅各經常跟耶穌在一起旅行，就像他的小學徒一樣，學得也快。瑪利亞有時會來耶路撒冷，但比過去少了。我想她再看到你會高興的哭出來，我每次跟她問到你她都會難過得眼泛淚光，好像她知道我們的命運將會如何，我知道她想念你，她經常告訴我你應該是她不曾擁有的女兒。」

我問艾瑞莎耶穌何時再回耶路撒冷，但她只能告訴我：「沒有人知道他何時會再出現，但若他要來，我將會是第一個知道的。」艾瑞莎建議我利用耶穌不在的機會休息放鬆，而她自然也有興趣聽我的經歷。我也不驚訝耶穌的名氣愈來愈大，他的出現及自信吸引了尋找新領袖的人們。讓我不開心的是聽到耶路撒冷的騷動，因為我知道國王勢力強大又警覺任何風吹草動，羅馬官員可能會被他影響。

我到瑪拉的房間探望她的狀況，她已經完全清醒了，張開眼睛她馬上認出我來，她握起我的手，虛弱地微笑著說：「我從心底感謝你，沒有你的支持我無法離開那個地方，無法逃離山中再過正常生活。過去幾夜我只夢到耶穌，他救了我並釋放掉我扛了幾千年的負荷，但那是我自願揹在身上的。他在精神上跟我在一起三整夜寸步不離，我確定很快會再見到他，在這裡他的靈之光如此顯著，我也能認出視我為自己人的姊妹們，即使我們分開這麼久之後再見面。我接受自己艱辛的道路還沒有結束的事實，這是我自己選擇的，但耶穌已經移除我最大的負擔了。」

瑪拉跟我問到抹大拉的瑪利亞狀況，我說：「我想她還在睡。」我告訴她我們眼中狂野叛逆的抹大拉的瑪利亞其實非常溫柔有愛，到耶路撒冷的路上她日夜照顧瑪拉，她是忠心而奉獻的。瑪拉說：「我知道她有很了不起的精神，米瑞安，同時也受了很多苦。但我確定耶穌會探望她，在我有內在預感的那幾個晚上，我夢到她應該準備好見彌賽亞，她有個偉大而充滿愛的靈魂，然而過去幾年我不曾有能力幫她。我們所擁有的力量慢慢在消失，我們謹守這古訓如此之久，但當它消失便永久消失了。然而我既不抱歉也不難過，我知道我們亙古以來祈求的彌賽亞來了，新的救贖時刻隨著他來到地球而開始，因此我不會哀悼過去。」

我握起她的手說：「我想你做了對的事，信任耶穌。讓我們享受這些日子，因為我感到耶穌很快會再回耶路撒冷，或者或許我們應該去找他。無論如何，未來幾天你需要靜養，艾瑞莎與我會在這裡，如果你需要任何人的話。除此之外我想謝謝你：我知道你以僅存的能量所給我的，而那幾乎賠上你的性命。現在我已經長大了，感到自己是個女人，雖然我不確定那對我的意義是什麼。但你對我的啟發點化，是沒有人能給我的。」我吻了她的雙手並問她是否需要什麼，她說她真的需要的是平靜及時間，去想想即將來到的生命變化。「我必須習慣再度溝通，學著傾聽與說話。現在我開始了新生命，你可以留我一個人獨處一段時間。但你走以前，可以給我照明的燈及盥洗的水嗎？我將退隱於禱文中，好跟過去分開。」我很高興地離開房間，因為知道一切都上軌道了。耶穌為我們準備好了道路，那是我們很久沒有感受到的。

我在走廊上遇到了抹大拉的瑪利亞，這是我第一次在她眼中看到喜悅與滿足，這個來自山中狂野而難以捉摸的女人此刻散放愛與內在安全。我無法控制自己，走近並擁抱了她。「跟我來，有東西給我們吃，讓你補充體力。」走向擺滿食物的桌子時，抹大拉的瑪利亞似乎大吃一驚，她不習慣這樣豐盛的餐點，更不曾享用過。眼淚落下她的臉頰，她告訴我這讓她想起小時候，但她未曾見過這麼多美食，她並不確定是否可以吃下她盤子裡的所有食物。

我說：「坐下來慢慢吃，在這個屋子裡一切都是輕鬆而安詳的，你可以享受你自己——這是我們的靈魂長久渴望的。你經歷了什麼可怕的事，抹大拉的瑪利亞？小女孩的時候你無法逃離他們。記得在河邊時，你問我能帶給你什麼嗎？我現在知道了——那是我在很小的時候接到的訊息。抹大拉的瑪利亞，我要告訴你，在我們族群的古老經典中被宣告要來到的彌賽亞，現在就在我們之間。在我去找你們之前，我有很多時間跟他在一起。對你最重要的訊息是——你被挑選見到他。」她閃爍著琥珀光的雙眼以一種迷離的眼神注視著我，金光從她的雙眼散放出來，在山中我在她身上看到的狂野被一種內在之美變柔和了。

我說：「跟我來，我想要讓你看些東西。」我把她帶入艾瑞莎為我們準備的房裡。這或許是第一次有人幫她洗頭，我們文化中女人接受到的呵護對她是新鮮的，她感到受寵若驚。我對這個女子有種愛、深深的友誼、信任及休戚與共的感覺。能為她梳頭對我是極大的榮幸，她的頭髮是柔軟的，卻不曾用過梳子。將油抹上她的髮並給她艾瑞莎為她選好的衣服，對我是一種喜悅。

她哭泣地像是心要碎了般，但卻是得以告別過去苦難的快樂眼淚。她將頭放在我的肩上，像是她所經歷的恐懼已經轉變為信任——那是她所不曾經歷的。她問：「你把我帶到了什麼地方？」「我們在耶路撒冷，抹大拉的瑪利亞。」她答：「我只有在故事中聽過這個地方，我感覺到一種與我過去熟悉的不同的能量。一開始我感到受驚擾，但這屋子的平靜吸收了所有的焦躁，但從這裡我們要往哪裡去？我屬於哪裡？」

我撫摸她的頭說：「不要擔心這些事，這是彌賽亞經常來訪的屋子，也歡迎所有朋友來。而我家也離這裡不遠，也歡迎你來住。沒有人會認出你來，因為你已經不再蒙著女祭司的紅面紗，然而你內在學到的還是會保留住。但對你的知識要謹慎，因為你在野性女人之間長大，在外行動要小心收起自己的能量，這樣猶太社會才不會發現你的潛能，因為他們有種讓人不舒服的習慣，會對被他們歸類為女巫的女人丟石頭，或是把不遵守男人規則的女人逐出群體，女人不被允許獨立自主或擁有自己的想法。」

她用力地吞了口氣，問：「神送我到了哪裡？」然後她安靜了一些時候，握起我的手說：「但我相信你，我知道我在這裡是安全的，在這裡我和我狂野的靈魂會受到保護。」她停了一下說：「我必須感謝你。我知道你昨晚為我做的事，你真的具有超自然力，才有可能把黑暗惡魔逼到我身上的最後一個角落，讓它們對我不再有控制力，我真的感受到你再度給了我平靜的心境與喜悅的心情。無論如何，我感覺到邪魔仍住在我裡面，我不知道它們來自哪裡或要往哪裡去，但目前它們沒有機會，這房子充滿愛與祥和。」

這時艾瑞莎走進房間，我說：「抹大拉的瑪利亞，我想跟你介紹這裡的主人，也是我最親愛及最親密的朋友，艾瑞莎。她是羅馬人，來自另一個文化，但她的心與我們是一體的。」艾瑞莎自動靠近抹大拉的瑪利亞並溫暖地擁抱她。「歡迎你來我家，在這裡的時候就把它當自己的家，要留多久都可以，這裡有足夠的房間供你住宿。」那天下午我決定回家看看狀況，敲了門後，來開門的是我沒見過的人。他問我：「你是誰？」我回答：「我是米瑞安，這房子的女兒。」年輕人道歉地說：「我幫你找瑪莎來。」進了房子後，瑪莎一看到我便哭了出來：「米瑞安，你回來了，謝謝神，耶穌總是說你被好好照顧著要我毋需擔心，但若是他告訴我你的去處，便會背叛了老朋友們。他說我要忍耐，但相信我，對我真的很艱難。」然後她擁抱我，我很高興回家了。

我問：「家裡這些生面孔是誰？」她說：「拉撒路雇了新的僕人，米瑞安。耶穌經常拜訪我們並且住下來，拉撒路因此覺得我們需要更多幫手，以照應耶穌和他的訪客來時的需要。」我問她：「那拉撒路現在呢？」她轉身不想回答，我於是握住她的手臂，問：「瑪莎，我已經夠大可以知道真相了，發生了什麼事？」她說：「如果他知道我告訴你，會把我的舌頭割掉，但你是應該知道的。耶穌不同意他，但拉撒路連他的勸也不聽，他加入了稱為奮銳黨的顛覆性團體並扮演領導角色。他一直與他們在一起，是最激進主張猶太民族反叛羅馬人的份子之一，但他絕口不跟我提這些事。他回到家而耶穌在這裡時，他們表現得像老朋友，彼此相愛，拉撒路待耶穌如兄弟，偶爾他會跟耶穌在國內旅行，我想他現在跟耶穌在一起，但他並不會告訴我他的活動。」

她看著我：「我好高興你又回來了，我獨自在這裡時，這個房子的靈魂似乎睡著了，只有耶穌在的時候才會被喚醒。這種好像只有我一個人的感覺，讓我覺得住在這裡好辛苦，有時候真的非常寂寞。」我說：「為什麼你不去找艾瑞莎？我想你在那裡會找到老朋友。」所以我們便一起前往艾瑞莎家。

久別重逢，瑪莎與抹大拉的瑪利亞都開心極了，她們互相擁抱並流下開心的眼淚。然後我看到永難忘懷的畫面：她們把食指放在彼此嘴唇上，看著彼此的雙眼。我知道那是她們的誓約，絕口不提過去，她們把知識放在內在，只有她們自己和自己的心知道。我帶瑪莎去見我已經先知會過的瑪拉，瑪拉好多了，瑪莎一見到瑪拉，就把頭放在瑪拉的膝上哭了起來，我相信瑪莎以為她永遠見不到瑪拉了，因為她知道瑪拉在山中的那些年有多危險。我留她們兩個人在一起。

接下了的日子非常平靜，有時我穿著傳統的猶太服飾出門，這給了我身為受尊重的猶太女子的權利，讓我能走在路上而不被打擾。我經常在耶路撒冷走動，對於市民的談話及想法都很有興趣。一天在王宮前，我突然想到莎樂美，想著她現在如何了。無論走到那裡，都完全沒有聽到人們談論耶穌，彷彿沒有人願意說到他，但我注意到羅馬士兵比以前多了。有一天我想要接受瑪格妲的邀請去迦南拜訪她，但我沒有她的住址，我問艾瑞莎，她也不知道。她說：「很不幸我只有在那天晚上見到這了不起的女人，但我確定在聖殿那裡的人會知道她住在哪裡，就我所知她在耶路撒冷很有名，是個備受尊崇的治療師及女智者。」

那天晚上我去到聖殿，我不知道應該問誰，便坐在階梯上等著。幾分鐘後突然瑪格姮從聖殿出現，向我走來，她的整個存有及光一看到我便綻放喜悅，她說：「我知道你今晚會來找我，我正等著你呢。」她握起我的手說：「即使我有時候待在聖殿中，時代還是在變。跟我來。很不幸地，這裡已經不再容得下古老的智慧了，安那斯（Annas）及開亞法斯（Caiaphas）兩位主教完全掌控了這裡，但至少他們能容忍我在家工作。許多人們來我這裡接受我的療癒禮物，但這裡不是討論這些問題的地方。有時我來這裡，在他們留給女祭司的聖殿側廳點一把火，但我相信即使這樣的小特權，過不久也會被拿走了。」

瑪格姮一如以往地不同凡俗，她沒有提到我的離開，表現的就像我們昨天才道別，她帶我到一間非常舒適溫馨的小石屋，點了油燈後，帶我到一個充滿天際神聖能量的房間。她一個人住在這屋裡，我感受到神的療癒力。她在桌上放了一些棗子及水並給了我麵包，笑說：「我也知道厄色尼人的禮俗儀式，米瑞安。」然後她在我身邊坐下來，看著我，卸下頭巾時她的白髮落下了肩，她說：「我知道你為什麼來找我，神告訴我了，你已經準備好陪伴彌賽亞了，你帶來了我所夢到的那些人。主召喚他們一段時間了，但此刻暫時把她們留在艾瑞莎的家中，她們的力量還沒有準備好要出現在耶路撒冷的街道。」

她凝視了我的雙眼一陣子，說：「米瑞安，這個世界所見過最神聖的存有現在在我們之間，我們祈禱了多久，神才把這無價之寶送到地球給我們？耶穌出現，神的愛回來救贖人類，許多晚上我夢到耶穌所選擇的路並不容易，他需要我和你這樣的人。他選了一條困難的路，把我們的命運放在他的肩上並解放我們。我在你的眼中看到你知道許多，想要的時候你都可以來找我，如果能在晚上來對我會方便許多，我想再過不久耶穌就會出現了。」

我問她：「你想要跟我一起來艾瑞莎的家嗎？」她拒絕了，說：「不，那不是我的家，你在那裡被照顧得很好，但我的家在這裡。但我會陪你走回她家，因為現在外面天色暗了，我不怕走在街上，因為沒有人會攻擊老女人，但你是年輕女孩，我會跟你走回去。若你明天再過來，我會很高興。」我和她一起走回去並決定不告訴任何人我去了哪裡，這兩個不同的世界不該彼此聯繫，我不知道自己為何這麼想，但我確定那是對的。

艾瑞莎照顧著兩位從可怕經驗中復原的女人，知道她們的遭遇，她對她們有著無比的耐心，她的療癒力切合屋中人們的靈性需求。有時我們彼此交談，有時我們安於靜默。偶爾我會要艾瑞莎跟我說些耶穌的故事，她便講述他的美妙品性與奇蹟，當中有些是她親眼目睹的。

第二十三章 女門徒

艾瑞莎說：「我確定全能的神臨在於耶穌的話語中，我看過他行使只有神才辦得到的奇蹟。」當她描述許多過去兩年中耶穌做的神祕而神奇的奇蹟時，她雙眼含淚，很顯然這不是人類做得到的，只有全能的神本身才具此不可思議的神奇力。她繼續說：「我們羅馬人有神，但我所看到耶穌行使的超越了羅馬萬神殿的能力。每次看到他，他都讓我看到無所不能的光之源頭的確存在，而他體現了它。」她繼續說：「我看過絕望的病患來找他，無論是靈魂或身體的疾病，耶穌都能找到病因並治癒它，你無法想像這是怎麼發生的。有時我看到重症病患祈求幫助，耶穌便會在那個人面前跪下，完全在內在祈禱——我沒見過任何人這麼祈禱的。然後奇蹟便突然發生了，那個人變得像不曾患病一樣。」

「一次，我旅行至迦百農（Capernaum）時一位痲瘋病患被帶來見耶穌，沒有人敢碰他，但耶穌直接走向他說：『你不應該來找我，應該是我去找你。』他繼續小聲對他說話，但我隔太遠了聽不到，然後耶穌在痲瘋病患面前跪下來並祈禱，患者便在我面前被治癒了！首先痲瘋病人可以站起來了，過了一會兒元氣流入他的四肢，他再度能正常移動，然後他在耶穌面前跪下並讚美他，以充滿喜悅與臣服的心，啜泣讚美主。」

「然而還是有存疑者的。耶穌行使奇蹟時，那些離他近的跪下來，但在後排的則喃喃不表認同，甚至心懷敵意，說他是魔術師在濫用他的能力，在這個主題上，意見的確是分歧的。但在我心裡，我無法理解為什麼有些人不明白他的愛是多麼美妙的禮物、他擁有多少以及那是什麼樣的力量可以拯救我們所有人。你不在時，耶穌經常拜訪拉撒路，來求助於他的人總是很多。」

「一次一位年輕女孩來找他，當他問她為何來時，她說：『我不知道，我失去了雙親，留宿街頭行乞，我兩眼雙盲已經很久了，所以有善心人士便帶我來看你，說你會恢復我的視力，幫助我、拯救我。』」艾瑞莎邊說邊啜泣：「耶穌開始哭泣，把眼淚接在手中，然後把淚溫柔地敷在女孩的眼睛上，一邊對他一直保持對話的祂祈禱。耶穌說：

『你的眼睛無法看到，但你的內在看得到神，你的靈魂得救了。』他為這女孩找了一個好家庭，每位來找他的人都能找到一個家，這是他愛的祝福。」

「也有人說他喚醒了亡者，似乎沒有疾病能免疫於他無盡療癒的愛，沒有人的苦大到他無法醫治。過去兩年來耶穌到處旅行，對所有人行善，他也授命他所有的門徒，他們單獨旅行並以他之名祈禱及施洗。但我見過最神奇的奇蹟，是我們在耶路撒冷城門外的山坡上發生的——耶穌正在講道，滿天星星在一片寂靜中照亮了天空，我已經記不得他的話了，但突然他口中冒出火焰，吞沒所有人，每個人都能看到火焰如何在我們上方擴散，照亮所有人。我們的靈魂升到了天堂並且充滿了未曾經歷的希望與愛。那晚火焰一路跟著我回家。我離去前，耶穌告訴我要療癒病者，他說我擁有的療癒力量會讓來找我的人得到釋放。但你自己會看到，你將會訝異於你不在的這兩年來的進展。耶穌的到來總是早早被預知，人們便在他到達以前等著他。」我握起她的雙手問：「你知道他何時會再回到耶路撒冷來嗎？」艾瑞莎回答：「我不知道，但一有消息我會馬上讓你知道，你會是第一個知道的。」

那晚我決定出門找瑪格妲，我大膽地在漸暗的天色中獨自穿梭耶路撒冷街頭。路上我試著避免與任何人照面，但有個人突然走向我，我停下來試著避開他，突然這個人站在我面前抓住了我，讓我無法逃跑。他穿著深色大衣，以邪惡、黑暗的雙眼看著我，但他蒙住了臉讓我無法辨認他。又因為他低聲說話，我甚至不知道他是男是女，他吐出像是蛇毒般的詛咒：「我認識你，你跟那個旅遍全國的男人是一夥的，但相信我，無論你們去到哪裡，我們都能擋你去路、毀掉你們，別以為你們的能耐會比我們大。」然後這個人對我的腳吐口水，轉身消失在黑暗中。

我不知道自己是否應該直接回家，我受了極大的驚嚇，但我還是決定繼續前往瑪格妲家，因為就在不遠處了。我敲了門後她來開門，看到我後問我發生了什麼事。我描述在路上的發生，她絕望地嘆了一口氣。「米瑞安，這個鎮中有不同的勢力活躍著，我相信這個人是國王的術士派來的，他們集結了愈來愈多的陰險巫士，在晚上偷偷出來威脅居民並尋找耶穌的夥伴。若說這些密探是聖殿的大祭司收買的，我也不驚訝，他們是做不出任何好事的蛇類。」

然後我問瑪格妲她怎麼了，她猶豫了一會兒說：「今天我在聖殿裡想如這幾年來般點燃聖火時，突然一位蒙面的晦暗男子站在我後面，以他邪惡的能量把我抓住，我靠著剩下的力氣和對神的祈禱才逃離聖殿，他在我身後低聲說：『這裡已經不再是你的地方，別膽敢再到這裡來。』我好不容易回到家才覺得安全。我不知道聖殿裡發生著什麼，我判斷大祭司似乎勾結了狡猾的術士及不知名的黑暗勢力。過去對我們開放的女祭司神殿此刻被關閉了，我相信那裡進行著一些不為人知的邪惡儀式，我感覺到這耗費了我大量的能量，希望耶穌能趕快回來。某種邪惡勾當正在耶路撒冷發生著，耶穌的揚升之光幫助人們的同時，反對勢力也在茁壯。他們躲藏在密探及黑暗後面，在這個鎮裡悄悄蔓延。」

然後她說：「我想你最好一陣子避免來拜訪我，有重要的事需要告訴你的時候我會給你捎訊息，我知道你住在哪裡。我們必須開始保護自己。」我回答：「在我離開前，我想知道你是否想要告訴我更多事情，我在你身上看到好多畫面，是關於主的道路的描述，而我也有一些內在畫面，但那是我無法了解也不能解讀的。」

瑪格妲點了油燈並說：「就如我告訴你的，神最珍貴的禮物就活在我們當中，我們認出了他並且必須跟隨這個人——我們的主耶穌。讓我們不要討論他的道路，而是協助實現他來到地球的目的。但現在我求你讓我自己一個人。」她去到一個鄰居家，敲了門後一位年輕男子出現，她問他：「你能不能好心地陪我的朋友回家？你必定知道耶路撒冷裡哪些是安全的路。」她轉身擁抱我說：「我們都要小心，詭異的事情正在發生，是對我們不利的。」年輕人帶我回艾瑞莎的屋子後跟我道別，我帶著些許沮喪進入屋裡，這晚屋裡靜悄悄的，我把自己關在房裡。之後我告訴其他女人關於我在耶路撒冷街上發生的事，在艾瑞莎的保護下我們決定避免拋頭露面，至少在這個風頭上。

幾天之後有人敲門，拉撒路站在門口，我好高興的擁抱了他，卻不敢問他從哪裡來。他說：「耶穌正在到耶路撒冷的路上，並且會來我們家作客，我估計他兩天後會到，我會負責準備他的到來。他到的時候我會讓你知道，並派人陪你回家來確保你的安全，米瑞安，我想你最好暫時還是留在艾瑞莎家，耶路撒冷不再是個安全的地方了，我能自由行動，因為我知道安全的街道與方式，但對你來說已是不安全的。」

我們一群女人等了兩天，直到有人敲門，是瑪莎。她說：「耶穌今晚會到那裡，你們都被邀請過去，兩小時後我會派人來接你們去。」然後她便離開了。體力恢復足夠了的瑪拉也想一起去。然而我想確定把耶穌來到的消息傳給瑪格姐，因為我不確定我們圈子裡有沒有人跟她聯絡。我告訴其他女人請她們先走我隨後到，因為我想去帶一個人。

這次去她家我非常小心，悄悄地溜過耶路撒冷街頭，而這次像是有個無形的看顧力量在保護我。

我敲了瑪格妲的門，她開門時我說：「跟我來，瑪格妲，主再度來到鎮裡了，我想要你陪著我。」她拿了保暖的圍巾後我們便立即出發了，耶路撒冷變冷了，我們一路找安全的路到家中。敲了門後我們進去，我很驚訝沒有很多人在，顯然耶穌與拉撒路找到辦法回耶路撒冷而不引起太多注意。我進去時，瑪拉、抹大拉的瑪利亞及艾瑞莎都在了，她們吃了東西，但其他時間我們都沒有在一起。

耶穌和他的門徒們在屋裡，但都退了下去。然後其中幾位門徒一個個出現了，兩年來我一個也沒見過，我問候了每個人，首先是安德魯，他給了我溫暖的問候，然後是他的哥哥彼得。他們在過去兩年變了，像是把過去留在後面而成了新的存有，安靜而內斂。最後所有人都出現了，一起圍坐在一張桌上，有些面孔我幾乎認不出來了，我們沒有做太多交談，耶穌仍然沒有出現。

屋裡有種無法述說的氛圍，我感覺到這必定會是個特別的夜晚，我們所有人都捕捉到了這氛圍並且幾乎不語。我想著這些門徒們在跟著耶穌兩年後，看到瑪拉及抹大拉的瑪利亞時會有什麼反應，前者是耶穌很久以前在迦南認識的，後者是他們素昧平生的。耶穌與拉撒路都沒有出現，所以我們便在屋裡閒晃，期待著。到了很晚的時候，拉撒路終於加入我們，他叫了酒在桌上，我幫忙他，但耶穌還是沒有出現。

最後耶穌大約在午夜時進來，除了他的門徒外，還有我原本沒有注意到的四或五個人。其中一位黑髮男子看起來很熟悉，我腦筋轉著之前在哪裡見過他，但是記不起來。門徒們沒有被耶穌今晚長時間的缺席所影響，似乎習以為常了，但很久沒見到他的我們則非常興奮，引領企盼他會做什麼。然後他在我們這桌坐下，我注意到他變了許多，他的笑容讓我感覺到他變得尊貴而莊嚴，當他充滿愛地看著我們時，他散發的美照亮了房間。他說：「現在是再度見面的時候了。」他看著瑪拉說：「我不是答應過你我們會重逢嗎？我很高興你復原了而且不再隱居山裡，可以繼續你的任務。」然後他看著我，我感受到一股深厚的愛流向我。「現在你是個女人，不再是小孩了，米瑞安，我感受到你心中深刻的改變。歡迎回家！」

除了走向他、跪在他膝前並將頭放在他的腳上之外，我無法再做任何事了，此時時間與空間都不再存在。當我看著他時，他說：「我們要走的路已經為我們準備好了，你什麼都不必告訴我，我全都知道。我歡迎你內在生出來的力量，那是對我的支持。」因為不知道他確切的意思，我開始哭了，然而我的靈魂卻知道他的話意義深遠。

我說：「我帶了兩位朋友，你記得瑪格妲嗎？」耶穌看著她，我讓出空間讓她在他面前跪下，她也把頭放在他的腳邊，當她抬起頭來時，耶穌看著她說：「了不起的母親，除了感謝你為我所做的外，我無法做什麼了。你的道路與我的完全吻合，我以我們的天父、上主之名感謝你選擇了這條路，以我們的名並以神之榮耀的名。」他將手放在她的頭上，說：「你是被祝福的，光的持載者，你永遠為光與療癒而在。」

瑪格妲開始說：「主，我不知道如何回答你，但我想要你知道耶路撒冷極為躁動不安，我在我家附近感受得到。聖殿的大祭司、國王及王族都不是你的朋友，他們對你做的事戒慎恐懼，整個城鎮裡密布了密探，要找認識並支持你的人，因此為了保命，鎮裡沒人敢談論你。」

他冷靜而耐心地聽她說完。「我知道，瑪格妲，我不會害怕自己的安危，但比較擔心你們所有人。耶路撒冷不是個適合待的地方，但我在這裡有任務。」然後他環視著我們說：「我請你們明天跟我離開這個鎮一起到加利利海，我們可以在提伯里亞（Tiberias）找到住宿。我們會離開耶路撒冷一段時間，但離開之前我有重要的事要辦，一件我從我所服事的神所接下來的使命。瑪格妲，我請你跟我們去提伯里亞；然而，耶路撒冷及尋找光的人需要你，當耶路撒冷情勢緩和了以後，你終究還是應該回來。每個人都需要決定自己是否要跟隨命運要給你的，我選擇了我的道路，我會無條件跟隨它。你有自由選擇自己是否願意服事你的命運，那是你們在此聚集的原因。」瑪格妲對耶穌鞠躬後回到她的位置。

然後一件讓我們只能目瞪口呆的事情發生了！抹大拉的瑪利亞站了起來，像是受到另一個世界的遙控而被一股不屬於她的力量驅使般，她全身顫抖地走向耶穌，然後她在他前面停下來，整個人繼續抖動，她在對抗自己內在狂野失序的靈，同時也在對抗她燃燒的雙眼透露出來的愛。一股顫動撼動著她的全身，她似乎無法更接近耶穌，所以他便站起來走到她的身邊，他扶住她的肩並注視她的雙眼，然後她跌到地板上，當耶穌對著她彎身祈禱時，困在她之內的靈繼續搖撼她。

這一幕深深地觸動我們，我們女人們坐在那裡哭了起來，耶穌的禱告似乎無止無盡，抹大拉的瑪利亞繼續顫抖並伴隨嚴重痙攣，然後耶穌結束了祈禱，握住她的頭並將他的手放在她的心上。他說出迴盪到眾界的話語：「黑暗與晦暗的靈啊，我命令你離開這個存有回到你們自己的世界，把這個靈魂還給我！」然後抹大拉的瑪利亞呈現不一樣的顫抖，直到她終於沒有動靜地躺在地上。耶穌輕撫她的額頭並訴說神聖詞語，她睜開眼睛跪在他面前，握住他的腳。他顯然不為所動地站著不動，她的淚流到他的腳上，然後她以頭髮拭乾他的腳，似乎對這發作感到難為情，她以淚痕猶存的面孔抬頭看耶穌，說：「原諒我！請原諒我用淚碰觸了你。」

耶穌對著她跪下，將她的臉捧在他的手中，看入她的雙眼說：「在你之前或在你之後，都沒有人如此深切地認出我受的苦。你以我的追隨者受到祝福，也以女人受到祝福。」然後他再次轉身坐下，留她跪在那裡，一股光開始從她之內形成，雖然她仍然無法動彈。我們都被他們之間的發生所震懾而彷彿被釘住了，然後她又動了起來，在他面前跪下說：「主，我不知道為何如此，但我愛你勝於一切，這刻以前我不知道什麼是愛，然而一見到你，我心裡的愛滿溢而出。請不要留我一個人，讓我在你左右，我會服侍你、做你的僕人，無論你走到哪裡，請把我帶在你身邊，我求你不要把我送走。」然後她再度哭了起來，哭地似乎永無止盡，並不停以髮拭淚，她的身體再度震動，好像世界都隨著她的劇苦而震盪、破碎。但對我來說，似乎我們在場所有的女人也都嚐到了她的淚。

耶穌抬起頭來，轉向彼得說：「拿聖油給我。」彼得消失後帶著油回來，他把它放在耶穌旁邊的桌上，然後耶穌說：「抹大拉的瑪利亞，看著我。」他把油交給她，說：「為我塗膏，就在這屋子裡，這是我等著的最終奉獻，來自你的手。」她不知道要做什麼，於是耶穌拿了油倒一些在她的手上說：「為我的頭塗膏，好讓我為你塗膏。」金光籠罩中的抹大拉的瑪利亞站起來，手上有油的她說：「主，我不敢碰你。」耶穌笑著回答：「碰我，只有這樣我們才能療癒人類。」然後他把頭躬向她，她把油輕撫在他頭上，然後她在他前面跪下，他為她塗膏，他帶著愛看著她說：「現在回到你的座位。」

耶穌要了酒給所有人，然後他開始說話，首先對他的門徒們：「我來地球既非為審判也非為毀滅，相反地，我是為了調解、支持並提升那些活在光之祝福中的人們而來。這房裡的每個人都已被選擇了，其他人則會加入你們，或許不在這個時代而是將來。我選了我的十二位門徒，為了讓你們將我之名的訊息帶給世界。」然後他要了一壺水，走向他的每位門徒說：「我以聖靈之名浸洗你，走出去，以主之名說話，愛並祝福所有你遇到的人。」他握住每位門徒的頭為他們祈禱，是對神的禱告。這個儀式讓我想起約翰的浸洗禮，但耶穌給他的門徒的卻有點不一樣——那是光的洗禮，賦予他們的靈魂神聖使命。我似乎可以看到他們每個人都擁有了自己的光，無論我熟不熟悉的每一位，都現身於自身的光中。他們接受了耶穌賦予他們的權能，沒有一位例外。然後耶穌坐下了。

接著耶穌再度說話：「我帶著正義之劍來到這裡，為了區分良窳；我不是來這裡揭起種族或國家間的戰爭的，然而，很多我所不贊同的戰爭必定會以我之名而起。我的劍來自神，要讓每位遭受社會奴役之苦的人重獲自由，並毀滅所有沒有說主的真話的人。我的訊息是愛以及原諒所有罪惡，我的火是讓遺忘消弭的啟蒙。我來到這裡也為了幫助世間的女人獲致並維持她們自身的力量，地球與女人的原初權力已經被遺忘並忽視了太久。我選了十二個男人做我的門徒，但我也選了女人為門徒，以將我的話以我之名帶出去給世界，當我不再在地球上之後。」

房中安靜了，我們都知道耶穌的這些話喚醒了我們內在未曾意料的，我知道耶穌是這房裡每個人一切希望的源頭，但這些話提醒了我們他不會永遠在地球上；他的話釋放了我們內在的恐懼，是我們不想承認的恐懼。然後他繼續：「這天註定是我們在耶路撒冷的最後一天，然後我就要離開一段很長的時間，我請你們明早與我一起去聖殿，我將走訪那些自稱有權利及有訊息為我父說話的人。」

他叫了更多酒，然後說：「瑪格妲，來我這裡。」他再度拿起聖油為她施洗，說：「讓聖靈與你同在，你是我的手足中說女性語言的三位之一，我選了十二位男性門徒，而你是三位女門徒的第一位。在這世及接下來的多生多世中，你應該出去宣揚我的名，直到我名的榮耀為全世界周知。我所是的、將是的一切，都在你的心中、在你的願景中及在你的存有中。你是我選的第一位女人，而你為此奉獻了你的生命。」當她要跪下時，耶穌用雙手握住她的頭說：「不，瑪格妲，我不是來此讓你下跪的，我是來此對你下跪的，我要恭恭敬敬地，對每位以他或她全部的心、力量及能力服事主的存有下跪。」然後他站起來擁抱她。

接下來他走向抹大拉的瑪利亞並握起她的手，她站起來，他把她帶到他的座位，然後用水浸洗她。他說：「我以我之名施洗你為我的第二位女門徒，你將以我之名走入世界並宣告我的訊息，讓它們永遠不會被忘記，這是我靈魂的許諾。此刻開始你將與我一起旅行並永遠在我身邊，我以天父及聖靈之名對你施洗，讓你永遠受到祝福與辨識，你會永遠服侍我、永遠愛我。」然後他握住她的頭並吻了她的額頭，看著她很小聲地說：「但我在此並不是要給你作為女性的福佑，我在此是要成為彌賽亞，而不是一個女人身邊的男人；我是所有人的師父，若你選擇了這條路，接下來的時光將不會好過。但有一天對我之名的稱頌，也將是對你的。」抹大拉的瑪利亞謙卑地看著他說：「主，我是你的僕人，無論你指示我做什麼，都會以你之名完成，同時天上人間我都將服侍你，我不知道自己的天命是什麼，但我把我的命運放在你的手上。」她回到自己的位置，耶穌也坐了下來。

他好像一下子迷失在想法中，然後說：「此刻一位應該在這裡的人沒有在這裡，可惜今天西門不能與我們同在。但我希望我們能一起去他家拜訪他，那將是讓所有人都歡欣的聚會，我希望與他一起分享。」他暫停了一下，繼續說：「明天你們將會見證主的力量如何重建與復興耶路撒冷的所羅門聖殿。現在，它被那些以謊言來錯誤詮釋及濫用全能之主的知識與愛的人，把它壓抑與埋沒在其高牆下。我將去那裡摧毀謊言之殿，去那裡重建所羅門聖殿，那遠古時服事於上主洗禮的聖殿，在祂的榮耀與光的火中，為萬物眾生授予聖職。」

然後他看著我，說：「米瑞安，到我這來。」他以聖水為我施洗，神的祝福流過我的頭，讓我自由。耶穌說：「你也是受祝福的，聖靈來到你身上，讓你永遠臨在於神之名中。你是我所選的第三位女人：我的第三位女門徒。你還是小女孩的時候我便認識你，並在你的心中認出全能之主的火焰。你也將在現在與未來頌揚我的名，你會以我之名服務，直到我在遙遠的未來回到地球，你的命運與我的相連。」我睜開眼睛看著他，我的心說：「我將我的命運放在你手上，我的主耶穌，雖然我不知道我的命運是什麼。我將永遠以你的名服事，無論這將帶我到何處。教導我，教導我的靈魂她所應該知道的一切，來彰顯你在這裡的理由。」

他慈愛地輕撫我的額頭，說：「我為你準備了一個重要的任務，我的心因為你的這個計畫而充滿快樂，你在生命中所做的每個犧牲，都有來自全能之主的禮物為回報。你的道路已被準備好。」他站起來，將我扶起並擁抱我說：「所有天堂都隨時歡迎你。」

然後他對我們三人說：「你們永遠都是一體的，我請求你們，除了深植於你們每一位之內的愛，別讓任何世俗之物介入你們之間。基督的光將出現在我們的時代之後，並持續到遙遠的未來。此刻我請你們再度陪伴我；我將教導你們，如同教導在這房裡的其他人。」

耶穌要求提供酒，然後他起身去瑪拉身邊並握起她的手：「來坐在我旁邊。」然後他要了張椅子放在他身旁。

第二十四章
所羅門的古老聖殿

耶穌開始講述：「你的故事是古老的，如眾神的故事一樣古老。從前，一個偉大的祖脈在許多天堂及這個地球都存在著。但在地球時，眾神因為忘了自己是誰而改變了，他們不再記得自己的身分或任務。你以你的愛與光幫助他們，那援助諸神的世界的全能聖母坐在你面前，但她必須目睹她所期望提升的存有們的墜落。」

然後他看著瑪拉說：「為了進入地球的黑暗，你離開了你被指定的位置，你的名將永遠不被消除與遺忘。你帶在內在的黑環圈是地球黑暗——一種無法服事神的靈能——的環圈，長久以來你把這環圈帶在身上，來避免更多傷害來到地球，這幾乎賠上了你的生命。你應該謝謝抹大拉的瑪利亞與米瑞安救了你的命，她們的愛把你從原來的使命中拯救出來並把你帶到我這裡。然而即便我用上我所有的能力，也無法讓你擺脫你裡面的環圈，只要你想要繼續帶著它。」

「相反地，若你真的想，我可以讓你擺脫這環圈的束縛，這完全是你自己的決定。若你將你所保護的這環圈給我，我必須將它還給地球以讓你卸下這負擔。你知道有其他存有想要擁有它的，你必須選擇：你想要保有這環圈，或是把它還給地球？」

瑪拉想了一下，說：「我真的不知道如何決定，我第一次質疑這環圈，是當我體驗到它如何開始毒害我全力守護的授聖女人團時，它玷污了我的身與靈，也污染了整個地球，然而它也改變了我。這對我真是困難的決定。」耶穌望向一位深髮色的男人，說：「來我這裡。」瑪拉看到這男人時眼睛亮了起來，接著我想到他們在哪裡見過：那次在迦南時，耶穌預言了他們將會再度相會。

耶穌對瑪拉說：「來我這裡，你認得這男人嗎？」她回答：「是的，我認出我們曾有過去，我感覺他的心是我靈魂的家，然而我還是不知道要如何決定。當我放棄我的姊妹們所賦予我的而選擇另一條道路時，我的生命會發生什麼？」耶穌安靜了一會兒，說：「你有兩個可能性，要不便自己繼續持戴著環圈，要不現在就放掉它，跟這個男人離開，跟他共覓新生活，尋找你救贖與重生的新視野。」那對我們所有人而言都是特別的一刻，我們知道瑪拉與這位來自大馬士革的男子必定因為某種原因而重逢。但耶穌給了他們選擇，去共同作出將改變他們一生的決定。

然後來自大馬士革的男子說：「第一次看到瑪拉時，便直覺地知道我們彼此相屬。從那時起我只回過大馬士革一次，我相當富有，並不需要工作就能維生。之後我回到耶穌身邊陪他旅行，幸得跟他有如此多的經歷與學習，但我還是不知道自己來自哪裡、將往哪裡去，然而當我看到你，便知道了我的路。」瑪拉被他的話語深深感動，回答說：「我不知道為什麼，耶穌，但我求你讓我放掉這環圈，我聽到的每個字都在我靈魂中共鳴，我將進入這新的生命並將過往生命放下，因此我準備好了回應這召喚：對世界頌揚你的名，無論你送我到哪裡去。」

耶穌安靜了一下，然後說：「所以你的決定已經做了，我將把這黑暗之環從你身上拿走並釋放給地球，來揭露各世界間的敵對以及光與黑暗間的掙扎，有一天這將會封印我的命運。但我謝謝你，由於這個決定，你成為我在地球上的道路與命運的先驅，並且執行了神的旨意。無論主，我的天父，從此刻起做什麼決定，我將帶著救贖的黑環圈來解放隱藏的命運。」他將手放在她的肚子上，我看到一個閃亮的黑環圈離開了她，他將環圈舉到天堂，說：「主，把這黑暗環圈還給地球是祢的意旨與決定，此刻我將我已經被封印的命運放在祢的手中，無論祢決定什麼，我將會在地球上跟隨這條道路。」

或許只有我看到接下來的一切。閃閃發亮的環圈消失了，回到它在地球上的起源地。耶穌顫抖著，我看到血滴出現在他的額頭上，滴落臉頰。我跑到廚房拿了一條毛巾，問他：「主，允許我擦掉你臉上的血。」他點頭同意，我看到他的眼中有淚，我將他臉上的血擦掉，並且無法控制地也落了淚：他所經歷的痛苦也是我的痛苦。我如此愛耶穌，以致無法忍受看到他受苦，而我也知道那不是他一個人的苦。把他的臉擦乾淨後，我將毛巾拿回廚房準備清洗它，卻看到了一個令人驚訝的畫面：毛巾上映著耶穌的臉孔。我像是心要碎了般哭了起來，把毛巾放在心上，這毛巾被我一輩子帶在身邊，不再讓它離開我的雙手。

帶著對這份耶穌的禮物、深深感動的我回到了房間，將這個祕密留給自己。我將注意力再度放回房裡的發生，耶穌要了一些聖油及水，然後我們見證了一樁美事，耶穌為瑪拉及那時叫做沙倫（Sharon）的大馬士革男子證婚，他說：「走你們的路，時間到的時候去周遊全國；你們也應該施洗並頌揚主之名。祝福你們在地球上的共同旅程，我邀請你們陪我們一起到加利利海，直到我們該分開的時候。兩位一起！」耶穌暫停了一下，顯然深深被感動，然後說：「現在起我們將經驗到地球上最美妙的幾年，主的果實將為我們取用，所有在場的以及一些還不在這裡的人們，都能共同享用。我想要與你們分享這個時代的祝福。」

「我請你們明天都跟我去耶路撒冷的聖殿，讓我們分成幾組、走不同的路，並在約定的時間會合。我祈求你們全部都去，但試著避免被認出來，我在冒一個大險。當我完成在聖殿的任務後，我將會從鎮裡消失。然後我們在耶路撒冷門外的指定地點會合，我們將離開耶路撒冷，很久不會回來。」

他要拉撒路將我們分成幾組並告訴我們每組應該走哪條路到聖殿、如何在離開鎮裡時不被發現。我們猜想耶穌已經有了計畫，但還沒有到他可以透露的時候。無論如何，這晚依然是我們記憶裡生命中最快樂的時光之一，我們如此地在靈性上與他、與彼此合一，甚至無法用言語表達。耶穌、拉撒路及其他小組長為隔天的行動做了計畫，在前往加利利的路上，我們將在西門家會合，終於所有計畫都底定了，我們才回房休息。我已經很久沒有在父母家過夜了，其他女人則睡在艾瑞莎家，隔天拉撒路會和我一起到那裡與大家會合。

隔天早晨當我醒來時，耶穌與一些門徒已經離開了，然後拉撒路說：「來，是出發的時候了。」他、瑪莎及我走過鎮裡去到聖殿前的廣場，我們低調地通過攤販區，在耶穌與拉撒路事先約定的地方坐下。我觀察著眼前的喧囂繁忙，那是種奇妙的感受，看到小販們在如此神聖的地方兜售商品，占卜士、靈視者及信心治療師也都來了，直接在聖殿外提供保證與說教，提供拯救靈魂的方式。然而當我觀察聖殿時，我看不到任何能給予救贖或解脫之物，它從裡到外都充斥著商人、顧客及人群，為著不一而足的理由而聚在這裡。

突然耶穌出現在他們之間，他站上階梯好讓群眾看得見，然後他轉向聖殿說：「耶路撒冷的人民啊，這是你們讚美並榮耀神的地方與方式嗎？你們忘了，過去這同樣的建築，容納了猶太人民最聖潔的神殿嗎？為了架設世俗權力的樑柱並抑制主之話語的力量，你們拆掉了所羅門的聖殿，你們污染並減損了這個我們天父的屋宇。這裡已經很久都聽不到神聖話語了，在這裡神的名字變成了『貪婪』，在這個聖殿裡索取並匯聚金錢的雙手也同樣是貪婪的，他們以金錢許諾你們神的救贖，然而神是無法被收買或賄賂的！你們偽裝聖潔的頌詞，並無法喚醒埋葬在這些牆下的聖殿。」

然後我看到聖殿的一些大祭司出現了，他們臉色鐵青地聽著耶穌的話，憤怒地問：「你在這裡做什麼？你膽敢污辱我們的屋宇？」耶穌回答：「你們！你們的屋宇？這不是主——唯一的神——的屋宇嗎？你們不是神的僕人，你們服侍的是自己。而這個你們藏身的怪獸建築物裡充滿了你們的財富，你們以偽善的演說壓制人們，還否定神及神給我的能力。但我們的力量及權能是你們的影響力所不及的，我的手中有重建古聖殿的權力，但我不會這麼做。」

然後耶穌舉起他的手，手中發出巨大的閃電，祭司們害怕地往後退，聖殿前的階梯被打裂了開來，陣陣閃電從大地中射出。耶穌走過去一一掀翻成列的路邊攤位，他氣憤地對商販及銷售的人們說：「馬上離開這地方！你們沒有權利在這裡，這是神的話語的地方，你們已經忘了天父的大能，就如忘了他的名字。」一道新的閃電擊在階梯間，在我看來整個建築物都在搖晃。

耶穌對祭司們說：「你們知道我不消一天便能重建所羅門的聖殿，或取下你的首級，或摧毀你這虛偽的聖殿，以做為你們偽善的見證。但我並不是為了帶來敵意而來的，神引我到這個地方來見證他的大能，並授權我給予你們機會轉而歸依祂的路。主把這個遺贈交託給你們。」然後他轉身說：「那看得到光的人是受祝福的！那感覺得到全能之主的力量並且感受得到所羅門金色聖殿的光芒及燦爛的人，是受祝福的！金是全知的顏色，主的全知與愛，它不是從地球偷來的雕像、偶像及稅捐的金；金是這個屋宇及這個地方的性格，被全知智慧的火焰聖化，彰顯神祂本身。」

此時，大地打開了，所羅門聖殿一時之間顯現了，祂的力量與榮光在那短暫的時刻裡清晰可辨，神的輪廓標出了這個內在畫面，然後聖殿再度沉回地球裡。只有裝飾古所羅門聖殿的金色雕像還在，耶穌再度說話：「你們需要多少先知與神的訊息，才願意接受你犯錯的證據並回到你在神性的源頭？你們應該記得自己誕生的源頭——神如何創造了你，神聖的人如何從地球誕生。這個種族是神聖的，源自聖潔天父的光並以祂之名被揀選出來。只有在你們完全懺悔罪孽時，我才會回到你們身邊，你們一旦了解了這點，便會被寬恕；然而我在你們眼中只看到敵意，而不是對真理、對派我來到這裡的祂的認同，因此你們將不會再度在這裡看到我，除非神授意。」

耶穌以這些話語離開了聖殿前的廣場，許多人都害怕而逃跑了，特別在閃電出現時。我看著從聖殿裡出來的祭司們，他們僵住了，臉色憤怒而鐵灰，他們不但沒有感謝耶穌在這廣場上重建神的全能之力，還眼露恨意地迅速退回聖殿並關上背後的門。我們接著如前晚所計畫地悄悄地離開聖殿，我安靜了一陣子，然後碰了拉撒路的手臂問他：「這些會把我們帶到哪裡？耶穌掀起了一場戰爭，他激發了統治這個城鎮、國家與人民的那群人的對立與敵意。」

拉撒路只是笑著：「這種對峙正是我所期待的。他是我希望能登基統治我民的國王，我已經準備好為此而戰，甚至在必要的時候犧牲生命。」我無法回答，說不出話了。那時更重要的是立刻離開城鎮並前往城門外約定的所在，所以我們便繼續前進。我們與其他人會合，耶穌指示大家分成小組走不同的路，他要我們接下來在西門家會合。耶穌在羅馬人有機會介入前，已經在城裡掀起了騷動，很顯然地祭司的謊言與偽善將導致暴動與叛亂。我們在耶路撒冷受到封鎖與搜索前，便已經到了城外前往迦南的路上，我們背後的門關上了。

西門的房子在遙遠的前方出現時，我好高興，我離開這房子兩年了。我也很高興再度見到西門，多虧拉撒路的帶領以及供我們使用的驢子，前往迦南的旅途是輕鬆而沒有狀況的。我們受到熱情的歡迎，西門已經在等我們了，他看起來很高興我們再度回來，一一跟我們問候。那是我第一次有機會以成人的眼光看他，觀察他的整個人；看起來主要角色是個慷慨的主人的他，很清楚地並不只如此。他不是個普通人，與他的相會並非俗世經驗；我總記得那天我們在沙漠中找耶穌，以及在我去找山中的神聖女人前在迦南與他共度的日子。

海倫娜莎樂美非常高興及興奮能再度見到我們，她告訴我們她結婚並且不住在這屋裡了。她的丈夫與我們的活動並不相干，然而她非常開心，她說：「我有驚喜要給你。」她帶我進入兩年前我們歡慶的大廳，瑪利亞坐在那裡，她開心地走向我，我們給了彼此深長而安靜的擁抱，心與心之間流動著極大的喜悅。她輕聲說：「我的女兒，你在我心中有個位子，我是如此想念你。」當我們終於放開彼此的手時，我問她是否一直在這個屋裡，她說：「不是，耶穌給我訊息來這裡的，我一直在自己家裡待著，因為我不時需要靜處與寧靜。我已不再年輕而耶穌的生活愈來愈激奮，對我來說非常緊繃又刺激，在家裡我能得到我需要的平靜。但當我接到訊息說有個驚喜在等著我時，我無法拒絕地來到這裡，而當我看到你時，我知道你就是我的驚喜！你兩年來的成長真的很讓我驚訝，你已不再是女孩，而是個小女人了。」

瑪利亞問：「還有誰會來這裡？」我回答：「喔，你會驚喜的，有一些你認識的人，我期待著我們回到這裡的日子，我還記得那些在迦南的美好夜晚，就在這屋子裡，就像昨天一般。」女僕們來了，給了我一個房間，其他人或單獨或成群地陸續到達，被帶到自己的房間，瑪拉及沙倫住在同一個房間。西門問候每位新到的人，就像昨天才分開般，這是他歡迎客人的藝術。他似乎與所有的門徒都很熟，自在地與他們交談，很明顯地友誼在過去的兩年間形成了。

在長程的旅途後，所有人都很高興能退下休息，在我們回房前西門說：「今晚我邀請大家參加我屋裡的慶典。」我無法入睡於是走到花園裡，想要在樹下找到平靜，回憶我們共度的夜晚，那些天地交融的時刻。然後我感到有個人在我後面。是西門，他說：「你和我一樣喜愛我的花園，當我需要祥和與安靜時，我經常來這裡。你選了一棵能放鬆的好樹，我能陪你嗎？」我說：「可以的，當然。」我試著找到想說的字句，然後我鼓起勇氣說：「我想要為兩年前在你家中經歷的美妙時光謝謝你，你是我生命中最值得記憶的日子中的一部分。很可惜，當時我沒有足夠的時間認識你與感謝你。」

他笑了說：「這房子就是為了這個目的而設計的，我也據此準備它。你離開了兩年，但耶穌這兩年經常來這裡，有時他一個人，有時跟他的門徒一起來，而我的房子大到容得下他們所有人。」我問：「你有時跟耶穌一起旅行嗎？」他答：「只是偶爾，我會不時接到他的訊息去拜訪他，然後很快就又回家，因為有自己及家人的事要處理。我必須承認即使我在這裡工作時，有時也會有要去看他的衝動。他邀請我跟大家一起去革尼撒勒湖（Sea of Gennasaret）。」我安靜了一會兒，說：「你知道我很久以前就見過你了。」他點頭說：「我知道。」我想了一會兒，問：「你知道你是個了不起的人？但我無法形容你，我記得在庫母蘭聽過你，現在你住在這裡，富有卻低調，為什麼你不加入耶穌並對世界宣告他的臨在？」

他回答：「其實我有的，只是我不需要偉大的話語來表現我自己。在我出現在地球上時，我不在大眾前聲張，我所影響的世界與任務發生在我之內。有時我享受與我耶穌弟兄的愉快時光，但現在我知道他是那位應該對人們展現自己的人，而我自己沒有感到這麼做的動力。任何能支持他之處，我就提供支持；任何能接待他或你們之處，我就給予接待。」

我們聊了一段時間，我很驚訝他是如此仁慈、親切與令人愉快，對他產生了深深的敬重。他的眼中閃耀某種美好，那是與耶穌不同的，然而是一樣的神聖。倦意開始浮現，我說：「我想我要回房了，我知道迦南的夜晚是漫長的，因此需要儲備一下體力。」他看著我說：「你不應該害怕，在我家裡你們不會被追捕的，你們在我這裡是平安的，永遠都是。」這是我第一次跟一個這麼全知的人如此親近地連結，他能讀到我的念頭，回答我沒有提出來的問題。另一方面耶穌在耶路撒冷所掀起的躁動是非常明顯的，我們是祕密離開鎮裡的逃犯。我回房裡休息了，回房時我看到這屋中常見的景象：豐盛的佳餚已經準備好了。

我問耶穌今晚他是否邀請了其他人，他答：「沒有，我想接下來幾天需要是平靜的，我在耶路撒冷造成了極大的不安，此刻我們將留在這屋裡，看看天堂給我們預備了什麼。我們必須做廣泛的準備，我必須對你及其他門徒們做一些指示，為你們的任務做準備，因此我請求這個屋子的庇護與西門的支持。」

這晚沒有什麼特別的發生，餐間我有機會與一些門徒交談並更進一步認識他們，我特別喜歡兩年前認識的老雅各，他是個友善而溫暖的人，他告訴我他以前在耶利哥

（Jerico），是古猶太傳統中的大祭司，但他離開了聖殿的職位而跟隨耶穌，他回顧他每一天、在每一步中，都在發現關於耶穌的真理。接著馬太加入我們，我問他來自何處，他答：「我不記得我之前的生命是怎麼樣的了，但我沒有家庭，沒有後顧之憂，這讓我更容易加入耶穌，日日跟隨他。」

依斯加略的猶大也加入了我們，我記得那晚拉撒路對他的出現嗤之以鼻，因此藉機會跟他說話，他是個安靜、本質良善及有深度的年輕男子，長大成人了的我敢於冒昧地問他：「猶大，我哥哥告訴我你曾待過耶路撒冷的術士學校。」他回答：「是的，米瑞安，那是真的。」我問他：「你願意告訴我在學校裡學了些什麼嗎？」他回答：「我們族人保存的祕密教導中有種古老術法，父母送我去這個學校，我在那裡接受了運用術法的點化。但當我認識你哥哥時事情已經有了改變，有些畢業生決定服事黑暗的力量，我很高興能跟隨耶穌的召喚，因為我不確定自己是否能抵擋黑暗勢力的召喚。也有人告訴我有些學生為國王服務，我必須承認我不知道他們拿這些術法做什麼，但我知道他們在救國王的命，因為聽說他生病了，他們能影響國王及他的新婚妻子。我把自己所有的術法及工具都放掉，置於耶穌的腳邊，現在我跟著他旅行。」

我說：「猶大，看來你似乎沒有完全信服你所做的事。」他回答：「有的，我有的！相信我，米瑞安，在我受的教育中，我接受過長久影響我靈魂的點化，看到過我不想討論的世界，那是你看到我之所以悲傷的根源。我拒絕了這些點化，因為它們的力量不屬於耶穌力量的一部分。我每天都試著透過主的祝福學習，我由耶穌尋求臣服之路。當我觀察耶穌行奇蹟，我不曾看他以我學過的方式操控權力，每次我看著他如何在深深的祈禱中接觸神、看著神的力量如何透過耶穌傳送，就深受感動。他不想要為自己求權力，那直接來自神的寶座。」

「不，我完全信服他的方式是對的。但相信我，我所受到的點化仍與耶穌的教導有衝突，因此有時讓我產生內在矛盾，我需要一些時間完全脫離過去學習的束縛。」然後他改變了主題，問：「你知道我的朋友間有些耳語嗎？顯然他們有些人並不高興耶穌也選了三位女性門徒，那不符合他們的主觀意識，其實這做法對我也是不尋常的，但我還是覺得很好。這對你們不會是條容易的路，我們男人可以隨時出現在大眾面前，可以隨心做我們想做的事，我不知道你們女人如何處理社會對女人的禁忌與限制，但你擁有我的支持。你是女人，我敬你如同袍，雖然你擁有與我們男人不同的知識與能力。」他停止說話站了起來，我感謝這樣的對話，因為我也察覺到房中滋長的不自在感。

那是個長長的夜晚，西門似乎喜歡慶祝到深夜，他經常與耶穌坐在一起，交談著，但我也盡可能找機會跟他說話。我也注意到抹大拉的瑪利亞經常試著接近耶穌，有時被他允許，因為房裡每個人都看得出她是個渴望這個男人的女人。耶穌對她總是十分尊重，有時讓她留在身旁，有時則轉身做其他事。他沒有助長她的情感，但顯然她深深地愛上了他，我可以感受到她如何努力控制她的感覺，我感覺她選了一個極為艱鉅的任務，愛上主是祝福也是懲罰。

我也愛耶穌甚於一切，從一開始便是。但我很感激自己並非愛他如男人，他並沒有征服我的女人心。雖然尊敬抹大拉的瑪利亞，他並沒有回應她的愛，我佩服他的大師魅力及個人吸引力，他對待我們都是一樣的，至為敬重，讓我們每個人都覺得自己對他而言是特別的。他待西門則如兄弟，他們在一起時的親密非比尋常，而且只在他們之間。我們女人也收到他給男人同樣的尊重與體貼，對他來說我們是獨立的個體，永遠被以真誠的愛與尊重對待。

耶穌經常跟瑪拉與沙倫坐在一起，跟他們開玩笑，他將他的祝福賜給他們，因為他們的伴侶關係讓他極為欣喜。這晚對所有人都是很美妙的經驗，我們每個人都有機會認識在場的其他人，一切都非正式而是放鬆的。我必須承認，那晚結束時，我對耶穌召集在他周圍的每個人都產生了極大的尊重，每位都是帶著尊貴品格的誠實之人。他們來自不同的背景與職業，有些甚至被社會所蔑視，例如稅吏馬太。

帶著一種在家的感覺我走回我的房間，路上我遇到西門，他靠近我並吻了我的額頭，說：「歡迎待在我家。」之後我便上床，平靜入睡。

第二十五章
前往加利利海

接下來的日子是平靜的，耶穌特別放鬆與開心，他不斷關心我們的安好，變得愈來愈像我們的父親。有時他會與門徒出門，過了短短的時間後回來。我們不曾知道他做了什麼，但我們假設他選了門徒圈中的一些人，以某種方式訓練他們。日子過著，我們多少忘了耶路撒冷，我很感激這點。

第五天哥哥拉撒路對我說：「就我所知我們很快將前往加利利海，你便能認識另一個你未曾見過的家族資產，我們在那裡擁有一棟大房子。」我問：「我們全都能住在那裡嗎？」拉撒路回答：「不是所有人，耶穌通常會在彼得的家，他也有其他樂意接待他的朋友在那裡。不過，我不知道我們確切何時離開。」我問拉撒路：「你相信我們回得了耶路撒冷嗎？我想耶穌在那裡結了很多仇。」

拉撒路回答：「在大眾的眼中我們還沒有與耶穌有關連，別忘了，他以讓我們分小組或個人的方式保護我們，如此我們便不會引起懷疑。但無論如何情勢是非常動盪的，民眾中有許多盼望一位新的猶太國王的迫切聲音，他們仰賴身為大衛的直接後代擁有世襲權利的他，希望他會是新的領袖。」我回答：「其他人則對這個看法存疑，盡其所能地阻止它發生。」我們的談話在此結束。

那晚耶穌召集了我們，他坐在我們中間，西門則站在房間後面，耶穌要西門過去坐在他旁邊，然後他開始說：「目前這個國家與人民處在變動與壓迫中，長久以來我的天父一直有派遣先知來散播祂的話語，卻不得其果。這房中的存有，連同我，都屬於天堂的最聖者。你們不知道自己真正是誰，但我看到與感激的是，這房裡的每個人都選擇了不帶任何條件與疑問地跟我走——不知道涉入了什麼、不知道未來會如何以及我的意圖為何。我依天父的願望來到地球，和平消失了好久，愛與和平的火已經很久沒有在地球上燃燒了。房裡的你們每一位都帶著一把鑰匙——通往天國的鑰匙——來到這個地方，這是你們帶來地球的。」

「若我是自己一個人，我就什麼都不是，我的訊息在地球上也不會有價值，它只有透過你們才能活出來。當所有臣民都是無知的奴隸時，領土對國王有有何意義？真正的國王只有在他的臣民是有智識的、過著快樂踏實的生活，並實現生命目標時才會滿足。你們每位應該明白自己是嚮往神性知識的，我知道你們的品質與目標，我深深地敬重你們每一位。神之法則的許多面向都示現在這裡，但這個世界與土地並不會依你所應得的認同你，雖然你謙卑地服侍。」

「此刻我想開始我的中心任務，我來這裡既不為讓死人復活也不為救贖活人，也不是為了驅走邪魔，我來這裡是要接收人類不願或無法自我拯救的悲哀痛苦及業力，這是我天父的旨意。我不知道自己的未來會如何，那些無法看到這些事物的人將不會認出你們。西門和我在心中帶著通往所有天堂的鑰匙，沒有他我無法打開任何一個天堂，他沒有我也無法打開任何天堂。對這個地球來說，我們現在無法打開任何天堂，只能解脫它的苦痛、教化那些光與愛夠強烈的人，並讓那些已經遺忘、卻想要回到其靈性之家的人解脫。真的，我真實的對你們說，人間天堂是被預言的，但要經歷世世年年後，我播在地球上的種子才會開始成長，我的訊息才會被了解。」

「我們的經歷將會被大量的寫下來，有權勢及影響力的人將會依其自我目的扭曲我們的歷史，以依我之名統治世界卻行己身之利。我將不會對我必須做的有須臾遲疑，你們將跟我走，我會根據個人的需要將神的遺贈賦予你們。但你們將需要經歷許多生世後，才能在許久的未來繼承到你在這裡播下的；了解是需要耐心的。我曾被浸入最深的黑暗中，我是穿透黑暗的種子；我的存有誕生於黑暗中，為了在將來結出果實。時機還未成熟，軌跡將會失落，直到未來的某刻方得回復。」

「你們都是神性存有，是來自我父國度中最高天堂的統治者與天使，從今天起你們能彰顯及宣揚神的榮耀，但請相信我，你們沒有人的命運是簡單的。你可以決定今天退出，這樣我會要求你離開這房間，我無法更坦白了。我只能陳述事實，地球的命運還沒有為我們準備好，我們每位在地球上為神的領土而戰的人，擁有同時進入地球與天堂的權利，但救贖卻不會來自人類的手。」

此時一位西門的女僕進入房裡倒酒，她是位美麗的長髮女子，耶穌對她說：「來我這裡。你以如此的臣服與溫柔在這房裡服務，你還不知道自己是誰，讓我來告訴你：你是為我預備道路的天使。西門，你能解除她的聘雇嗎？我想讓她也伴隨我。」

然後他看著她說：「你來自眾天堂中讚美神的天使群的最高層，在天堂保護我的天使啊，請你也在地球上保護我。展開你強有力的羽翼並跟隨我的每個腳步，我將需要你陪伴我並護衛我。」她低下她的頭，長髮蓋到他的腳上，雙手合十祈禱說：「我是多麼想陪伴你。」

然後她看著西門說：「主人，你總是對我這麼好，我不想遺棄你。」西門回答：「耶穌希望你跟他走，若這也是你的心願，我無法也不會阻止你。今天起你是獨立的，我從你僕役身份中買下你，現在你完全自由了。你是個貼心善良的僕人，每天真誠地服侍我。現在你屬於主的圈圈。」

耶穌對她說：「站起來！」然後他站在她後面舉起雙手，像是為她打開了強有力的翅膀，這翅膀伸展到整個屋子並散發火，像是強大的火焰防護。然後耶穌站在她面前說：「此刻起你將帶著這雙保護的翅膀在我身後，我需要它們！你將會是我防備其他世界攻擊的保護，今天起，你的名字是瑟拉芬（Seraphim），伴隨我所有道路的天使。」

他轉向他的母親瑪利亞，請她：「給她一些衣服，讓她不再做僕人的打扮，給她一些你的衣服，讓她與我們一起旅行。」他的天使向他下跪，很顯然她無限感激，雙眼充滿感謝。耶穌說：「你將會與其他女人一起並會受到好的照顧，你在她們之間會受歡迎的，而且安全無虞。」然後耶穌站起來，當經過馬可時他說：「你對瑟拉芬深情的注視並沒有躲過我，馬可，但你需要再有耐心些。」

那晚對我們是神聖的，一種平靜而仁慈的氛圍主導著，我們知道某種特別的事發生了，我們是一群朋友也是歡宴的同伴，一直慶祝到深夜。深夜時一位強壯的男人從酒窖拿來了更多酒，耶穌看到他，笑著說：「西門，我不知道，但我想我會要了你所有的僕人。」他看著這位男子說：「我也需要你，以你身體與精神的力量，你將可以在眾界保護我，我將需要一位好的隨身保鏢，若西門允許，我會要求你改來為我服務。」西門笑了，說：「若你帶走了我所有的僕人，我不知道下次你來時我將如何接待你。」

耶穌走向那個男人，把手放在他的心上：「你是我的貼身侍衛，我請你接手保護我的身體，因為你強壯並且觀察敏銳，我們不會永遠有朋友圍繞身旁，因此有你在我身邊我會很高興。」這男人對耶穌鞠躬，然後西門說：「可惜的是，耶穌，他不會說我們的語言，我在某次旅途中找到並留住了他，因為我喜歡他眼中的溫暖。他在阿基坦省

（Aquitaine）裝卸酒桶，但他還沒有學會我們的語言。」我們從他的眼中看出他並不了解，然後西門以他的語言對他說話，他了解了並點頭表示同意，就像在說：「我很樂意服侍你，主。」

從那時起，這男子總隨侍在耶穌身側，他沒有名字，因為西門也不懂他的語言，只能以零星的希臘語溝通，所以西門不曾知道他的名字，他開玩笑地叫他「酒的守衛」，便這麼叫著了。他，耶穌的守衛，接受了自己的任務。從那刻起他總是站在耶穌左側，以老鷹之眼留意每個接近耶穌的人。無論耶穌在哪裡，他的守衛總是在場護衛他，我開始問自己耶穌在準備什麼，他為什麼要在世界上聚集這些人來保護他。但我並不想想這些事，寧可專注在耶穌說的，我們將有些時間得以經歷人間天堂。

次晨，耶穌通知我們兩天後再度啟程旅行，然後他問西門：「你想跟我們一起去加利利海嗎？」西門說：「是的，願意，若這是你的願望的話。」然後拉撒路說：「西門，我經常在你家享受你的熱情接待，這次若能邀請你住到我們的房子，將是我莫大的榮幸。」他同意了，我非常高興他接受了。

那晚稍後有人敲門，打開門後發現是位使者，他筋疲力竭地說：「我必須跟耶穌說話。」當耶穌進來時，使者膝蓋跪地說：「我務必帶消息給你，主。施洗約翰在希律王的命令下被逮捕入獄了。」耶穌問：「約翰在哪裡？」男人回答：「他在接近加利利海的監獄中，國王有個王宮在附近。」耶穌問：「為什麼逮捕他？發生了什麼？」男人回答：「我是約翰的追隨者之一，我跟他在一起一段時間了，但約翰愈來愈無政府取向了，他的演說忤逆國王，他的追隨者也愈來愈喧囂激進，他細數統治者的罪狀，公開批評國王的新妻子，說她是妓女及惡魔後代，約翰無法控制他自己，當士兵們出現帶走他時，沒有人感到訝異，甚至約翰也預見了自己的命運。他直接看著士兵們的眼睛說：「現在你們將實現你的命運，而我實現我的。」耶穌轉身離開房間，透過門我看到他跪在地上祈禱。

然後所有在房裡的我們都不約而同地開始困惑地交談，我們聽說約翰在約旦河做煽動性的演說，讓國王非常不高興。約翰選擇了一個危險的任務，他在玩火，消息傳遍了全國，沒有人訝異國王逮捕了他。然後門徒們開始談論約翰的逮捕，當耶穌再度進入房間時，他生氣了。「閉上你們的嘴，你們完全不了解狀況，若是他想避免這種情況便不會這麼做。但他選擇了這個命運，這位偉大的先知完全知道自己在做什麼，他這麼做是為了做我的先驅，打破國王的勢力。他為了這個目的而犧牲自己，在這個圈圈裡我不想聽到任何一個關於這主題的話語或想法。為他祈禱，因為他的命運從此刻開始是黑暗及危險的，國王將不會對他手下留情。」耶穌用這些話結束了這個主題，只是補充：「我們明天離開。」

然後他轉向使者，「你能為我帶個訊息給約翰嗎？」那男人回答：「可以的，我認識監獄裡的一些守衛，若你想的話我可以帶話給他。」耶穌說：「那麼告訴他我將前往離他不遠的加利利海並會聯絡他，我不知道我可以為他做什麼，但我以我整個人的所有心念與力量在他身邊。請求他停止攻擊國王。我知道約翰，他的火在眾界中燃燒。現在趕快去找他，對他傳遞這訊息。」我必須承認，那晚當我們上床時，都對約翰的狀況感到憂慮，國王及強大的黨羽第一次膽敢逮捕耶穌的追隨者，我們不知道是否會遭遇同樣的命運。

隔天我們啟程前往加利利海，我們擁有足夠的補給、運送人員及行李的牲畜，所以只需要短暫的休息便能前進。我們幾次停下來睡覺，但耶穌看起來無法放鬆，我們坐在一起時，西門走向耶穌說：「耶穌，我的朋友，我在王宮有人脈，可以安排你去監獄見約翰。」耶穌回答：「我想最好不要去監獄看他。」西門建議由他自己而非耶穌去見約翰，耶穌同意了。到達加利利海時，拉撒路走近耶穌問他想在哪裡留宿，耶穌回答：「有可能的話，我想住在你家，請為其他人找其他朋友的地方住。」

這是我第一次來到我家在加利利海的房子，那是棟漂亮的房子，似乎是家族的避暑別墅，它不像我們在耶路撒冷的房子有那麼多房間，但五個人住也夠了——耶穌、西門、拉撒路、瑪莎及我。拉撒路及彼得為其他人安排住宿。

晚上西門消失了，回來時他告訴我們他見到約翰了。他主動提出要為他出面說項，並運用關係讓他出獄，但約翰拒絕了。西門也問約翰是否想見耶穌，但他也拒絕了。不過，他有訊息要給耶穌，西門這麼轉述：「你的任務還沒有完成，你的道路還沒有達到目的地，不要因為聯絡我而危及你自己。我的命運已被封印，我的命運愈接近終點，愈加圓滿。」西門告訴耶穌：「約翰想要你知道，他內在神的聲音如此強大，這將會斬斷那病態國王的枷鎖。」

耶穌退回，不想與任何人說話。但西門似乎不被這些事情影響，他和我坐在一起交談著。耶穌繼續有幾天不在。我想探索這個鎮，於是便時而溜出房子，穿越街道遛躂到海邊，我有些難過自己不曾有機會認識這宜人的地方。一天我在街上逛時，一位蒙面的女子經過我，她低聲說：「別站著不動，假裝掉了東西般彎下腰來。我知道你，你屬於那些伴隨彌賽亞的人。我有可能見到他嗎？」我問：「你是誰？」她回答：「我是莎樂美，皇后的女兒，你記得嗎？我們曾在耶路撒冷見過一次。」我問她何時來找我們，她回答：「對我來說最容易的時候是晚上。」我告訴她到我家的路，說：「近午夜時來找我們，我會通知耶穌，然後到大門告訴你他是否見你，希望我能幫到你。」然後我們看起來像是我在地上撿起了東西，接著她便走了。

我急忙回去找耶穌，他正跟西門坐在一起認真討論著，我說：「請原諒我打擾了你們，主，我在路上見到了莎樂美，你記得她嗎？希律王安提帕斯的女兒，她想要見你，我安排了她在接近午夜時到我們家門口，因為她只能在晚上離開王宮。若你想，我會等她，帶她進來。」耶穌說：「就隨順吧，若她想找我，就應該找得到我。」

快到午夜時我在大門口等著，但沒有她的蹤影，我想她是否出了什麼事，當我看到她接近時，她說：「抱歉遲到了，但我必須等到所有人睡著而無法更早脫身。我能見彌賽亞嗎？」我回答：「跟我來，他正等著你。」直到進到屋裡，她才脫下她的外衣與面紗。她穿得相當樸素以避免被認出來，當她除去面紗時，我再度看到這位留著捲黑頭髮的美麗女人。

耶穌等著她，她在他面前跪下，說：「謝謝你，主，給我機會跟你說話。」耶穌問：「怎麼了，莎樂美？」她回答：「我不知道怎麼幫我自己。我知道施洗約翰對你很忠誠，他會入獄是我母親的傑作，好幾個月來她都在慫恿繼父希律王對付約翰。但約翰不願意收回他關於摧毀整個羅馬統轄領土的辱罵，他鼓動摧毀王國、摧毀國王的權力，沒有任何事能阻止他。我的母親希羅底（Herodias）說服了一位羅馬巡訪官准許緝捕他入獄，她懂得如何把話題引到約翰的身上，還搧風點火地問希律如何能忍受別人這樣主張政府政權崩落，這也就是質疑羅馬人的佔領。她在這裡找到丈夫的敏感點，讓他覺得他必須保護自己對羅馬佔領者的榮譽，因此馬上下了命令逮捕約翰入獄。」

「但約翰並沒有就此罷休，他在監獄中大聲吼叫到連王宮都聽得到。他一再鼓吹摧毀羅馬統轄領土，談著自己的死不復生、罪與救贖。他不打算停止挑釁，我的母親也益加憤怒，我不斷求她釋放他，因為我知道他不會傷害任何人，但她的心充滿怨恨，緊抓著丈夫的君權及權勢，我確定她會堅持他被處死。」

耶穌說：「這些我知道很多了，但是什麼如此困擾你？」「耶穌，她嘗試利用我，因為她知道自己對國王不再有影響力，也知道她的丈夫垂涎於我，現在她試著利用我達成她的目的，曲解我的話來利益她自己、報復約翰。我的母親冷酷而精於算計，我真的不知道怎麼辦。」

耶穌想了一會兒，說：「有些命運是無法被改變的，每個人造就了自己的命運，即使這不是外在旁觀者馬上看得出來的，內在卻有無法救贖的部份。我請你回到王宮，接受這是你命運的一部分，因為無論你能否安撫你的母親，你將無法阻止這命運。王宮的上空好一陣子以來都有不祥的星象及黑暗的火焰盤旋，相信我，約翰所做的犧牲將會解放你，縱使這是你當下無法了解的。」莎樂美流著淚回答：「喔，主，你為我預測了多麼悲劇性的命運啊！」耶穌說：「不，莎樂美，它並不是悲劇，這是那些為了維持光之火花而闖入這樣命運的人的力量展現，這是你，莎樂美。在這個凶險的王宮，你是唯一的愛與光的火焰，即使你無法傳播它，你仍是光。」

莎樂美問她是否能再回來見耶穌，他回答：「不，莎樂美，你來找我是危險的，這會危及我與我所有的夥伴，也會危及你。我求你了解，你屬於我的伴隨者，是我們的一份子，但不要讓任何人知道。現在請回到王宮，還會有其他時機的，但首先一些命定的事必須先發生，無可逆轉的命運須要被實現。神會支持你，我也將在你左右，來幫助你承受悲傷，相信我。」

莎樂美離開屋子，我陪她走到大門，我真的喜歡這個有深色雙眸、深奧智慧並以她的內在火花與我們相映的女人。我說：「莎樂美，我會每天經過那個我們見面的地點，當你想找我，我將是你的朋友。但現在是你回去的時候，當你需要什麼，我會在同時同地出現——無論你來不來。」

然後她離開了，我回到屋裡，耶穌休息了但西門還醒著。一開始我以為他在冥想，但當我進入房間時，他深情地看著我，我在他身旁坐下，感到非常疲累，因此將頭放在他的雙腿上。他感覺到我的疲累，輕撫我的頭，說：「沒有人知道，但事實上我守護這所有存有的命運。相信我，米瑞安，若我能改變莎樂美的悲劇命運，我會的。但每個靈魂選擇自己的路，並且會一直遵循到終點。此時在這個國家裡，業力的力量是非常強大的，我守護的門多數是關閉的，只有一些打開了，讓存有自業力中解脫。但改變的時候將會來到，到時我便能有其他可能性，然後神的祝福會再度打開；我必須等候到那個時候，並以我所有的力量守護你們的命運，但我無法改變它們。」我問他他所說的這些何時會來到，他說：「一個距離現在很久的時代將會來臨——一個今日不可能的將成為可能的時候，一個我們不再需要回來打破業力的黑暗鎖鏈並扛著它們的時候，一個萬物解脫於業力的時候，因為新紀元來臨了。」

我問：「西門，既然你是萬物命運的守護者，你知道我的命運嗎？」他回答：「相信我，若你現在有某種命運，當耶穌在地球上時，它就會再度改變：你的命運與他的道路相連。我唯一能告訴你的是，這是你為自己做的自由選擇，而這選擇在天堂中便已決定了，在神的寶座前。」「那你呢？」我問：「你也自由選擇了嗎？」他答：「我什麼也沒選，我在我必須在的地方，我能出現時便出現，耶穌在的地方我就在。有時我們不同時出現在地球上，但當我們同時出現時，會為地球帶來改變的巨大可能性，我們共同的力量能創造巨大的改變。未來將有個時候，我以另一個存有先他而出現並擔任領導角色，但現在是他的時間，而我在他的道路上保護他。」

「西門，今晚我無法入睡，」我說：「我大大清醒著，來自你與耶穌的光如此之充沛，但黑暗的烏雲跟著我們，我感覺得到它們。」西門說：「你害怕黑暗嗎？」我想了一會兒，說：「不真的怕，個人不會怕，但我為那些無法承受黑暗的人而害怕。」西門回答：「世界是黑暗的，若你必須為地球上許多人而害怕，你的害怕就會無止盡，這幫不了任何人。你必須只用你的力量及精力來伴隨我們，這是你能為我們做的最好的事，然後你就能幫助消除現實與非現實的界線。」我告訴他我的恐懼，說：「西門，我不相信我可以。」「是的，你可以，你將為耶穌打破許多界限，這就是你為什麼來找他的原因。」我繼續逼問他：「但我應該怎麼做？」西門笑了，說：「你不須要透過你的『做』來摧毀界限，而是透過存在，透過你的臨在。」

這是我與西門有過最美妙的對話，他擁有一種深度智慧，我想像那像是我在天堂的父親的良善，我不曾聽過他說任何人的壞話，他安靜、臨在而不把自己推到台前，我注意到耶穌在他在場時更加輕鬆，像是感覺自己受到了保護。次日耶穌說：「我想要大家都到海邊，是我們前進的時候了，拉撒路，你能叫來彼得、安德魯及其他人嗎？我想去釣魚。」

耶穌走在街上的時候，我第一次注意到他公開出現的狀況，一旦有人認出了他，人群便從屋裡冒出，靠近他、喚他：「彌賽亞」或「國王」，其他人則帶著需求或問題來找他。從房子到海邊的路上大批人群阻塞著道路，一個男人說：「我母親病重在床，無法踏出房門一步，你能幫她嗎，主？」耶穌看著他說：「她已經得到幫助了，回家看她。」之後我聽說他回家後發現母親恢復健康了，並且維持了好幾年。

耶穌行的奇蹟不再被時間與空間所限制，我們這些見證者都可以把這些天天發生的一件件奇蹟寫成書了。耶穌卻對這些事不感興趣，對他來說就讓生命沒有計畫地流動是容易的，許多存有經驗過他神奇的療癒、起死回生及寬恕。對我們來說奇蹟每天都在發生，因為人們不斷地向他湧至。但我們這些陪他到加利利海的人得以看到耶穌的另一面，他給我們上了課，他對我們是嚴格的，但仍總是一位聖師。

到達海邊時耶穌要門徒們遣走其他人，他想獨處時有種不可思議的權威，當他發出這種想法時，人們便會認許他的意願而離開。他在自己周遭創造了強大的振動，形成保護的圈圈。當終於只剩下我們時，他轉向彼得說：「彼得，你想再去釣魚嗎？」彼得回答：「主，你在跟我鬧著玩嗎？讓我釣不到魚，然後你再把魚送來給我？」耶穌說：

「不，彼得，你已經成為人類靈魂的漁夫，但你甚至會更偉大，你的靈魂會進一步成長。當你更加精熟了以後，埋在你心中的願景便能在世上顯化。」彼得問：「我要如何辦得到，主？」耶穌回答：「向我學習，學習去相信不可能的，超越界限去行動。就跟著我，跟我走到水上。」在夜幕的微光中，耶穌走到水邊說：「彼得，跟我走到水上。」彼得焦慮地回答：「我辦不到，主。」

耶穌轉向彼得說：「沒有相信你便不可能跟隨我，你要不現在就相信我說的，要不就立刻回家，然後你就不再跟著我。」看得出彼得非常震驚，說：「主，我將相信你，給我力量，讓我的相信能無條件到能走在水上。」耶穌接著走在水上說：「那便跟著我，來！」我們幾乎不敢相信自己的眼睛：彼得跟著耶穌，兩人一起走在水上，直到海中央，比肩而立。

三個小時後他們回來，大約離岸三十米時耶穌說：「目前你的相信只維持二到三小時，此刻它又消失了。」當彼得沈入水裡時，我們都忍不住笑了。耶穌繼續冷靜地走回岸邊而彼得則必須游上岸，然後耶穌要求生火，他先前要安德魯及其他人去捕足夠的魚，為大家準備好餐點。

這晚耶穌教了我們相信的基本法則。這期間我開始會想靠近西門，大家圍火而坐時我便坐在他身邊，跟他在一起我有種跟別人在一起時沒有的安全感，用餐後耶穌開始教導我們相信的法則。

第二十六章 相信的力量

耶穌凝視大海，開始講道：「你們任何一個人相信自己知道我是誰嗎？你是相信或是知道？望向大海，你是否能感知到大自然的所有面向，依它存在每一刻的樣貌？大海教導我們相信——我能走在海上因為它相信我、我相信它，但我要找的是你們心中同樣的真正相信，它們會讓你伸展到你所習慣的界限之外。若你知道真正的相信是什麼意思，那你就會知道我是如何運作的。相信本身可以移山、可以跨越之前限制我們的界限，並引導你到無止盡的光。當我在碰觸、療癒或解放一個人的時候，你們認為我在做什麼？或當我喚醒或救活一個人的時候呢？我相信！但我不相信我們俗世生命所設的限制。我毫無保留地相信我們的天父及祂的旨意，這讓我能打破世俗界限讓靈魂跟著我——來療癒或拯救死者。」

「你必須開始信任我，但首先要信任你自己！你生而於內在擁有神的力量，它潛藏在你們每個人之內，是你永遠不會失落的力量，會生生世世一直留在你身上；然後你便不需要相信我，而是永遠以整個人來相信你自己。以愛充滿你的相信，以信任祝福你的願望；無止無盡地相信，直到你不再知道相信是從哪裡開始、在哪裡結束。信任我的天父，因為祂每分每秒都相信你。天上的父以祂無盡的愛，想的只有你——否則我不會在這地球上，否則我不會執行這個任務。」

「你們看過彼得如何藉由信任及跟隨我，而短暫超越了他的界限。」「但未來你必須相信你自己，彼得。」「你們每一位只能相信自己的心，直到最後一刻。大自然精通真正相信之道，因此眾元素服務於神的資產——難道不是這樣嗎？海洋會教導你臣服——以信念走水而不沉——但你卻不真正相信，你還是把我當成你步步跟隨的走水彌賽亞，但你對自己的相信在哪裡？你把它忘在哪裡了？」

然後耶穌起身走開留下我們，他的話語仍在我們心中迴盪。我看到艾瑞莎在哭，其他人則非常震驚，特別是門徒們。但抹大拉的瑪利亞及我則沒有受太大影響，我們的眼神交會並開始明白一些無法用言語形容的東西，她對我笑，我也對她回報以笑。

其他人退至各自的角落，我則請拉撒路陪我留在海邊，我想在星空下看海學習，學習它們能教我關於相信是什麼。抹大拉的瑪利亞也跟我在一起，當我們望向海洋時，彼此間形成了一種相繫，一種能永存於彼此直到最後的相繫，無法言說卻存在於我們共同的愛當中。一陣子之後我打破沈默問她覺得如何，她回答：「米瑞安，對我來說事情的變化太大了，而你知道我愛他甚於一切，我準備亦步亦趨地跟著他，接受任何犧牲，只要能跟他在一起。我無法做其他思考，只能跟著他的道路，無論那通往哪裡。」

我真的被她的話所感動，雖然我認識並跟隨耶穌好幾年，卻對耶穌沒有如此極端的感覺，我不曾如抹大拉的瑪利亞般經驗如此無條件的愛，然後我說：「是我們回家的時候了，我們帶你回你的房子。」她帶我回她住的地方，她和其他所有人都住在耶穌朋友們的家中。然後我們回家，耶穌已經休息了，西門則不在，所以我帶著想在自己身上找到如耶穌所體現的無條件臣服的心願，上床睡覺。

隔天我依約去等莎樂美，但她沒有出現，因此我決定進城，因為聽說城裡有個市場，便到那裡買些我們要的東西，結果卻成了一個可怕的經驗。在我買東西時，我周圍的女人們開始耳語，我聽得到她們說的一些話，她們厚顏無恥地評論我：「看看她，這是陪伴所謂彌賽亞的其中一位妓女，他聚集了一群妓女在他身邊，那些沒有廉恥的女人沒有自己的男人而跟許多男人住在一起，像是暫婚。」我看著這些女人不做回應，但我毫不迴避地直視她們的臉孔、看入她們沒有愛的雙眼。我的心說：「你們這些卑下通俗的女人啊，心中全是邪惡的想法，但我不想改變你們的想法；你們必須跟這些邪惡無恥的念頭活在一起，若你知道耶穌是如何純淨慈愛，就會知道自己的靈魂受了多大的汙染。」然後我便離開了市場，不願再去。

我回家後把這件事告訴西門、耶穌及拉撒路。拉撒路說：「米瑞安，我說過這將會發生，在我們家中你是受保護的，我們過著一種外面的世界無法了解也不喜歡的生活，然而若你繼續跟著耶穌便會經常遇到這種態度，惡毒的眼神與邪惡的想法將會如影隨形。」我跟耶穌說：「主，若這是我付出的代價，對我來說全無差別，喜歡的話她們可以叫我妓女，那對我的傷害並不如她們對你的評語傷害那麼大。」他回答：「米瑞安，這些人不知道她們在做什麼，但我希望你原諒她們，這是我們唯一可以改變這個世界的方式。不要評論任何批評你的人，只是像神愛他們般愛他們、像我愛他們般愛他們。」我開始哭了起來，「耶穌這是我從你身上學過最美的一課，我求你，不要讓我失去這種想法。」他抬頭看我說：「也原諒那些選擇了殘酷命運的人們，例如那些殺死約翰的人。」然後他離開了房間，我聽到他離開了屋子。

後來我們知道約翰在那天被殺，他的頭被砍下來，噁心地成了希律王安提帕斯的盤中飧。在這個消息的震驚與攪擾中，我每天繼續到約定的地方等莎樂美。我們接到消息說約翰的屍體被放走並埋在他父母居住的拿撒勒附近，恐懼與厭惡橫掃了整個城鎮也影響了我們，我們被警告了統治者對忤逆他的人所能下的毒手，也接獲消息說希律與他的家族在準備開戰。

我每天都回到要見莎樂美的地方，但她很久都沒有出現，一天回家時我聽到一段耶穌與拉撒路之間的對話，拉撒路說：「耶穌，你若能結婚會比較好，因為你的外表及現身，國內此刻有很多雜音，你知道米瑞安及抹大拉的瑪利亞都有貴族血統，若你能娶她們其中一位為妻，人們便會把你當做老傳統中的國王，那麼你的反傳統舉動所帶來的困難便會消失。」

拉撒路的話讓我非常震驚，我聽到耶穌回答：「我不會這麼做，拉撒路，同時我也絕對不會成為這個國家的國王，我的王國不在地球上。我知道你的祕密心願，也知道我的許多反政府的追隨者的渴望，但我來這裡並不是為了與政府作對及奪取政權。相信我，這些女人對我而言是如此神聖，我不會以那種粗鄙的方式來誤用她們。我知道自己挑戰界限並且極為反骨，但若我不越過邪靈的界限，又如何征服他們？」

我悄悄地回到房間，然後開始回想當天發生的事，市場女人們對我們的看法、拉撒路的建議。突然間我發現跟著耶穌的我們享有多大的自由，相較於有多少男女都做了婚姻及社會制約的奴隸，卻又無法不這麼過日子。在猶太社會中，男人擁有不結婚的自由，但不婚的女人卻受到社會的藐視與唾棄，這些女人被她們的家人逐出家門，往往落魄貧苦。

我感到自己是受保護的——被我的哥哥、耶穌及西門。在他們的屋子裡，女人得以活得安全，也不需要犧牲我們的自由或名譽。我看過耶穌為瑪拉及沙倫證婚，意識到這真的很不同，像是天堂結合了他們，而非人世。那天我都待在房間裡，因為房子裡有種奇特的氣氛。隔天當我再回到莎樂美見我的地方，她已經在那裡了。她非常不安，來回踱步不耐地等著我，我問她發生了什麼事，她答：「真是可怕，米瑞安，可怕極了，我無法再回去王宮了，我要永遠離開，我帶了些東西出來，我無法回到那臭氣沖天的野蠻之池。你無法想像我的母親對我做了什麼。」有人經過時她就再把臉蒙上，我對她說：「跟我到我家，我們走人少的路，我們會幫你找到辦法的。」我們到了我家，只有瑪莎在，耶穌、西門及拉撒路都出去了。

我們把莎樂美藏在我家，她說了她的故事。「幾天前的晚上，我的母親說服我為她的客人跳舞，是我在拿撒勒當女祭司時學的七面紗的神聖舞蹈，你知道她做了什麼嗎？她告訴希律我在房裡不願意出來跳舞，除非約翰的頭被當成菜餚端到我面前，自然地我對這個可怕計畫一無所知而進了廳堂跳舞，跳到一半時頭顱被帶了進來，我倒在地上不省人事。我的尖叫來自靈魂的深處——我無法相信我的母親與繼父做得出那麼可怕又噁心的事。我不會再回他們的王宮了，更反感的是，為了維護自己的清白，他們宣稱這種惡行是我的願望！我不知道要做什麼，但我絕不會再回家了。」

我說：「首先我會給你一些我們的衣服讓你穿，然後你得弄順你狂野的捲髮，那是你最大的特徵：我會建議妳紮個圓髻或用髮帶綁起來，同時也要卸下你充滿異國風的首飾，莎樂美，你要打扮得像個普通女人，那我保證不會有人認出你。現在讓我們等耶穌回來，他可能會告訴我們該怎麼做，或許我們可以幫你找一個讓你不會被發現的地方。」耶穌、西門及拉撒路回來後，他們也聽了這個可怕的故事。莎樂美還陳述，過去幾晚約翰的吼叫及他的神的話語如何籠罩整個監獄及周遭，他的憤怒甚至撼動了王宮的牆。「你不知道你關的是誰。」約翰吼著：「一個聖人！我來到這個地球是為了以神之名施洗，我來這裡是要勸你懺悔，要為你的罪尋求寬恕，這是唯一的救贖。但我只有感應到你準備置我於死的邪念，相信我，我死一遍會讓你死千百遍。」

耶穌聽到這裡，說：「他們不知道自己殺了聖者之聖，等於以自身的血跡封埋了自己的命運。為我鋪路的朋友約翰已經死了，他以其生命為我的前進付出代價，現在我會呼應他的意志，因為這也是上方之主的意旨。」然後他請瑪莎和我去接艾瑞莎。那晚當我們的羅馬友人來到時，她在她屋中給莎樂美安了個工作，讓她隱姓埋名，她會對外宣稱她是從市場買來的外國人，耶穌請艾瑞莎也把瑪格妲帶回耶路撒冷。我問：「那我要做什麼？」耶穌答：「你跟抹大拉的瑪利亞留在這裡，我希望你們兩個跟我留在這裡一段時間，有些要事情需要我們去做。」

隔天其他人離開了，包括瑪拉與沙倫。跟瑪拉道別時我知道今世無法再見到她，她計畫去大馬士革，看看如何能將耶穌的訊息傳到全世界。耶穌也跟他們道別，並給了沙倫一根木杖，說：「你生命的所有計畫都在這根好木頭中，無論你帶著它走到哪裡，在開始前用它敲敲地，它會告訴你是否或是如何前進。你內在擁有的先知的真理將會對你們透露你們的生命，然而你們的使命在大馬士革。」他祝福他們倆，說：「我不知道是否會再見到你們倆，無論是你們的或是我的路此刻都還不清楚，但現在你們必須離開。首先去到你們在大馬士革的房子，瑪拉在經歷了這一切後，需要許多的關照，你，沙倫，必須給她她所需要的療癒。」

耶穌去他的房間拿了一壺聖油給瑪拉，說：「你可以用這油為人們塗膏，來釋放並療癒他們，而它也會療癒你，把它輕撫在你的心上，會緩解你的苦痛。你承載了巨大的負荷並為我做了許多準備，但現在你不再需要分擔我的黑暗命運，我不想如此，你已經贏得平靜的生命。」

我們跟他們道別。我無法止住淚水，抹大拉的瑪利亞跟瑪拉說再見時也在哭，她求瑪拉原諒她在山中的狂野與不尊重。但瑪拉說：「你的剛烈解開了幾個世紀來綁住我們神聖女人的鎖鏈，此刻我明白這點了也很感謝。有時你把我推到我的臨界，但另一方面你用你的方式解放了我。米瑞安，你也幫我認出了我的限制，我打心底感謝你們兩位。」在深情感人的道別後，他們出發了。見他們走我很傷心，但卻欣慰瑪拉有了好的歸宿，將擁有更愉悅的生命。

對我和抹大拉的瑪利亞我則無法這麼說，即使將與耶穌在一起，在我們心中卻知道這不會是容易的日子，暴動愈來愈暴力及頻繁，我們了解人民分為兩邊——一邊愈來愈堅持耶穌是企盼已久的彌賽亞，終將成為猶太人的世界之王；其他人則以嫉妒及懷疑看待耶穌。處死約翰後，國王在居民心中放入了恐懼，製造出仇恨及暴力的氣氛。耶穌決定我們必須離開提伯里亞繼續前進，在我們正做著次晨離開的準備時，耶穌臨時起意地決定他與他的男門徒們——沒有女人——將前往迦百農，他要拉撒路帶抹大拉的瑪利亞、瑟拉芬及我跟著他回耶路撒冷。西門也跟我們告別，因為他要回自己的家。我不捨團體要分散了，特別是西門要離開我們，跟西門道別後我們就出發回耶路撒冷。

幾天之後我們到達了。瑪莎為我們把家裡整理得舒舒服服，並為每個客人準備了一張床，我回到了久違的家。從我們回去的那天起，拉撒路每天下午都不在，他不曾告訴我他要去哪裡或做什麼，所以我不時地拜訪艾瑞莎。

我也開始與莎樂美發展出友誼，她是個有趣、美麗及聰明的女子，她愈脫離家庭的影響，我愈發現她是個情感豐富、喜歡支持人及忠實的朋友。我也享受與艾瑞莎共度時光，瑪利亞也來待了一段時間，她在加利利海時決定跟我們回來。我有時也拜訪瑪格妲，雖然她已經退出了公眾生活。一天我提醒她她之前答應要教我的療癒知識，她如此回答我的請求：「我能教你什麼？在耶穌身邊及跟神聖女人在一起的時間裡，你已經學會了任何場合必須知道的一切。」我問她這是什麼意思，但她沒有回答。她真的退回到自身當中了，彷彿她的力量在她內在累積，而她卻不想談論它們。

傳聞耶路撒冷有不少動亂，對羅馬佔領者的反叛也正在醞釀中。一天我拜訪艾瑞莎回來，看到瑪莎幾乎發狂地哭泣著，花了些時間讓她冷靜下來後，她告訴我：「米瑞安，有暴動了，你在艾瑞莎家不會聽說，但耶路撒冷的郊區爆發了大屠殺。」她幾乎無法表達自己。「你知道拉撒路在哪裡嗎？他不見了，他沒有回家。」

因為他沒有回來，隔天早晨我們便去找他。耶路撒冷陷入動亂，景象怵目驚心：羅馬士兵處處可見，顯然在監督這個城，死傷者眾，士兵的檢查站戒備森嚴難以通過，但我們解釋自己是耶路撒冷居民。我們到處打聽哥哥拉撒路的下落，卻沒有人能幫我們，直到來到一個死屍聚集的地方。認出哥哥的屍體時我的心僵住了，我不知道自己應該尖叫或暴跳，但我讓自己鎮靜下來並在心裡呼喚耶穌。然後我跟羅馬士兵說：「這是我哥哥，請讓我領走他的屍體。」瑪莎幾乎無法相信，我必須防止她倒下，我搖搖她說：「鎮靜下來，我們必須把我哥哥帶離開這個地方，你知道家族的墓園在哪裡嗎？」她點頭，我說：「那麼我們把他帶過去。」

耶路撒冷外面有些洞穴裡有人在看顧他們死去的親人，我不知道自己應該做什麼，因此便對完全慌亂的瑪莎說：「你留在這裡，雖然會很難以忍受，我會去找艾瑞莎求助，我們無法自己移開屍體。」我以最快速度去到艾瑞莎的家告訴她發生了什麼事，她馬上派幾個僕人帶著擔架去幫我們把拉撒路的屍體帶回家。不知道為什麼，我感到自己必須聯絡亞利馬太的約瑟夫，看看他是否能幫我，雖然我已經很久沒見到他了。我去聖殿找他，但他出差去了，所以我便儘快回到艾瑞莎的僕人預備帶拉撒路的屍體回家的地方，瑪莎已經冷靜下來，她告訴我：「你父母所在的家族墓園在城外。」我們便帶拉撒路到那裡。

我們依舊式傳統將他包在麻布條中，不知道為什麼，但我並沒有哭，另一方面，瑪莎卻是悲不可抑，我很難安撫她。雖然她有幫忙我，但我必須做大部分的工作。我對耶穌禱告：「請過來！請過來！請過來！請不要現在留我一個人。」我以在胸中的每個心跳、以念頭及祈禱送訊息給他，但耶穌沒有來。

瑪莎與我依猶太禮俗在拉撒路屍體旁守了三天三夜，當瑪莎準備唱誦猶太輓歌時，我以手遮住了她的嘴說：「請不要唱那個，我不在意旁人的側目批判甚至認為我們冷酷無情，但我現在無法忍受號哭，我想要想著耶穌，想著我跟他學到的。」第三天我們放棄了見耶穌的希望，因此我決定我們應該離開墓園回家。

在途中我幾乎不敢相信自己的眼睛……耶穌正向我們走來，我走近他，保持非常冷靜地說：「耶穌，拉撒路死了。」耶穌說：「他的墳墓在哪裡？」我回頭把他帶過去，他說：「把那塊石頭搬開。」我無法自己搬石頭，所以耶穌便幫我們把石頭搬到一邊。然後他對著墳墓裡呼叫：「拉撒路，起來！你在那裡做什麼？」我幾乎不敢相信自己的眼睛：拉撒路竟然打開眼睛，走向我們，在躺在墓中三天後。他的所有傷痕都消失了，我不知道自己看著的是鬼或是新的人。他被光所包圍。

然後他走過去擁抱耶穌。「我去了哪裡？我的兄弟、我的朋友？三天三夜來我都跟你在一起。我在這個洞穴裡做什麼？你把我帶到天堂、聖化我，你帶我看到我所守護的通往天堂的門。發生了什麼事？」我說：「拉撒路，你在耶路撒冷的暴亂中被殺死了，你真是瘋狂，怎麼能讓自己被說服去做那種事？」

他的復活改變了他，他說：「我現在記得了。我在很遠的地方，好像跟耶穌做了一趟長途旅行。」耶穌看著他說：「那是真的，但當你到達進入天堂的大門時，我把你帶了回來。你從我這裡得到的聖化，將會讓你脫胎換骨。」拉撒路說：「奮銳黨的戰爭是錯誤的，那不是你的願望，是嗎？」耶穌回答：「沒錯，那不是我的願望。現在讓我們離開這裡，此地不宜久留。」耶穌陪我們一起回我們家，瑟拉芬不可置信地看著拉撒路，她跪在他面前說：「我的天，他成為一個聖人了。你死而復活，跨越了生死關卡又復生了。」她跪在耶穌面前哭泣。「起來！」他說：「沒什麼好哭的，這是值得慶祝的。」

耶穌跟我們在一起，我們跟他一起見證了這奇蹟，拉撒路是他的朋友及兄弟，但我不知道這如何發生在我身上的，回來的不只是我哥哥，也是一個新的生命。耶穌說：

「我無法在耶路撒冷久留，我來此只是為了你，拉撒路。此刻我必須回迦百農，但我相信你的臉孔在這裡不會太受到歡迎，你與米瑞安應該離開這裡去找西門。離開這房子，瑟拉芬及瑪莎則應該留在這裡。」然後他對抹大拉的瑪利亞說：「跟我走，我們要去旅行。」抹大拉的瑪利亞打包行李跟耶穌走。我們準備啟程去找西門並把耶路撒冷留在背後，雖然瑪莎還留在家裡，在經歷這一切後我還是很高興能離開耶路撒冷。

我在那裡見證了死與生，我眼前的一切死去又復生，經由耶穌的手及祝福，那在我的靈魂中永恆地燃燒著。

第二十七章
耶穌召喚一百零八位守門者

拉撒路及我住在西門家中，我們都有足夠空間放鬆及回復自己。拉撒路改變了，增添了柔順及謙卑，同時我感覺到他變得非常依附耶穌。幾天後拉撒路表示他渴望想離家去找耶穌，我問他：「那我應該做什麼?應該去哪裡？」他答：「你最好留在這裡，我無法帶你跟我走，因為這對你太危險了，我的臉太容易被認出來了。」我心情複雜地留了下來，特別是西門也在外出差，於是我一個人與僕人們留在屋裡，把時間用來回想最近發生的事件及體驗，並消化整理自己的念頭。

對我來說很清楚地耶穌投入了一種改革，他並不在意猶太人的嚴格規則。已經有傳聞，在耶路撒冷特別傳得凶，說耶穌不遵守安息日，在那天也幫人治療。他是個打破所有社會及政治規則的革命家，對社會既有的行為規範不感興趣，他自由來去而不在意傳統的禮儀或界限；相反地，他甚至公開違反它們。

我經常想到陪伴他的抹大拉的瑪利亞，想到他們此刻在哪裡。但我內在知道他所啟動的改革會讓我們所有人自由。雖然這些想法對我來說很新奇，但我確定耶穌打破這些規則，為的是讓人類能真正地、認真地跟隨自己的內在靈性需求而活，就如我跟他一起所經驗到的。透過耶穌我得以活在實現我的心、我的自由、我的想法、我的感覺及我的存在本身的需求中，但這會帶我們到哪裡去？我們都經歷了對耶穌選擇的激烈道路的保守態度甚至抗拒，而且很顯然地阻力每天都在增加，透過我哥哥的活動，我自動被扯入成了群眾之敵。因此我很滿足能在這屋中，這裡沒有外面的人知道或認得我。我們都加入耶穌享有靈性自由，但外面的世界是不一樣的，我與厄色尼人及神聖女人們所經歷的所有點化與作法，是一般人的生命中完全陌生的，更是被統治者所憎恨。

我在西門的家中安全無虞。有足夠的僕人讓我過得舒服並滿足我的需求，然後西門處理完家庭事業從國外旅行回來了，我跟一位陌生男子單獨處在一個屋簷下似乎有些不妥。雖然我從小習慣不生根地從一處流浪到另一處，但這對我還是不尋常的經驗。我們在一起的時間都花在大庭園裡散步或是一起用餐，我們有許多時間可以談論或學習重要的課題——靈性的與俗世的。因此我能了解耶穌的新面向及他工作的新觀點，很顯然西門與耶穌來自另一個世界，那裡有著不同的文化。

西門說：「我們當中許多人，包括你自己，都帶著這些古老文化的記憶活著，那是個神性法則被普世遵守的時代。這些文化消失了，只有在遠方仍被知曉。然而我們一次次決定回到地球——雖然每次回來都益加陌生。耶穌和我不束繫於地球的存在狀態；我們的生命是歸屬於光與愛的文化。我們只希望當我們的時間來到時，把人們帶回這種古老價值中。」

雖然我過去沒有聽過這種事，但內在卻是有共鳴的，我知道西門是對的。我開始了解耶穌並非帶來新事物的改革家，他攻擊社會的標準或權威中不服事於神的部份。我問西門他對猶太人的看法，普遍認為我們是神聖的人種，而我也在這樣的環境中長大。西門說：「地球上的每個人種都是神聖的，許多經典也見證了各個人種本身擁有神之話語的神聖源頭。當耶穌與我在亞洲一起旅行時，我們與許多這種文化有接觸。」然後我問他：「在所有可能性中，你為什麼出現在耶路撒冷？為什麼你在此時此地選了這些人？」他想了一下，答：「因為這裡是整個世界的開始與結束，這裡是搖籃，和平在這裡生，也在這裡死去。」

在這時候我不是真的知道如何評估這些話，但我認得出耶穌與西門是兩個眼光超越當下的存有，他們不活在我們的時間裡，而是體現了神超越時間的洞見，透過他們我們有機會超過現在有限的人類存在而成長。接下來的幾天中，許多靈感及印象穿過我的頭腦，我夢到過去與未來的世代，我也夢到戰爭與黑暗，夢到一些我以某種方式連結的存有，為了保存內在之光他們總是苦苦奮鬥。我也夢到之後會來到的世代——一個改變、啟程與轉化的世代。我夢到火、神的恩典及祂光的燦爛。

住在西門家的期間，自信與寧靜在我內在滋長，是我過去沒有經歷過的。我開始發現到目前為止，我一直是個無家的流浪者，但在這裡我有種「到了」的感覺，這對我是全新的。就在此時我漸漸發現西門與我之間的愛愈見滋長強烈，並且這在屋中受保護的氣氛下暫時成了我們的祕密。我們在他家共度了幾個月，除了偶爾出現的耶穌消息外，這段時間便專屬我們倆。我開始照料家務及採買，迦南似乎沒有人注意到，他們認為我是新來的僕人。我們在乎的是兩人真正的關係而非取悅居民，那是我生命中最平靜美好的一段時光，我在西門的屋子裡找到了一個家，給了我過去不曾知道的安全感。

然後一天西門對我說：「來，米瑞安，我們此刻必須離開了，耶穌送來訊息要我們去找他，他在迦百農，我們可以輕易在那裡找到他。」我握起他的手說：「我不知道是否想跟你去，我們要怎麼跟別人說明我們在這裡的事？」他回答：「不必擔心，就跟我走。」於是我們啟程前往迦百農。跟西門旅行是件愉快的事，他總會找到讓我有自己房間的住宿——來保護我的名聲！我們想吃東西時，他便會找到適合的餐廳，同時有兩位總是滿足我們需求的僕人相隨，因此旅程總是舒服的。我們到達迦百農時，西門為我們找了好的住宿，然後他就去找耶穌了。

回來後他告訴我：「耶穌周圍聚了一大群人，幾個星期來他把他們聚在這裡，每天晚上都有來自四面八方的人來聽他祈禱，他邀請我們去。他找到了這個不會敵視他的地方，不像耶路撒冷一樣。你哥哥拉撒路也在這裡，耶穌派了人去耶路撒冷通知想來的人加入。他住在稅吏撒迦利亞（Zachariah）家，我也認識了他，是個好人，但聽說有人批評耶穌住在稅吏家，是跟社會敗類同流合污，然而這似乎並不困擾他。」西門對我說：「現在你應該放鬆自己，你需要休息。今晚我們再一起去撒迦利亞家見耶穌，他會在那裡等我們。」

西門依約來接我過去，壯碩魁梧的撒迦利亞非常高興見到我們，他邀請我們加入他的晚餐，席間他說了他與耶穌在街上相遇的故事，當時耶穌走近他，問他是否可以邀請他作客。耶穌要門徒們自己找住宿，他則跟撒迦利亞住了幾週。耶穌與撒迦利亞的關係讓我很驚訝，好奇著後者是否知道跟他住的是誰。他們表現得像是好朋友，總是玩得很盡興，很享受彼此的陪伴。我於是從不同角度經驗到耶穌、西門與撒迦利亞，是我過去沒有經驗過的，他們會開玩笑、像孩子般無憂無慮，我必須承認跟他們在一起非常開心，而能漸漸讓自己與過去的麻煩拉開距離。

然後耶穌突然問：「你知道嗎，西門，她懷了你的孩子？」西門回答：「我並不確定，但已經感覺到了。」耶穌想了想，問：「你會怎麼做？」西門回答：「我當然會做必須做的事，她可以跟我在一起。」暫停一下後，耶穌說：「最好你們能結婚，那我才會確定她能被你好好照顧，這對我們艱困的未來來說是重要的，這樣我才知道她的未來是安穩的，我希望所有和我映心的女人都能這樣。對男人我則比較不擔心，因為他們能自由旅行國內外。我已經許給瑪拉一個好的伴侶，米瑞安若能以妻子與伴侶的角色住在你家，我會非常高興，因為我看到你們彼此相愛，這對你們兩個都不會有困難。另一方面，瑪格妲年紀大了，會在我往生時陪我，我對她也沒有掛念。對過去幾週來忠實地陪伴並服侍我的抹大拉的瑪利亞，情況就比較困難；我愛她甚於一切，同時祕密地有時是她的伴侶，但我無法成為她的丈夫，神會為她找到路。我一天比一天感受到自己之所以來到這個地球上的重要性，也明白未來給我預備了什麼。」

「米瑞安，你所懷的孩子是想要把眾界統合起來的靈魂。然而我無法避免一些事情發生在你身上，因為你選擇了跟隨我。你應該知道我死而復生的時候接近了，我希望你與西門那時跟我在一起。你將不會有機會退回去過平靜的主婦生活，你子宮裡的孩子將會陪伴我，雖然它還沒有地球的形體。我攜帶在心中的願景與祈禱——也是我來到地球的原因——開始成為實相中，我必須採取適當的步驟來實現這個目的。」

「許多人們由四面八方來找我，但未來七夜我將退隱起來，以便把神的話語帶到地球，並且我想要你們陪我，你們是我最親愛的朋友，撒迦利亞也是我們團體的一員，因為我們都屬於一個古老家族。我們過去幾世便在一起，並且會不斷地找到彼此再度同在，未來也會這樣。此時我們選擇了特別困難的責任，但我知道我能信任你們的支持，就如我過去對你們的支持。」

聽到耶穌所說的話我首先是震驚，我有好幾個夜晚夢到他的離去及重生。我也確定他會選擇人間的死亡，而我們要為某種超越一般肉體的死亡來做準備，突然間我的夢與內在畫面在我之內合一了。幾天來我已經知道子宮裡有個孩子，感受到我的心之下有強大的光。看著西門，我確定自己將受到他的妥善保護，安全無虞。我也很高興再度看到抹大拉的瑪利亞，並且不驚訝耶穌承認她是他的情人。除此之外沒有人懷疑什麼，即便是他的門徒或密友：那是他們的祕密故事。她的心為她找了一個對她而言是艱難的伴侶，但我欣喜她擁有耶穌的愛，因為那是她一直渴望的。

那晚我們在一個山腳下會面，我們不需要指南，因為已經有一大群人在那裡了。人群極為龐大，耶穌還沒有出現，但我在人群裡發現艾瑞莎，西門與我跟團體會合，我們再度見到耶路撒冷的朋友，大家都喜獲重逢。瑪利亞與亞利馬太的約瑟夫一起到達，他帶了一位我見過的朋友，叫做尼哥底母。我很高興再度看到所有門徒並問候他們，他們都成長又更強壯了，在他的身邊猶如樑柱。彼得對我的問候格外熱忱，很顯然耶穌依每個人的責任來教化，讓他們得以成長到各自的高度，每個人都看得出他為什麼選了他們。西門以極大的尊敬問候他們，很顯然這敬意是互相的。

耶穌請他的門徒帶了麵包及補給分食大批民眾，但人群愈來愈大！然後其中一位門徒對耶穌說：「我們沒有足夠的麵包給每一個人。」但耶穌只是笑著，說：「把麵包發下去。」他們照辦了，神奇的是麵包的供給沒有間斷，像是有個取之不盡的源頭，讓麵包被發下去的同時又被補足了，所有在場的人都經驗到這神奇，源源不絕的食物把所有人都餵飽了。耶穌出現時極為輕鬆，衷心地問候他來自耶路撒冷的朋友。我坐在艾瑞莎旁邊，再度見到她我好高興，莎樂美與瑟拉芬也在那裡，我感覺自己像是在一個大家庭裡。

艾瑞莎只是用她溫暖的雙眼看著我，什麼都沒說。她直覺地知道我懷孕了卻沒有做任何評論，只是微笑地問：「你快樂嗎？」我點頭說：「一切都在秩序中，那你呢？」她回答：「你離開之後我們過得很開心，同時也都清楚我們正在為某件重要的事準備自己。當消息傳來說耶穌再度召集我們時，我們很開心地立刻過來了。我相信某件非常特別的事將要發生了，看看有多少人在這裡，有多少人只是因為他的臨在便受到感動，這沒有其他人辦得到。我開始感激我們所收到這份禮物的價值——能認識耶穌這麼深；當群眾愈來愈向他的臨在湧至時，我愈加清楚這價值。」

天色開始變暗，耶穌讓人點上油燈以照亮夜空。在場的羅馬士兵有些困擾我們，他們顯然接獲命令要觀察我們的活動，虎視眈眈並且紀律嚴明，但仍跟我們保持一些距離。然而無論如何，他們的武器及必要時隨時準備介入的態度，是顯而易見的。

耶穌不可思議地冷靜，並散放迷人的美善與愛。他對人們說話並走向他的門徒，此刻他們都長成真正的門徒了，以他們的愛與理解，他們也能回答問題並建議及協助來到面前的人。耶穌漸漸地移往山頂好讓人們看得見他，他要我們到他身邊坐下。此時羅馬士兵往前靠近我們，試圖擋住我們走向耶穌的路。他們問：「現在在做什麼？」一個隊長走向耶穌，問：「你在做什麼？」耶穌看著他說：「你的長官給你命令，我的主人也命令我做他想要的事，讓我們各自執行我們上司的命令。」隊長回答：「我的長官派我到這裡來監控活動，並且在有任何騷動的時候介入。」耶穌同情地說：「我保證這裡不會有任何騷動。」

「但你難道沒有認知到自己為什麼在這裡？你的確是個羅馬人，但卻也是我們的人之一，你不是也在尋找我的訊息、跟隨我的召喚嗎？」下面的羅馬士兵沒有聽到後面的話，所以隊長走過去指示他們退到群眾邊緣。他回頭對耶穌說：「我指示軍隊注意群眾，一旦有騷動，只有在我下令時才能介入。但我的心想要留在這裡聽你說話，你允許我留在這裡嗎？大師。」

耶穌看著他回答說：「這就是你為什麼在這裡的原因，我很感謝你的士兵將看著我們，這樣我就能在平和中講授神的話語。」我目睹這段對話，對耶穌能扭轉局勢來完成他的願望驚嘆不已，羅馬人不再是我們潛伏的敵人，而成了安全的守衛，他把敵人變成了友善的護衛。耶穌爬到山頂，我們在山丘上靠近他的橄欖樹的其中一株之下陪伴他，能如此接近他、聽他說的每句話，是多麼大的恩寵。現場推擠不斷，因為每個人都想找到好位置聽耶穌說話，他的門徒確保著每個人都找到聽得到他的位置。各種年齡的人都有，老或少，也有帶著小孩的家庭，大家都耐心地等著要聽耶穌的話語，然而現場還是花了些時間才安靜下來。

終於耶穌說話了：「以色列的人民，我謝謝你們，你們的心跟隨我的召喚而在今天來到這裡。你們有些人長途跋涉，你們心的聲音將會獲得報償。天堂送來了最神聖的訊息，此刻我將要傳給你們。你們每一位都在尋找一條生命之道，我來到這裡便是要為你們說明、照亮並準備好這條路。我歡迎來到這裡的每一位，無論是朋友或敵人。你們應該都把在你旁邊的人當做朋友，在這裡沒有仇敵或嫉妒的空間。我們到此是要在愛的精神中敲響新的文化，來統合世界的所有人民及種族。我知道一個遍佈全國的消息——你們期望眼前站出一位新的猶太國王，以容許你們揭竿起義並矯正不義及貧窮。但我必須告訴你們，我來這裡不是要以世間國王的角色來統治，我來這裡是要講授天堂的正義。」

「我來這裡要帶給你們救贖。神將把解脫的精確話語傳達給你們，這就是你們今晚在這裡經由我要接收到的。你們每一位都受到祝福，每一位聽到慈悲之聲的人都不會再被遺忘，並且會在未來找到永生——不會死亡但會一直再生。我對你們所有人說，以色列的人民啊、來自國外的人民啊，看看那些在我周圍支持我的人，他們長久以來陪伴我並且聽到神的語詞，而坐在這裡的你們每位也發現了神的聲音。此刻在我周圍的追隨者圈圈，聽到主的聲音已經一段時間，他們將走向你們，然後他們會向四面八方出發，把我的訊息帶給全世界在等待的人。」

「我看到你們許多人內在帶著進入神的世界的通行證，今晚他們就會見到彼此，這將會有一百零八位，他們將支持並陪伴我及所有關心地球、關心人類及將要散播神之話語的人。今晚你們會聽我說，但未來他們會引導並指路給你們看，他們也學習了神性真理。我要請這所有一百零八位支持者站起來，讓人們能認出你們這些神之話語的特使，你們是天地之間大門的守護者，所以聽到我的話並在心中認出彼此。你們的心是打開的，你們在我周圍創造一個愛與慈悲的圈，因為我是基督之光的體現、眾界中所有愛的體現。我來此要以我的愛照亮地球、拯救並療癒這世界，我來此要帶領你們，所以我請你們站起來、讓人們認出你們。」

整個人群，從前面到最後面，男人與女人突然像被催眠般站了起來，群眾看著他們。慢慢地卻肯定地，一個接著一個，他們站了起來，驕傲地站在那裡。氣氛是莊嚴美好的。「主的守衛，我的一零八位，你們每位都聽到了我的召喚，沒有一位錯過。我要你們往前到我這裡。以色列的人民啊，請不要嫉妒，如此當一零八位揚升時，你們也會；當他們活躍時，地球會得救。現在他們要來到我面前！」耶穌請群眾讓路給一百零八位受召喚者，於是每位站起來回應耶穌召喚的人，都穿過群眾來到耶穌面前，然後耶穌看著西門，問：「你認出他們全部了嗎？」西門回答：「是的，我認出了全部。」耶穌說：「那麼現在開始你是他們的守衛。這守衛天地之間最高門戶的一百零八位，我把他們喚來這裡圍成一個護持基督之光的圓圈，我把他們交到你的手中接受領導與指引，直到他們完成工作。」

然後耶穌繼續說話：「以色列的人民啊，聖靈現身在這裡。在這幾夜裡，聖父、聖子及聖靈將會合一並對你們每一位現身，聖父、聖子與聖靈將在地球上再次建立聖三位一體。聖靈在我們當中，化身在我朋友的名字中，他的聲音及他的名字或許不為你們知曉，但你應該知道那位聖靈的化身今晚在這裡。他的火將會與我的火結合，讓聖靈與基督之光在天堂的和諧中會合在一起。神性合一已經很久沒有在地球上顯見了，戰爭與敵意分隔並壓制了地球的人們。今晚聖三位一體會統合人們，並在地球上打開新的希望之門。」然後耶穌轉向西門說：「西門，我知道你不想站起來讓人們認得你，但我請求你接取來自天堂的神性火焰，讓它們臨降在一百零八位身上，好讓所有人能看見他們。」然後奇觀發生了……一百零八把火焰降落到每一位被揀擇者身上，於是他們每一個都沐浴在神聖的光中。

耶穌說：「以色列的人們、世界的人們，你們看到了合一的火焰在我的每位支持者的頭上，這是神聖之夜的第一個徵兆，你們應該跟隨這些火焰並認得他們，他們照亮天堂與地球間通往神之領土的路，你們見證了這個神聖之夜的奇蹟。對於所有今天找到這裡來見我的人，我說被揀擇之聖者的繼承供你們取用，接受這神聖的繼承；我對你們說，觀看這奇觀，但不要依附它。今晚你們得到了滋養，並被允許見到眾受點化者中的聖靈，回家上床睡覺，明天我們再見，你將會看到來自神之寶座的下一個奇蹟。將今晚和解與愛的訊息帶到你的日常生活，與你內在的爭戰達成和解，那是你命運的開始與結束。至於這一百零八位，我要請你們留下來。」

耶穌等到群眾解散，剩下他所選擇的一些親密朋友與夥伴，也包括我們。耶穌如何召喚了這一百零八位，及他們的靈魂如何在內在找回神的領土，透過他們的雙眼清晰可見，真是美妙！耶穌說：「不是每樣你們帶到這裡的東西都是好的，你們是天堂的守衛，但也創造了地獄。因此我邀請你們所有人，今晚跟我留在這裡別去其他地方睡，然後住在你們靈魂中的地獄將能獲救，這是神對於你的解脫給的第一個訊息。」我看到許多雙眼睛中的驚恐，一位我之前在迦南見過的女人站了起來，走向耶穌並在他面前跪下，說：「主，我經歷過天堂與地獄，若我們如你所說的屬於你的圈圈，請為我們展示如何找到救贖；若我們被揀擇來為地獄之受苦者帶來平靜，請為我們展示這條路。」

耶穌回答：「為此你們必須穿越火，這些道路你們並不是不知道。但今天時機還不是很成熟，來自神之天堂寶座的解脫訊息將伸展六夜，才終能在地球上揭示出來。」耶穌把手放在這女人的頭上說：「你擁有我的祝福，你屬於我周圍散播話語的圈圈。我將在七天後釋放你們每一位經驗到的火焰，讓你們能一直將它們帶在你們上方，來宣布即將到來的救贖消息。」

「現在你們都要在山丘上找一個地方睡覺，這個地方會代表你的救贖。拉撒路及多馬將會留在這裡，因為他們也屬於這圈圈。」然後耶穌加入跟我們坐了一陣子，突然他說：「白天會是明亮的，但夜晚會是黑暗的。不要害怕，我的夥伴們，因為我在你們的臨在中。同我一起承受夜晚的黑暗，並將白天注滿光。」然後耶穌獨自退下睡覺了。只有抹大拉的瑪利亞留下來看顧他，撒迦利亞則當他的貼身侍衛。

這幾個夜裡，西門家的僕人也留意不讓任何人接近耶穌，同時他的門徒們在離他一段距離的周圍形成保護位置。瑟拉芬也決定這幾個晚上都留在附近，在天地之間展開她保護的翅膀。然而我們決定回到自己的住所，當我凝視星星滿佈的天空，我感受到心窩下方孩子的光，西門擁著我的肩陪我回到我們留宿的屋子，他說：「你不需要擔心，我照顧並保護著你，夜晚的黑暗將無法傷害你。」然後他離開了，我感到他決定回去找彌賽亞，與他一起沉浸在黑暗中，西門找了一個可以讓自己在夜中退隱的適當地方。

第二十八章
和解的法則

隔天早晨西門來接我，他非常體貼地跟我說：「跟我來，我們被邀請到撒迦利亞家，耶穌在等我們。」一路上我們遇到過去幾週來我想念著的瑪格妲，我很驚訝地問她：「你這麼久以來都去了哪裡？」她回答：「米瑞安，事實上我想留在耶路撒冷，但主把我叫來。我的靈魂感受到他會帶來我所尋求的和解，因此離開了耶路撒冷，雖然我本來不想來。」我問她：「你住在哪裡？」她回答：「我剛剛到達，所以還沒有什麼安排。」她已經是個年老的女人，因此我看著西門，問：「她可以跟我住，好嗎？」他點點頭，我說：「我們要去找耶穌，你要跟我們一起去嗎？」她的眼睛發亮，說：「樂意之至，我非常想念主，好久沒有看到他了。」

我們一起走到撒迦利亞的家，耶穌已經在那裡了，這是個雖然小卻非常溫馨的屋子，我們在那裡待了幾個小時。耶穌花了一些時間跟瑪格妲交談，我則藉機與其他女人說話，包括抹大拉的瑪利亞。耶穌把我們都納入一個友情的同盟中，我們因此知道能夠愛與信任彼此。抹大拉的瑪利亞既高興又悲傷，我則沒有說什麼，因為我感受到她對耶穌的愛既是美好的獎賞，卻同時也是巨大的負擔。她將無法得到每個女人都想得到的，然而，她對他的奉獻是無條件的，你可以從她的眼中看得出來。

因為知道這將是個漫長的夜，我告辭回到自己的房間。瑪格妲陪我回房，我在房裡要了另一張床擺在我旁邊，然後我說：「你可以待在這裡，親愛的朋友。」她不如之前有活力了，我感覺年紀對她已經是負擔，但她神性的品質仍然散發出光。我們決定休息一下，恢復精神後西門來接我們去會面點，已經有好幾千個民眾聚集在那裡了。我們爬到山頂去找前一天的位置，我坐在西門旁邊，所有人都在，只有耶穌還沒有出現。

耶穌在夜晚來到，祝福在場所有人。我從遠處觀察一切，然後他對門徒說話，讓他們發下足夠所有人吃的食物，我們希望前一天的奇蹟能再發生。我並不餓，我感覺到身體慢慢習慣另一個存有住在裡面，而他也需要空間。耶穌對走過來的羅馬隊長說話，他依然如前晚一樣給予我們保護。

黑夜來臨，星星慢慢看得見了。耶穌讓人把油燈點亮，坐在每個人都能聽得到他的地方，說：「透過你們及我的臣服與愛，今晚你們將見證和解法則的建立，我在這個地球上是要帶來解脫。請將我的話記錄在你們心中，這是神之榮耀的法則，刻印在你們受祝福的每一位的心中。在此我將宣揚純真的法則，這會淨化你們的靈魂。」他要求他的男性門徒走入人群中給每位想受洗的人施洗，然後他來我們這裡，說：「抹大拉的瑪利亞、瑪格妲及米瑞安，你們也應該為人們施洗，以水的洗禮為他們做準備。」我們花了幾個小時以聖靈施洗來到我們面前的所有人，將他們的靈魂滌淨。

結束時，耶穌站起來說：「你靈魂的潔淨是你心的狂喜，那些有顆孩子般純真的心的人是受到祝福的，那些不再舉劍的人是受到祝福的，那些聽到神的話語的人是受到祝福的，那些把心的純淨帶入其生命裡的人是受到祝福的。變得像孩子般！不要要求地球上的果實，只有那些純淨的人能進入我天父的國度。對於每一位盼望的你們，天堂有個位子為你們準備好了。未來你應該把這個法則深嵌在你之內，丟掉為你受的傷害報復的想法。起而去愛你的敵人吧！當對手宣戰時，以愛及平和面對他；當鄰居是你的敵人時，原諒他。」

「當有人摑了你的左頰，把右頰也轉過去讓他摑。不要對抗攻擊，那些心中有戰爭的人會給世界帶來毀滅。被人類之手殺害的人應該原諒加害者，受到傷害的人應該原諒，唯有如此，冤冤相報的循環才能被打破。征服你心中的敵意，別在你的想法與感覺中掀起新的戰爭。練習寬恕的法則，唯有如此你才能打破世間因果的束縛。讓愛統領你生命的每一天，以仁慈征服那些不去愛的人，愛你的敵人就如愛你最親愛的朋友，愛那些你不曾愛過的人——這是天堂的法則。」

「那些聽到我話語的人，應該藉由寬恕將我的訊息傳給世界。跟隨祈禱之道，藉著祈禱在自家中找到通往天父之路。摩西來為你們帶來十誡，而我來是再度為你們帶來主的寬恕之誡。戰爭只會由不對抗的人獲勝，然而，你們都應該成為勇士——光與正義的勇士。你們不應該死於貧窮，不應該死於憂鬱，也不應該死於苦難。當你的頭在死亡的那刻高高抬起，你便能認出並緊盯神的面容。主給了地球上的你們每一位自主的權利，藉由不斷在心中祈禱著——主，你的旨意將在地球實現，一如在天堂——來打破你的個人意志。」

耶穌接著跪下並開始在眾人面前祈禱：「主及在天堂的父。祢的名如此神聖。由愛所生並在那愛圍繞中，祢的統治直到永遠。祢是開始也是結束。祢是我們的生也是我們的死。天堂中的主，原諒我們的罪咎，並原諒那些對我們施罪的人。引我們得到救贖，不是藉由尋求報復，而是藉由施予原諒。讓我們知道我們是祢王國的孩子。原諒我們忘了祢的每一刻。因為祢是王國、愛、力量與榮耀。祢帶著永恆之名，將它刻印在我們的心及靈魂中。提升我們好讓我們看到祢的面容。引我們進入光，從有限進入無限。讓愛成為我們生命的法則，好讓平和與喜悅盛行。天堂中的父，讓地球孩子的我們成為祢的榮耀與名字的使者。因為祢是我們靈魂的誕生，如此我們能看到祢的永恆之光、祢的平和及祢的榮耀，永永遠遠。阿門。」

耶穌說完這些話時，很顯然他為我們所有在地球上人們的救贖做了祈禱。無論是他的門徒、我們或其他任何人，似乎沒有人把這些話以書面記錄下來，然而這是不需要的。從這刻起那每一字句都刻寫在我們心裡，從那時起我們以他的話語祈禱，彷彿我們一直知道這些話。

然後耶穌站起來，對天堂舉起手說：「祢的旨意將會實現，主，在地球如同天堂。今天請給我們每日的麵包，讓我們祝福地球的食物。我們以讚頌自己來到地球作為祢慈悲的禮物，讓萬物找到他們的路與目標、受到祝福並幸福快樂。」然後他轉向人群。「以色列的人民，今天聽到我的話的每個人，都重新獲得了靈魂的純淨。你的靈魂已洗淨了所有罪咎，走出去教導寬恕的法則。」

接著他轉向他的門徒說：「你們也應該宣揚永恆之光的法則。」然後耶穌退下了，他的門徒請聚集的民眾回家，我們也離開了山丘。我帶瑪格妲回我房間，臨就寢前她說：「你在心下懷著的那個孩子散放照耀整個房間的光，你為地球懷著一個美好的禮物，這個房間充滿神的慈悲。這孩子以他的光包圍我們，讓我能再度找到平靜。」在這些話中，我們入睡了。

西門隔天來接我去散步。我們沒有說很多話，但我感到他、我與孩子間靈魂的合一，我也愈來愈意識到這孩子所發散出來的臨在。我問：「我們會再見到耶穌嗎？」他回答：「我將上山看看他是否在那裡，若是你想的話，之後可以跟著來。」到山頂時我找到瑪莎，我們與抹大拉的瑪利亞及艾瑞莎坐在一起，幾分鐘之後，耶穌與西門一同來到。

耶穌走向我說：「夜晚來臨之前，你與西門得跟我走，抹大拉的瑪利亞，你也是。」我們一起在無花果樹下退離。然後耶穌把手舉向天堂，水從他的雙手流出，到我孩子躺著的肚子上，他說：「這孩子內在帶著世界的純淨，我以我之名為他施洗。」

然後他看著西門與我，說：「這些日子過後你們應該回到迦南，若你們都同意的話，應該在那裡慶祝婚禮。」然後他轉向抹大拉的瑪利亞，親吻她的額頭，說：「不要傷心，我的抹大拉瑪利亞，來自其他世界的幸福等著你。西門與米瑞安的房子將永遠是你的家，就如是我的家般。過了這些天後，我將與我的門徒留在這裡一陣子，我有事要處理，抹大拉的瑪利亞，你應該跟西門與米瑞安走，回到他們迦南的家中等我。」

我看著耶穌，問：「我的這個孩子是誰？」耶穌回答：「我還無法告訴你他的名字，但我會在適當的時候揭露。但我已經知道一些我能在這孩子身上看到的——他是個天啟的孩子，就如我預言的般。」帶著子宮中光與輕盈的感受，我們回到其他人坐的地方，我試著隱藏自己的思考，因為我想把它們保留給自己。抹大拉的瑪利亞坐在我旁邊，非常貼心地握著我的手。我們坐在那兒的時候，愈來愈多人匯聚在山腳下，耶穌往下走入人群中與個別的人交談。他把麵包、水及酒分給人們，招呼著他們，他歷歷的愛流向他們所有人，他的愛擁抱我們所有人。

然後耶穌離開一下子後帶著羅馬隊長回來，夜幕還未落下，門徒們圍火而坐，跟我們有些距離。耶穌及隊長走向他們，他們交談了一會兒，耶穌看來給了他們些指示。黑暗來到時我觀察星星的天堂，很訝異地看到星星們自動挪移在一起而融為一道光，當中有我未曾見過的畫面。天堂把整個區域都覆蓋在光的蒼穹中，圓頂正上方有顆非常明亮的星星，比其他星星都宏偉許多，呈現我從未見過的光亮。此時門徒們將食物與飲料發給群眾。

耶穌離開了山丘。停止欣賞天界的奇蹟後，我更加了解羅馬隊長了。他全神貫注地監看他駐守在群眾外的士兵，沒有任何事逃得過他的目光，他擁有單單透過臨在便能領導的天份，是過去我在羅馬士兵身上看不到的。隊長散發的光足以組織他的隊伍，並將他權威的訊息送達每位士兵；相對地，士兵們則為灰黑乏味的個體，氣場呈現紅色。跟厄色尼人在一起的期間，我學到這與彩虹的紅光——人類原始行為的呈現——沒有關連。隊長則不同，同時他自己也明白為何耶穌選了他。耶穌在完成他在地球的約定，那通常是很久以前在天堂便安排好了的，這位隊長似乎屬於其中一部分。

耶穌一時之間不見了，抹大拉的瑪利亞也與我們分開坐。他不在時，奇特的事發生在那些等待著他的人身上，而且他們等待彌賽亞愈久這就愈明顯：山丘上人們的光的品質改變了，我內心知道耶穌正在環繞聚集在他周圍的人身上工作。

我也可以看見包圍著他們的光甚至比天空的奇蹟還要神奇，耶穌周圍的人放出比星星還強烈的光，並且擁有各自的宇宙，呈現著我未曾在地球上見過的顏色。山腳下門徒們的光在群眾當中清晰可見，並且放射進入圍繞他們的人們中。羅馬隊長周圍的光則反射了星星。

耶穌或許每天都看著我們這樣的，因為我們是推動星辰世界的造物。山頂的光愈來愈與星星的光混合，直到成為一體，人的形體不再可辨，剩下的只是一條光帶。一會兒之後光慢慢褪去，個體輪廓再度出現。我感覺到坐在我身邊的西門與耶穌遠距溝通著。耶穌接著出現在山頂，微笑著走近我們，在安靜中與我們的感覺相應著；他很高興我們感知到了不可見的——在那一瞬間，萬物合一在我們這混亂的世界中。

因為不想讓任何人接近他，耶穌選了一個在我們與人群之間的位置獨自坐下。他全然靜止地，把手放在膝蓋上並完全覺知著群眾，我們在一片寂靜中等著，雖然現場人數數千，每個人卻都感到耶穌只與他或她接觸。然後他站起來走向下坡，人群挪出路讓給他過，沒有人敢碰他，他停在一位士兵前，帶他穿過人群去到山頂。隊長益加警覺，嚴密地看著耶穌與士兵，吃驚的士兵眼光尋向隊長，隊長點頭同意。隊長一開始有些不悅，因為要一個羅馬人站在猶太人之間是極不尋常的。耶穌接著坐了下來，雖然放低聲音，他的話還是連後面的人都聽到了。

他說：「當他或她無法把住在同一個國家的鄰人當做兄弟姊妹，那你們如何能相信神的國度接近了？這些人心中的自大讓他們充滿仇恨，猶太人視自己為神所選的子民，羅馬人相信武力能統治世界，你們雖然是鄰人卻仇恨彼此。但我對你們說：這地球上的每一存有都是神創造出來的，沒有一個是無中生有的，然而地球卻遭遇著遺忘的命運與輪迴的業力。相信我，你們以色列人啊，相信我，你們羅馬人啊！不管今世你是猶太或羅馬人，來世或許會角色互換。打開你的眼睛並看入自己的心，今天你是猶太人，來世或許你是羅馬戰士，同樣兇狠殘忍。你怎麼能相信你真的是神之愛，當你詛咒那位殺害你的人？或者當你視鄰人為敵時？我對你們說，為了在世間傳播愛，你必須愛那些冒犯你的人，如同愛你自己。」

「特別是你應該愛你的敵人，他們是你進入天堂國度的鑰匙。愛一個帶來好運的人或好朋友是容易的，但愛那些驅逐你、奴役你或殺害你的人，就像要通過神之愛的針孔般困難。無論你種下的是善的或惡的，你就是收穫你所栽種的——這些都是世人忘了萬物為神造的愚昧。農夫耕種時若只在乎他所播下的種子，就是沒有體認到造物的所有面向——太陽、雨及風，這些都是神給農夫的種子、麥穗及麵包的禮物。」

「擴張你的眼界：認出太陽及照亮你道路的神性原則。當你彎腰駝背、目光朝下，便無法認出日常生活的神蹟。你應該有如鳥兒，牠們既不播種也不收割，但天上的父日日看顧牠們。看看天堂，那是天父給出生命並與你們分享的地方，不要經常往下看塵土風沙。觀察生命的養分來自何處，然後天父會讓太陽發光、讓風吹拂、讓雲造雨。當你往上看時，將會看到主的日日看顧；只看地球及俗世生命，便只看得到塵土及行將就木的沈重。抬頭看看天父本身，你將會被提升到天堂。」

「在你所遇見的每個存有的眼中，你將認出神之愛的基本品質。要體認到地球上的每個存有都只是在盡其本分——無論是猶太、羅馬或任何國家的人，被指派為士兵的人必須當個士兵，故你為何要因此鄙視他？農夫必須是農夫、國王必須是個國王，但當你鄙視他的職業，你便吸引了不好的能量腐化你的靈魂。我對你們說，要不帶偏見地度過人生，走出去愛，放掉自己的慾望，杜絕心中的所有偏見；你過世時所帶著的偏見會在來世重現，你祖先們的批判會遺傳給你，並且還會拖累地球。每個存有、每個神的造物及每個人類都能在任何時刻決定自己能自由地去愛，好讓神能認出他。接受你的敵人有如朋友，接收你的命運；特別是，要愛那些在人世間除了迫害、殺害及掠奪以外，什麼都不做的人。然而相信我，死亡時你將帶著這愛，到下一輩子，故讓地球也能繼承這份愛。」然後耶穌站起來，告訴士兵回去找隊長。

耶穌接著轉向在他附近待命的門徒，跟他們要了水，說：「帶著水瓶跟我來。」他們穿越了人群，不斷把水灑向一排排的群眾，重複著字句：「天堂的神，以你的愛讓他們解脫於亞特蘭提斯的遺留。」然後他對人群說：「你們都可以回家了，你們都得到了某種靠自己無法得到的解脫。」

當耶穌走往山上找我們時，我感覺到他是多麼的疲憊，群眾散去時我甚至更清楚地看到他是如此寂寞，身體似乎背負重擔。走到我們面前時他說：「他們怎麼能遺忘了天堂的法則與萬物的封印是彼此調和的？」當他說著時，神以上千道雷電閃光展現了祂的憤怒，意外的是卻沒有人被擊中，然而人群因害怕而快速散了去。耶穌再度說話：「在所有天堂與所有世界之間的眾界之怒，在諸神、天使、開悟男女大師之間的憤怒，是無法被安撫的。為了讓這分離了眾界也分離了天地的原始之怒終能被平息，以救贖你們眾生，我無法避免地要成為祭品。」

然後他看著我們說：「你們許多人都比自己相信的偉大，但你們也以某種方式離開了神的國度，即使當你們在我的每一步中跟隨並服侍我時。偉大的統治者及神坐在這裡，是神的天堂中最強大的一群，然而你們的自由造成了眾界間的震怒。你們願意跟隨我的腳步是正面的，這是在天堂的第一個徵兆，代表你們願意平撫你們造成的憤怒。」

「我找到並選擇你們每一位跟隨者，並不是因為你們的存有本質吸引了我的注意，而是因為你們的靈魂呼求在我身上找到愛的種子。我來此並不是要消除一般民眾的負面行徑，因為他們只是跟隨著某些領袖的同行者。我是為了你們來到這裡——以祭品的角色，讓你們終能謙卑地認出並服事最高目標，那是神的法則。相信我，你們在天堂見到的憤怒既非來自我，也非來自天父，那是來自原初時期的憤怒，是眾界的統治者與光的持載者間的敵意與戰爭所造成的。」

「地球只是一個更大的劇院中的小舞台，我可以讓地球的人們解脫於亞特蘭提斯的封印及業力，但我無法為你們這麼做。你們必須藉由回到自身靈性權能的道路並且在內在深處認知神，自己破除這封印，唯有如此你才能克服你對神的迴避。」

抹大拉的瑪利亞、艾瑞莎與我同時站了起來，耶穌示意我們過去。他的話深深感動並震撼了我們，抹大拉的瑪利亞在他面前跪下並且問：「主，我們要如何走這條路？告訴我們如何解脫眾生？」他看著她回答：「去服務，願意死，願意活，以你身體的每根纖維服務地球，以及服務你心的知識。」然後艾瑞莎問：「主，給我力量，讓我能貢獻於天地間的救贖。」耶穌回答：「去愛及療癒，藉由對每一存有尊敬地頂禮並給與其療癒來服務。」

然後我問他：「耶穌，我能做什麼來滿足你的要求並且跟隨你？」他回答：「你必須回到一片古老的土地，以表徵過去偉大的國王們，他們以神之名所領導的那些國家能再度升起，並回復古老的榮耀；率先回到那留有你做為先驅者的軌跡的古老土地，以讓來者能追隨。許多土地都死去了，它們光的軌跡被埋在地下，被困在黑暗中；相信我！那之所以發生只因為你離開了自己的地方，你寧可退回自身的個人天堂。然而若是不願意回到自己的王國並在自己的領地上服事神，沒有人能得到救贖。」耶穌看著我，以未曾有過的意義深遠的眼光，他的話語撼動了我的世界。

那晚我們都想睡在山上。由於耶穌的預言，抹大拉的瑪利亞、艾瑞莎及我對我們個別的道路都有了清晰的願景。我被關於人類過去與未來的夢的波浪所淹沒，我夢到原初時期以及由地下的光脈組合而形成的神性矩陣，人類在過去遊走其上。我也夢到世界如何從一個被愛所孕生的光球，歷經種種演變。在這些光脈的網絡中，我看到神權孕生在統治地球的偉大領袖們的心中；我也看到許多人離開了他們在地球上被指定的位置，一些人去到了天堂，其他人留了下來，同時黑暗覆蓋了光的脈絡，終至它們完全消失。當黑暗時代接近時，那些明瞭天地間連結的人們為了保護自己而消失了，而那些信任他們的支持與指引的人們，便無助地被拋下了。

破曉時耶穌喚醒我們，我找尋西門，看到他在完全不為周遭所干擾下冥想。羅馬隊長也還在那裡。我有種感覺，像是我昨夜的夢為未來帶來了希望。耶穌點起了火並要我們都坐到火邊，他撥動著火苗，專注地看著火焰。

漸漸地他更靠近了火，說：「我們的時間不多了，因為我決定成為這個世代的祭品，我這麼做是出於自願，我要為地球的命運犧牲自己。自原初時期以來我便認識你們，在神的統治下我們以前是快樂的，然而後來世間人們開始漸行分離；曾經神性傳承是單一而不可分的，後來它便被切割分化為眾多名號。然而相信我，起始與結束只有一個名字，你們每一位只能透過愛來認知自己，若你們和我不擁有這愛，便無法在地球上跟隨這條道路。」

「然而在地球上要如此做並不容易，神與人類間的黑暗阻礙了我們。你們知道你們每一位都走著命定的路徑，你們必須開始以自己的雙手挖掘地球，以觸及被埋葬的光，你的膝蓋會因為祈禱而酸楚，你的雙手會因為挖掘而破皮流血，你的心也會因為你必須以神之名忍受的迫害與羞辱而受折磨。但我求你們別放棄，我也將不會放棄。」

「一步一步地，我們必須終止神與地球間、天堂與人類間的分離，我會以我自己的愛、自己的手與自己的身體來做，為的是讓看不見的門為每個人而開，讓那些迷路的人能重新燃起回家的希望，並讓那些忘了如何以心的語言與神溝通的人，透過祈禱與神連結，這是你們在地球上必須以每個呼吸、每一刻鐘來實踐的任務。當你們離開了這裡

——而你們也沒有人會留下來——你們會在我的名中獲救，而我的名將會被眾界所尋求。我請你們走出去散播我銘刻在你們心中的愛的消息，即使在我不在身邊時。我將永遠與你們同在，保護你們。」

「真的，我對你抹大拉的瑪利亞、我的老友約瑟夫、米瑞安及在場的每個人說，當我不再在這裡時，你們必須離開這片土地並成為傳遞新的光的大使。你看到太陽升起嗎？就如太陽的升起，你們必須宣揚神之國度的新紀元。然而如同太陽在散放光芒前必須旅經黑暗的陰影，你也必須經由黑暗進入光。在我與西門的臨在下，你們能暫時認出來自遠古時期的光，但若這光困守在天堂中而失其燦爛，又有何用？光要真正到來，只有在它能落實在地球上，讓統治者、愛人者及服務者都能使用它時。」

「把這訊息帶著：我不是來此統治，我不是來此征服，我不是來此救贖你們或地球的。你們必須都回到那些光被封印在大地之下的地方，只有透過你眉頭的汗水那裡的光才能被釋放，重現在地球上。你們每個人都在很久以前便與神協議了自己的天命。」

那天早上他走到我們每個人面前給出一個地名、區域及國家，有些是我們沒聽過的。每個人——他的門徒、我們所有在場的人，甚至連羅馬隊長也得到了個地方。我們現在都知道自己即將離開，散佈世界各地。有些地方是耶穌已經知道的，他也介紹了一些比以色列幅員多了好幾倍的遙遠地方。在這些地方，「光的封印」得以透過我們每一位的靈性品質而被察覺與復甦。

耶穌接著安靜了幾分鐘，之後他說：「從這天起，道路將會漫長而艱辛。你們今世以神之名為了打破封印所做的，將會讓你們在永恆之光中復活。你們所成就的將會為其他人做好準備，使他們也能在神的王國中找到位置。相信我！我的話語將會在好幾百年後打破受困之光的封印。你此刻稱我為基督，但之後我的存在本質將會存在於每個人類的心中，那麼基督之意就僅是聖父與聖子的愛的結合，而一切眾生也都是天堂之父的兒子與女兒。」

「你不知道神有多麼希望你們回到祂的王國。天父認得每位離開了祂的臨在而迷失的孩子，祂為你們每一位——每一位離開祂的孩子——哭泣，淚流成海。這海洋創造了讓我們都能在神的形象中再度找到自己的愛。相信我：若不能在萬物浩瀚的宇宙中認知自己，沒有任何存有能在這個由土、沙、火所組成的地球表面找到救贖；人只有能在地球上認出自己，才能在天堂認出自己。」

然後他站起身離開了我們，經過這深刻的一夜，我們也回家，沈入寧靜的睡眠。

第二十九章 天父

白天瑪格妲照顧我，她為我準備了草藥回來，說：「這對你的害喜會有幫助。」她的療癒能力對我有神奇的效果，我對她非常感激，我的身體需要安寧。晚上西門來接我們，他心情很好，我們費力穿越人群來到之前坐的地方。耶穌已經在那裡，顯然很高興看到我們。人愈來愈多，我們也更積極為人們找位置、解答他們的疑問或困難，因為人很多，我也決定加入幫忙。有些情況相當令人感動，有些人真的很受到觸動，並會試著握我們的手或親吻我們。這是我第一次明白，我們這些耶穌的追隨者也同樣受到尊重，甚至崇拜。一如每天晚上，耶穌讓人發下麵包給每個人，我開始了解他餵養人群的重大意義。這晚似乎沒有止盡。

然後耶穌站起來。我們很快找了一個接近他的地方——那是我們的殊榮。我坐在西門旁邊靠著他，整個人都感到疲累。然後耶穌開始說話：「你們知道我的愛一直跟你們在一起，這愛絕不會離開你們任何一位今晚聽我說話的人，即使當其他人以我之名在地球上否定我並散播錯誤訊息，我的愛也會與你們同在，直到最後。我的愛與天父的愛同樣偉大，我是祂的兒子，我因祂的旨意而在此地球上。相信我：是你們的祈禱——那些在地球上活在奴役中，而非如祂所願地在自由中的人們的哀求——召喚了天父的介入。神對你們表現了祂的慈悲，這就是我在這裡的原因：要把你們在地球上的地方歸回給你們。你或許會問我：『擁有自己的地方的意義何在？』就聽我說，你們每一位都在天堂有個地方——你自己的地方——你能在那裡看到並認出神。然而，在自由與神的良善旨意中，你在地球也有個地方。當我注視你們的雙眼時，我只看到那些遺失、忘記或放棄了他們的地方的人。今晚你們每一位都應該根據神的旨意，接受到自己地方的禮物，那亙古以來便屬於你的地方。」

然後耶穌把雙手伸向天堂開始禱告，讓所有人聽到他：「天堂的父，我向祢禱告，我送上我仰慕的話語來祈求祢——對於每個不再知道及認得自己在地球上的地方的人、在祢的王國中失去了其地方的人及善忘地在地球上遊蕩的人，打開祢的天堂之門，主，讓祢愛的火焰指引他，讓他回到許久許久以前離開的、祢王國中的那地方。讓每個人再度找到自己，處在屬於他自身的平靜並能一直見到祢的位置上。讓祢的旨意永遠被完成，天父，並願祢聽到祢子民的聲音，他們正自其源頭之處對祢祈禱。」

然後耶穌舉起手並將手掌朝向群眾，光從他的手中流出，每個人都接收到一道光，山腳下的所有人都站了起來。那是個很動人的時刻，某個人開始唱歌，其他人一個個加入，像是我們之下的整個山丘都在歌唱，「讚美天堂中的神，讚美眾界之王，和撒那，讚美把我們的靈性遺產帶回來的彌賽亞。」所有人都快樂地一起唱歌，天地像是融合了，人們禁不住啜泣並彼此擁抱。

在山頂的我們也受到感動，見證這一幕後許多人無法克制地掉下了淚。群眾不願停止歌唱，直到隊長走向耶穌說：「耶穌，我請你體諒我無法容許那些超過我的長官所授與的權限，我也深受感動，並感覺到我的所在在哪裡，但我想請你結束這裡的聚會，以避免騷亂甚至或許是政治動亂。我懇求你，我不想有任何麻煩。」耶穌慈悲地看著他，然後轉向群眾，說：「今天到此我請你們回家，天堂及神的寶座已經賜予了超乎你們想像的偉大恩惠，明天你們可以再回來。在主的名中，祝福你們每位。」

耶穌理解地看著隊長，說：「跟我們一起留下來。」然後他轉向我們，一直在他身邊的我們留了下來，包括他的男女門徒還有撒迦利亞。他讓人送上酒，然後把酒舉向天堂祝福，接著讓男門徒把酒分下去後，他跪下來看著我們，說：「今天，就在這刻，你在天堂的地方已經為你準備好。一如古老時代，你們能再度在神之寶座的視線中取得自己的位置，今天神完成了我對你們的承諾。」我們不知道這是如何發生的，但每一位都以他或她的方式感受到我們曾經如何進入天堂。耶穌走到我們每位面前將他的手放在我們的頭上，說：「你在天堂的地方已經永恆為你準備好了。」他邊說邊啜泣。

他碰觸我的頭時一滴淚落到我頭髮上，這淚會一直與我在一起，他的愛再度洗淨我的存在。那晚我沉浸在綿延不盡的愛中，像是內在有股爆炸，一片拉扯刺痛中，我被臣服所充滿，然後我睡著了。醒來時許多人在我周圍睡著了，耶穌已經離開，但沒有人想離開這地方，西門顯然留下來看守周遭，看到我醒來他說：「我帶你到較舒服的地方去休息。」他叫醒瑪格妲說我們要回去了，我握著他的手讓他在黑暗中帶我們回村莊。

我問他：「西門，剛剛發生了什麼？」他笑了，回答：「剛剛發生的是自時間初始以來便發生的，並且將一直發生，只是你們都忘記了。」我接著回到房間，他對我吻別，說：「好好睡。」瑪格妲和我退回房裡，房間十分祥和，讓我想起跟厄色尼人同在的日子。在那刻我感受到自己在那段時期經歷了許多悲傷及苦難，我將自己沈浸入這新的初始的平和中，並把手放在肚子上，感受腹內的孩子，把他抱在手臂裡，沐浴在這原始之光中睡著了。隔天我幾乎無法醒來，只模糊注意到瑪格妲的進出，接著晚間她輕輕地喚醒我，說：「來，米瑞安，現在是回去山丘的時候了，我帶你過去，因為西門不想吵醒你而先過去了，他與耶穌有約。」

我們回到山丘那塊幾乎成了我們專屬的位置，我跟艾瑞莎說話，她問我：「你要回耶路撒冷嗎？」我說：「一開始不會，我相信我們都會先回迦南，你不想跟我們一起去那裡嗎？」我沒有告訴她為什麼，但我們的談話後我問西門：「我們是不是應該問所有人是否要跟我們一起回迦南嗎？」西門點頭說：「我對家中最美好的回憶，就是與你們同在時，我想請你們再度成為我的嘉賓，一起進行一個前所未有的精采饗宴，會是所有饗宴中最美好也最難以忘懷的。」我以喜悅與感謝看著他。他真是個創造了好多快樂的了不起存有，謙遜但發光發熱，我感到自己如此愛他，充滿尊敬與欽佩。

耶穌退離一陣子後與彼得一起回來，兩位都站在群眾面前，一切安靜下來後耶穌坐下，並請彼得坐在他旁邊。在分發麵包及門徒們幫助需要協助者的同時，他坐了好長一段時間。群眾等著耶穌開始，但他只是坐在那裡，同時對所有在場者散放他的愛，他的眼睛及心發出超自然的光。

歇了很長一段時間後，他終於說：「今天我想告訴你們關於天堂中的父、我的天父及你們的天父。你們每一位都是這位天父的孩子，我們都從這個源頭出生的。我的天父希望你們知道祂很高興今天再度找到自己的孩子，天堂把一種來自亙古的永恆快樂及福份傳遞給你們所有人。你們應該知道天父對你們無所求、無所需也無所盼，對你們的天賦的權利不求貢品，祂只要你們將愛與平靜，注入祂所給予你們的一切。」

「天父要你們知道，你們並不是為了帶來惡運或悲劇人生而被創造出來的，你們是為了快樂、活出自由意志以及靈性自由而被創造的，你們是為了要接受天堂與地球的果實而被造出來的。但那些背神而去的人給了你們其他的訊息，天上的父希望你們知道你無法以革命或戰爭征服那些壓抑或奴役你們的人，眾界中已經有太多毀滅，他希望看到你們成為和平的大使。」

「前幾夜你們受到水的洗禮，今晚你們將受到火的洗禮。這火將會終結你們靈魂中的矛盾、撫平對神的叛逆並除去善忘的罪咎，這個洗禮不是由我來給予，而是由西門。」西門往前踏出站在耶穌旁邊，耶穌繼續說：「我們是兩根支柱，我的朋友西門是解脫之域的先驅，無論在那裡找到他，他都會被認得出，好讓你未來能跟隨他。他會宣揚天父的和平體制，他與我來到這裡平撫靈魂並釋放他們離苦難。今天當他以火為你施洗時，認出他來，好讓他之後也能認出你來。此刻我宣告他，為了讓他在未來——即使在我離開了此地此生許久以後——能預告並準備我的重返地球。他與我是這個地球復活的見證人，將我們精神的形象刻印在你的靈魂與心中。無論你出現在哪裡，你將被他或我找到。」

然後他說：「去用火為他們施洗，西門。」他進入人群中，以他們頭上的火一一為他們施洗，火焰從他的手中發出，沒有人能幫他，只有他能執行這奇蹟。西門在為眾人施洗時，耶穌站起來說：「彼得，站起來，到我這裡來。我告訴你們所有人：這就是我將建教堂於其上的磐石，他就站在你們面前。」他將手放在彼得的心上說：「此刻開始你將會領導我的教堂。然而，以色列的人民啊，相信我，我們所帶來的教堂將不會由富麗堂皇的宮廷或殿堂組成，我們會在開闊的天空下、在天與地之間，宣揚神的話語。

領導你的人群吧！我們不提倡毀滅殿堂，它們將因錯誤的信仰而自行毀滅；殿堂、教堂及建築將會起而復滅，來自塵土並歸於塵土。彼得及我所親自揀擇的門徒啊，你們無論到了哪裡，在地球上僅會留下塵土，但你們的話語將長存，直到神的真理被確保。滌淨你們的火是你們罪咎的救贖，接受西門與我給你們的祝福，它解脫你們生而帶著的前罪。以這些話語，我消滅這地球上長期束縛你們的原始罪惡之遠古封印。」

然後耶穌往前走，火也從他的手中發出，他幫西門為上前的人們施洗，這持續了數小時，我們好像置身魔法中，觀看幾個小時都不會累。火的圖案遍佈天空，那能量以光束流向我們。儀式進行到深夜，直到每個人都受了洗，耶穌與西門接著回到他們的位置，耶穌說：「此刻你們都可以回家了，你們將會接收到更大的禮物，但今晚便到此為止。」人們離開了，受了提振而變得神聖，減輕了負擔而更加美麗，離開時他們都是自由的存有，不再在地球命運的重擔下奴役受苦。

西門帶我回房時我問他：「你是誰？你像他，但又說不上來地如此不同。」我無法再多說，因為疲倦席捲了我，帶我上床後他便離開了。那晚我夢到我子宮中的小孩，似乎他擁有一份散放到眾界的無限之光及無盡之愛：這孩子還沒有形體或名字，只是無盡的愛與光，以及碰觸我心的一抹溫柔微笑。那晚我感覺到這孩子讓我完整了，那是我未曾有過的感覺；我生命中發生了許多事，經歷了許多深刻的靈性事件，然而我總是感到不完整，我子宮中的孩子讓我感到變得完整，而不是那不斷在尋找另一半的半邊。

隔天早晨醒來時瑪格姐坐在我床邊，我驚訝地看著她說：「發生了什麼事？」她回答：「我只是擔心你，你整晚不斷說夢話。」我問：「我說了什麼？」她回答：「我不知道，那是我不知道的語言，有時你很惱火，有時又很冷靜，偶爾還像是預言的語氣，所以我想最好來看看你。」我道歉說：「喔，瑪格姐，我必定讓你無法入眠，我很抱歉，我不記得昨晚發生了什麼。」瑪格姐說：「不，我並不疲倦，房裡的某種東西帶走了我的疲憊及年老，我再度感到清新年輕，對此我感謝你，好像事隔多年我卻變年輕了，我相信是你那些難解的話語讓我沈浸於青春之泉中。我去拿些東西一起吃。」一起吃了東西後，我期待著耶穌晚上的講道，從此時起他的訊息會一直與這座山連結，並且一直持續下去。我幾乎等不及夜晚的來到，在我內在的某個地方有一份極大喜悅，我像小孩般充滿興奮。

第三十章

神的封印在地球上體現

近傍晚時西門來接我，路上跟我開玩笑，直到到達耶穌每晚演說的地方，所有人都到了。途中的街道空空蕩蕩，每個人都在耶穌出現之前就定位，氣氛是平和而充滿喜悅的，就像大家被奇蹟般地載送到一個神聖的地方。西門拉著我的手引我到山頂坐下，人群比前晚更龐大了，這是耶穌出現以來每天發生的現象，現在山腳下幾乎寸步難移。我們彷彿被包裹在天國喜樂的大衣中，每個人都感到安全而完全自在。

耶穌到達時，說：「今晚將不會分發麵包。」當有限的空間裡坐滿了最大可能的人數時，耶穌走往人群中央並請門徒們跟著他，到達中央時耶穌請群眾往後退，讓出空間給他與門徒們，然後他要門徒們在他周圍形成圈圈。

然後他提高音量讓每個人都聽得到：「今晚在場的民眾啊，我將會啟動會形塑未來的事物。看看這陪伴我的十二位──神聖的十二位無冕之王，我過去幾年來召集在身邊的真正的光之國王。他們來自不同的社會層級，有著大不相同的職業，他們站在這裡看似頭上無冕，實則戴著來自天堂的永恆之冠。看看他們，要知道當我不在這裡之後，他們仍會繼續我的任務，他們的光將會體現他們將帶入世間的真理。我將形成十二顆星星，這些星星將在整個地球上空找到他們的位置，並以我的願景與我的名號宣揚神的話語。在此圍繞在我身邊的每一位都是神聖而真正受到點化的人，體現了眾界的和平。當我不再在這裡時，跟隨他們，當你們不再聽到我的話語時，聆聽他們。在他們每位當中，你都能找到神的堅石。十二顆星星圍繞著我，十二道來自宇宙的明亮光芒，在愛的服務中，日日服從於我的教導與我的存有。感受到他們傳送給世界的慈悲之光，看看地球如何接受它。」

他轉向人群，問：「一百零八位在哪裡？」他們站起來，耶穌說：「在人群外圍成一個圈。」圍好以後耶穌說：「找到了我的你們，感受到你們周圍這來到地球上的神之權能的圈，將自己沈浸在神的封印所給你們的知識之中，明瞭你不再需要言詞或解釋，然後天堂便顯現了。你們今天所經歷的是神之封印在地球上的體現，它形成了永恆的形體，就在你們的外圍以及你們核心的那些人中。」

然後他將雙手舉向天堂說：「主，讓神性封印對他們說話，宣揚喜悅的訊息。」上方的天堂打開了，燦爛的光降臨在群眾上，每個人都籠罩在光中，人們激動地哭泣著。他們開始唱哈雷路亞，每個人都加入了，就像天使就在他們之間。耶穌離開團體往山頂走向我們，他坐在我們中間說：「看！那是神的作品。」

門徒們一開始有些困惑，但當人們湧上前對他們跪拜，他們保持在原位。一百零八位如神的崗哨般圍著人群站在外圈，他們是神性在地球的可見化身。然後耶穌站起來說：「主的封印在你們之中，現在你們都可以回家了，我們經歷了最神聖的夜晚，天與地融合在一起並找到了在你們心中的真理。去告知每一個想聽到神的訊息再度到達地球上的人。黑暗的封印屈服於光的封印。我以主之名祝福你們所有人。」

然後他很堅決地說：「現在你們必須離開，你們所想要的一切都實現了，還在等什麼？停止緊抓保證美好事物的話語，最後要了解到你們每一位都是承諾的實現！」群眾似乎還不想離開，耶穌走近他們並把他們趕走。「走開，走開！不要再依附我的雙唇，它們已經封上；你的雙唇必須發言，而你的行動必須為你發言，你的成就必須如神般讓人難以忘懷。」

然後他對門徒們說：「特別是你們，必須創造如神的行動，讓其令人永誌不忘。」然後耶穌退離了，看著他離去的背影，我彷彿看到一股來自天堂的光落在他身上，籠罩並保護他。一股天國的光輝照亮了山丘，是火與光的合體。我想我聽到了耶穌的祈禱，但我感受到他想獨處。然後抹大拉的瑪利亞來找我，說：「米瑞安，你有地方讓我休息嗎？」我感同身受地說：「跟他在一起不容易。」抹大拉的瑪利亞回答：「你知道，我真的不知道要如何對待他，有時他想要跟我很接近，好像真的很需要我，其他時候他又完全退離不可觸碰，像是不想與我有任何相干。現在我需要些平靜與安靜，因為跟他在一起並不容易。他有時是人、有時是神，但他對我不曾是完全可及的；他讓我沐浴在愛中，但有時在下一刻又拒絕了我，我真的需要給自己一些空間。」

我帶著她說：「來吧，抹大拉的瑪利亞，我們當然可以在我們的房間中挪出位置給你，房間不是很大，但是總有辦法的。」我請西門陪我們，但他說：「這次你能不能找一位門徒陪你？我必須跟耶穌在一起，我要留在這裡護衛他，我是他的守護者。」我自發地走向老雅各，問：「你能陪我們嗎？晚上我們不想自己回去，我不知道路上會有什麼人。」他馬上同意了，他是個了不起又深情的人，在他身上人們一開始就能看到完整形式的基督之光。他總是準備好要幫助人、總是彬彬有禮並且充滿魅力，我不曾見過他拒絕給出協助，就如今晚，於是我們回到了自己的房間。

終於到了我們的房間裡時，抹大拉的瑪利亞開始哭了。我坐在她身邊撫摸她的頭，開始用我們古老的語言唱童年的歌，那是媽媽曾經唱給我聽的。抹大拉的瑪利亞哭得淒苦，像是心都要碎了，我對她說：「在這裡你會找到平靜。」瑪格姐坐在對面同情地看著我們說：「愛一個神般的男人，對女人不曾是容易的，他們有時充滿了愛並隨手可及，接著卻突然退離而不可碰觸。」我問她：「你曾經有過男人嗎？」她微笑了說：「聖殿的僕人是不允許有男人的，有時我會問自己這是幸還是不幸，我的一生中不曾有人在身邊支持我，我有的只是自己對彌賽亞的願景及對神的信仰，因此我能在此生經驗到我自己的完整及完美。」她開始笑了起來，說：「但相信我，下一世當我回到地球上時，我會過得不一樣。這一世已經獻給了彌賽亞，沒有其他男人，我沒有遇到其他能滿足我期望的男人。」我們笑在一起，有了足夠的平靜入眠，我想著耶穌是否還會在山上與我們共度另一夜，畢竟他才解散了大家。

隔天一早，西門來敲門要我跟他走，我們去到撒迦利亞的家，耶穌已經在那裡了。他看著我說：「米瑞安，跟我來。」他擁抱我，說：「你把如此多的愛融合在自身之內，你的愛與你的孩子今晚幫助了我，我為此感謝你。」我說：「我沒有做任何事，耶穌。」他回答：「你不需要做任何事，你只需要在（being）。無論如何，我還是要打從心底謝謝你，你與其他女人的愛支持並承載我，少了這愛我不會是我。如果我沒有時間親自告訴她們，我想請你轉達。沒有這些女人的愛我無法達到我所成就的，你們的愛是如此強大的支持，讓我能在其中種下我的種子、話語與使命。日復一日你們無條件地從心中給我這份愛，將愛傾注在我的道路上，讓我在地球上感到安全與喜悅。」

我只在更久之後才了解耶穌的這些話。在那刻我了解到的是——他對我揭示了神性、女性的本性——並且因此感謝我。我在他面前跪下，說：「主，我無法不這麼做，也不相信任何一位跟隨你的女人會有其他選擇，我能代表所有親近你的女人們說話：除了以愛與靈魂跟隨你，我們什麼都不知道，那是我們的幸運，那是我們的滿足。」他只是看著我，回答：「你們是真正的女祭司。」然後他結束了對話，男人們開始天馬行空地討論起事情，我問他們是否想我離開，他們說：「不，留下來。」

我察覺到耶穌的一個改變，他的眼中混著喜悅與悲傷，他開始思考某件引發兩種心情的事，我感受到他內在有個顫抖。他說：「是回到山上的時候了。」我們陪他回到聚會的老地方，他的門徒已經在等他了，他指示他們分發麵包給現場每一個人，但接著便遣他們回家。

那晚只給我們，他的一位門徒問：「當你的一百零八位之一來到時，我們該怎麼做？」他回答：「那我就會決定他或她是否應該留下來。」有些人明白了而馬上回家，有些人則想要留下來。一般來說，門徒都能說服民眾，但當有人堅持時，耶穌便必須決定。一百零八位中他選了一些能留下來的，其他的人便請他們回家。然後一位女士走向他說：「然而主啊，我確定我能留下來。」耶穌看了她一會兒，說：「因為你昨晚沒有理解訊息，今天你也不會了解。」她回答：「但我今天特別來到這裡。」耶穌以愛的雙眼看著她，說：「你可以留下來，但不是因為你想要，而是因為我決定你可以，你知道差別嗎？」她有些被嚇到了，然而還是被允許留下來了。

這晚耶穌有很長一段時間退隱起來，再出現時他走下山坡去找隊長。隊長與他的士兵在等著看當晚會有什麼發展，耶穌對他說話並與他一起回來。耶穌說：「今晚跟我們在一起，我如此感激你，讓我們在這裡的幾個晚上得以享有你的保護，我想要你留下來跟我們一起。」大家的心情都很好，彼此愉快地交談。

同時西門跟隊長說話，突然西門笑了，看著耶穌並把手放在隊長的肩膀上，說：「看到老朋友真好。」隊長很驚訝，但西門只是微笑著。我經常遇到耶穌與西門間的這類情形，像是他們一起看入其他人的世界，在其中找到我們所無法感知的連結與關係，而他們彼此從中得到的樂趣，總是讓人驚奇。我們分散在整個山丘，看起來耶穌那晚沒有想做其他事情，他經常離開又回來，那是我第一次看到他如何以一個深情的伴侶擁抱抹大拉的瑪利亞。

更入夜後耶穌說：「過來坐在我身邊，約翰。」約翰已經成為一個了不起的人，我看到他是一位映現出許多世界的存有，耶穌熱情地摟著他的肩，開始說話：「約翰帶著天啟的力量，他的內在擁有通往地球之預言的大門，未來他將在眾界中頌揚這力量。他是潔淨而不被外在世界碰觸的，他就像我的弟弟。我愛你，約翰，你知道嗎？」約翰看著他回答：「我也愛你，主。」耶穌看著抹大拉的瑪利亞與他的母親，說：「約翰，答應我，你會照顧我的母親與抹大拉的瑪利亞，並承諾我，當情況有了變化時，你將會照護她們。」

這是門徒們第一次聽到他這麼說話，他還沒有告訴他們他預期將有這樣的改變發生。有些人開始哭了，說：「你會一直跟我們在一起的，主。你怎麼能說這樣的話嚇我們？」耶穌回答：「沒有人想嚇你們，這是你自己的恐懼，約翰，你想要說說你心中的天啟嗎？」約翰驚訝地看著耶穌，說：「我的心中不帶著什麼天啟。」耶穌回答：「你真的有，即使我自己也沒有，而你生而有之。」約翰有些困惑及無助，然後耶穌說：「你只需要看著米瑞安，她的子宮裡的孩子帶著天啟，他想與你說話。」

突然約翰陷入狂喜出神並開始說話，我無法精確記得那些話，但畫面卻清楚留在我的記憶中——一個女人在分娩的疼痛中走在火上，呼求來自所有天堂的靈，帶來火、毀滅與和解、復活及連結。約翰的話語強而有力，像是來自另一個年代，像是來自天與地為求和解的彼此角力，像是來自一個為了要撮合敵對雙方而誕生的孩子。然後他開始談到以其愛與存有恆久地照亮眾界、所有宇宙及所有存有的耶穌基督，他談著基督之光將會升起並照亮眾界，讓一切在愛與祝福中整合。

然後他描述了在之後源起於金光太陽的年代，耶穌曾宣揚的某人將騎著白馬在我們前方前進。他說到將有一個時候，天堂的所有神人將從天界的四面八方來到，在十字架中合一。他描述當這發生的時候，有史以來最巨大的毀滅將會撼動全世界，那時那些總是相信神、不曾放棄復活希望的人們，將會得到重生。他描述一個畫面——四位強大的神人走向彼此，來調和地球的十字架並讓其在火中合一。他描述到一位強有力的神人將帶著天堂的火來到地球。

我們像是做夢般經歷這些畫面，就像我們全都在狂喜出神中。約翰說話時我只能把手放在肚子上，並自問住在我之內的是什麼樣的存有。當約翰從出神中回復過來時，他看著我們所有人，說：「將讚美獻給耶穌基督，將讚美獻給主，獻給永遠救贖我們的罪咎的眾界的救世主。」我環顧四周，看到許多人深深被這經驗感動，有些人在哭。我在許多人臉上看到永恆無拘的知識。之後當我們再度談到這經驗，發現都在自己內在看到類似的畫面，雖然並不真的知道約翰描述的是什麼。

耶穌看起來像在另一個世界裡，然後說：「我將給你們每一位我的祝福，來到我面前，讓我用我所體現的基督之光祝福你。」他坐下來讓我們每一位都去到他面前，把我們的頭放在他的手中，接收到他的祝福時我感受到光充滿了全身，我的整個存在都被他的愛所淹沒，感到與他合一了。他是供我們汲飲的杯器，我們在他的手中復生，無盡的愛在我們之中也圍繞著我們，這愛是真實可觸的，擄獲了我們每一位。

那晚我們被愛灌醉了，沒有情緒也沒有界限，我們汲飲愛之杯，飲酒而醉。我想不起這晚是如何結束或是我如何回到床上的，只知道自己全然快樂，被帶離了這世界並浸潤在耶穌之愛的如神力量中。我醒來時瑪格妲已經醒了，說：「這愛將是未來之道，我們必須在每一刻跟隨這愛並體現它。我知道我們將會永遠在內在持載它，我們將會把生命注入這愛中，讓它死亡又重生，直到它終於永存於地球上。」然後她過來在我床前跪下，說：「我知道我們會不斷重逢，米瑞安，無論是這世或他世。我看到你將會在人間轉世多次，直到我們的任務成功。昨晚之後我知道我們將能把這愛帶給人們，然後所有人都終將相信，這愛為地球帶來圓滿。」

第三十一章
迦南的最後慶祝

隔天我們前往迦南，耶穌答應儘快來找我們，他的幾位門徒及一些人跟著他。瑪格姐想回耶路撒冷，拉撒路則自願陪她回去，抹大拉的瑪利亞、艾瑞莎及莎樂美和我們一起前往迦南。我們還多少留在前晚的醺醉中，充滿了愛並享受著旅程。與西門一起旅行永遠都是件樂事，他會張羅住宿、照料我們身心安好，回到他家後我們也被呵護地很好。接下來那天，西門開始指示他的僕人準備盛宴，為酒桶設流出口、運來補給。他估計耶穌會在約一週後回來，期間我們過得開心並且受到良好的照顧，連抹大拉的瑪利亞似乎也忘卻了悲傷，大家都很放鬆而滿足。

由於西門沒有遵循耶路撒冷嚴格的猶太傳統，在迦南的我們享受到心靈的自由，西門依他自己的希望，遵循正式的猶太禮來安排我們的婚禮，他說：「這樣最好，讓鎮裡的官員認可我們的婚姻，這樣你才能是我合法的妻子，並且連同我們的孩子都擁有繼承我財產的權利。」我們沒有與其他人討論這些事，那週剩下的時間西門都忙著準備慶典，晚上我們則分開。無論如何，這期間我經驗了全然的和諧，充滿著對彼此的信任、愛與尊重。我感到他知道我每一時刻需要的是什麼，並確保我能得到滿足。

一次我們單獨在庭園中，我問他：「為什麼你把房子佈置得如此美麗？」他回答：「兩個原因：首先，我們便能有個盛大的婚禮，再度與耶穌一起慶祝；第二，雖然悲傷卻仍然美好的是，這可能是最後一次我們所有人一起的盛大饗宴。」他吻了我說：「我不想你難過，這就像花朵過了最璀璨的時刻後便會枯萎死去。我們應該享受這些時刻，不要去想枯萎死去的時候，這就是你應該看待生命饗宴的方式。」

西門讓整個房子都擺滿了花朵，我不知道他從哪裡取得這所有的花，但我假設他認識許多商人及貿易業者。屋裡充滿各種花朵的芬芳，非常怡人。一天他買了一條好美的圍巾及一件鑲著我未曾見過的金黃墜飾的洋裝給我，他說：「耶穌來時我想要你穿這些。」我幾乎不敢碰它們，因為它們真的很美好且充滿異國風，還有好美的繡花。西門說：「它們是來自大馬士革的手工作品。」我把它們放在一邊，每天晚上都欣賞。

一週之後耶穌與他的門徒一起到達，撒迦利亞也一起，並且帶了位新的男子，這位陌生人健壯的體格令人印象深刻。耶穌請門徒們到外面找住宿，對此西門慷慨地給了他們錢，饗宴隔天就要舉行，房子裝飾得有如宮殿。

耶穌的母親瑪利亞來對我說：「我總覺得你是我的女兒，你能允許我為你沐浴、淨洗、梳頭及著裝，就像舊時我們的母親們做的一樣嗎？」我無法控制地哭了起來，就在那時我想到自己沒有母親，但卻如此幸運地擁有瑪利亞這樣的代理母親。她的想法讓我陶醉，我答應了。她開始哼唱古老的聖歌，然後為我梳頭、上髮油、著裝，並且送禮物給我。她說：「因為我自己沒有女兒，我想要給你非常特別的東西，這是我們家族代代相傳的胸針，我想要你戴上它。」我忍不住跪了下來，說：「我從心底謝謝你，你像是眾界的原初母親、所有母親的母親，你散放遍及眾界的白光，並以亙古最慈愛的母親當做禮物送給我。」

走出房間我看到到處都是酒桶，整個房子都因滿佈的火炬而顯得明亮熱鬧。我注意到西門多雇了幾位僕人，因為他想避免我們任何一個人在這個場合中為了組織及服務的事項而操心。客人們或單獨或成群地來到了，耶穌待我如父而深情。

那晚耶穌以儀式開始，他把花瓣及聖油放入裝了水的碗中，將一些聖水傾倒在西門與我的頭上，讓它滴落到我們的臉上。這晚他進行的儀式是我在我們的世界中不知道的，一道宏偉的光出現，把西門與我一起以夫妻的身分束合在他的名中。對我而言這儀式內在的完婚意涵大於外在世界，金光與白光在房中照耀，一切雖然簡單，卻又神聖而崇高。

耶穌開始說話，充滿了愛，是我以前沒有聽過的。「我們服事的只有一位母親，就是偉大的萬物；我們都是這位母親的體現，她分分秒秒的脈動都是由我天父——神的寶座與榮耀——所餵養。神的計畫鮮少在地球上實現，但今天是神的計畫在天地間實現的一天，我想要你們都能加入這創造的行動，認出並服事你們的母親、認同你的兄弟們，這些是將來讓別人認出你們的標記。萬物及其計畫想要再度與地球連結，米瑞安，你在心下所懷的孩子將對完成這個計畫有偉大貢獻，我想要這孩子收到滿滿的愛與呵護而能無憂無慮、不遇逆境地長大，我確信你與西門能辦得到。我在地球上必須實現的命運會移除這孩子的所有憂慮與苦難，使他順遂走上他的道路。」

「但聽聽此刻我必須說的。西門——我命名的永遠的兄弟——將在未來某個時點重現地球並摧毀一切錯誤的預言，他的到來會以火與熱情表明，我在地球上的行跡會清出道路讓他完成其使命，好讓我們有一天再度同時出現在地球上。然後我們就能現出自己的光，而不需要躲在鎖上的門後或祕密的通道中。」

然後他看著他的門徒說：「把這個寫在你們的書中，即使有些人試圖抹去西門的故事。所有試著誤傳我的故事及訊息或以之為私人目的之用者，都應該明瞭你的力量及憤怒，並為之發顫，西門。今晚世界享受神的力量與榮耀，滿溢著愛與圓滿。」

然後耶穌說：「西門，作為主人，由你來正式為饗宴揭幕。」西門照做了，並讓人給客人供酒。這耶穌所祝福的酒與過去我所喝的不一樣，它如實地煥發基督的意識，就像耶穌再度講道，每一口都是生命之血，大家都生氣盎然、滿懷欣喜。耶穌對抹大拉的瑪利亞深情款款，今晚是他第一次公開表現他愛她，有些門徒看著他們，但這晚耶穌不在意這些，這晚她是他的摯愛。我們歡慶著，就像天堂裡舉辦著千個婚禮。

午夜時耶穌突然站到我們中間，他走向母親跪在她面前。「母親，我求你放掉我做為兒子的身分，現在起我不再是任何人的兒子、任何人的丈夫或任何人的朋友。今晚我將滲入我存有當中的存有，並且以做為降世的神之子完成自己。請將我從你的母性中釋放。」他吻她的手說：「你是全世界我想像得到的最了不起的母親。」然後他走向門徒說：「請放掉我老師及大師的身分，現在起你是自己生命的大師。」

他走向抹大拉的瑪利亞，說：「請將我從你的愛中釋放。」並且對西門：「釋放我的朋友身分。今晚我將為你體現永恆——我所來自並在我的時候到來時將歸返的無止無盡。這個地球上將沒有任何東西可以留下，一切都將腐朽而不留痕跡，播在地球上的種子將結成果實並回到地球。今晚我將消滅我心中的無常。」

然後耶穌離開了房間，事後看來，這是我們經歷過最美妙的慶祝，然而自然有些人非常震驚。抹大拉的瑪利亞像是心快碎了般哭得淒苦，我過去試著安撫她。「抹大拉的瑪利亞，難道你不了解他把你帶在這份永恆的愛中嗎？你必須了解世間夫妻的綑綁關係對他來說太狹隘了。在這永恆的愛中他將把你帶在身邊，在這愛中你將會與他融為一體，這我能看到，我能在你的心中與眼中感覺到。」門徒們則是又震驚又高昂。

只有西門彷彿了然於心地微笑著，並且挽起我的臂。他是我們所有人當中最有智慧的，過去、現在及未來在他身上融合在一起。每一刻他都是快樂的，無論是俗世生活中做為我身邊的丈夫或是孩子的父親，或是做為一個超越俗世限制的靈性存有。沒有事物能把他與此生綁在一起，然而他以其慷慨與禮物，時時刻刻服務並圓滿此生。

其他女人也非常震驚，只有瑪利亞最鎮靜，雖然她也哭著無聲的淚。我走過去握起她的手，她說：「米瑞安，我不是為我自己而哭，神再也無法給我一個比我兒子更好的禮物了；我是為他而哭，因為我的內在畫面向我顯示他的意圖，而我知道沒有任何東西能阻止他去做他決定要做的事。我們甚至無法想像他所將經歷的巨大痛苦與折磨，他將把全人類的苦難聚集在心中，並為此而苦行贖罪。他將犧牲自己，我看過他的方式，他在前幾晚的多次夢裡讓我看到，但他也告訴我我無法以人類的觀點理解這件事，而只能透過他賜給我的無盡之愛及永恆觀點來理解；但我內在的人性因為害怕即將發生在他身上的而自我折磨著，在此同時，他圓滿在我身上的永恆的瑪利亞，住在天堂中並能看到一切。在地球上要分開兩者是困難的，我知道我將遭受幾乎可以撕碎我的心的劇痛。」

我握著她的手說：「瑪利亞，無論他意圖什麼，我們都要陪著他，讓他所受的苦赦免我們，這樣他的苦才能減少。我也有內在畫面，或許不若你的明確，但此刻請不要跟它們連結。我希望他能等到我的孩子出生，然而我很久以前便許諾以我整個人的每根纖維，服侍並幫助他。他經歷難關時，我希望神能發出悲心，讓我在任何能服侍他之處與他同在。」

這晚充滿了眼淚，這些淚卻還是有不可思議的喜樂跟在後面。我們的狀況幾乎難以描述：巨大的喜悅與巨大悲傷彼此融合而進入我們內在。我們所經歷的光並不屬於這地球，那如神的光只可能來自神本身，就如迷醉來自酒。

我第一次睡在我們結婚的床上，非常高興，前一晚的回憶與影像無法遮蔽我的滿足。在西門的手臂中睡去之際，我開始了解大喜與大悲能在神性結合中融入彼此。我不知道這是否是恆久不變的俗世法則，但此時它的確是如此。

第三十二章 對門徒們的指示

隔天我一早便醒來，決定到露台看日出，其他人都還在睡，但當我踏出屋門時，耶穌已經在那裡凝視著太陽。我站在他身邊，他把手環繞著我，問：「你好嗎，米瑞安？」我回答：「主，我的感覺不是很重要，但你的感覺如何？」他回答：「你必須知道在我的來處——以及我們所有人的來處——我們總是快樂的。我們都合而為一，並且能以愛接受任何事：過去的、現在的與將來的。」

我心中有個問題想向他提出：「耶穌，你為何不娶抹大拉的瑪利亞？你愛她，不是嗎？」他回答：「米瑞安，若我是個男人我便會娶她，但我來到地球是有任務的，娶她對她不會好，她只會更受苦。難道我一個人被人們病態的想法與行為追逐還不夠嗎？不娶她是在保護她。」我問：「你今天會離開這裡嗎？你將再度離去嗎？」

「是的，米瑞安，我有幾個月的時間，我想召集許多人並接觸更多人，我了解到我應該利用這機會。我的命運已經註定了，我不打算避免它，但我要利用我剩下的每一天來完成使命，與愈多人的心與光接觸愈好。」然後我們聽到屋裡有動靜，其他人醒來了，耶穌離開我回去他的房間，並且告知門徒們今天很快就要離開。在前晚的慶祝後，所有人都要離開的前程讓人一方面悲傷，一方面感到興奮。耶穌與他的門徒及跟隨他的男子一起離開，這個人我還沒有機會與他交談。艾瑞莎與其他人回去耶路撒冷，拉撒路選擇與耶穌一起走，西門與我則單獨留在家中，這讓我們很開心，因為終於有給彼此的時間。

接下來的幾個月非常平靜，我的心思多在給予孩子成長的空間，一切平靜而悠閒，幾乎像首田園詩。西門一直在照顧我，除了偶爾需要離家出差的幾天。每次他出差回來我便要問他：「你有見到耶穌或聽到他的消息嗎？你知道他在哪裡嗎？」有時我們聽說他在國內旅行，他講道、治療，許多人聚在他周圍。這樣的日子持續了幾個月，我非常高興得以為將來養精蓄銳。在我心下的孩子有力並充滿了光，他帶來天地間的祥和以及我內在的滿足，我享受給予這種感覺成長空間。

懷孕第五個月時我的夢開始更加擾動，一開始我無法解釋，它們模糊不清並且讓人難以安眠。第五個月快結束時的一晚，我在急喘中醒來，叫醒西門說：「西門，我們得去耶路撒冷，耶穌在召喚我，我們走，我必須去找他。」西門嚴肅地看著我：「現在你需要休息一下，明天我們早點走，我相信你的內在畫面是真的。你感覺可以出門嗎？」我說：「我覺得沒問題，我的身體狀況良好，我們不能再等了，我感到有事情在醞釀，它發生時我將在他身邊。」

我們隔天出門，西門安排了一些僕人陪我們，但當我們到達耶路撒冷大門時他便把他們遣回家了。我們先去艾瑞莎的家，敲了門後一位僕人讓我們進去，站在中庭的我被一種奇異的氣氛所包圍：安靜卻緊繃。艾瑞莎不在家，僕人猜想她很快會回來。然後她終於回來了，說：「喔，我的天，你在這裡多好啊！」我問她怎麼了，她幾乎歇斯底里了起來。「耶穌兩天前回到耶路撒冷。在這逾越節（Passover）的時候耶路撒冷擠滿了人，知道他要來，莎樂美和我去到擁擠的耶路撒冷大街，等幾個月沒見的他。他出現時像國王一樣身騎驢子，居民及訪客對他揮手，說：「來了，大衛之子、以色列的國王！讚美天堂，讚美來到我們面前的他。」

「城裡有種強大的氣氛，羅馬士兵雖然明白自己維護平和的職責，卻也無法控制龐大的群眾。耶穌與他的門徒騎乘在民眾之前前往橄欖山，我們跟不上他，他跟門徒進入一個供他使用的屋子。之後我問亞利馬太的約瑟夫他在哪裡，他答他與門徒們暫時待在屋裡。米瑞安，我很害怕即將要發生的事，我知道耶穌做了什麼，這會對他相當不利，祭司們質疑他，還到處埋伏了間諜及親信。讓事情更糟的是，他在不同的點停下來演說及講道。我聽說祭司們在人群中安排了親信，重複地問：『你是猶太人的國王嗎？』」

我問莎樂美在哪裡，她回答：「她跟其他人在一起，但我們找不到耶穌。」我問：「我們不能問亞利馬太的約瑟夫他在哪裡嗎？」她說：「我會派一個僕人去找他，雖然我聽說他暫時退隱起來了，也不聯絡我們任何人。」「那拉撒路呢？」我問：「拉撒路、瑪莎及其他一些人都在你父母家，我不知道其他人在哪裡，我非常焦慮，米瑞安，像是有個大鐘在我頭上響著，告訴我難以想像的事即將發生。」我問：「你看到了瑪格姐嗎？」艾瑞莎說：「沒有，但若你想的話，我可以帶訊息給她。我們很久沒有見她了。迦南的那個夜晚後，每個人各自找尋平靜與安寧，我們幾個人偶爾見面，但我們一直小心翼翼不去引人注意。我們試著保持冷靜沉著，但我必須承認過去幾個月並不放鬆，然而我非常高興再見到你。」回答我的問題時，她補充：「瑪利亞此刻也在城裡，她跟耶穌一起來的，我同時看到他們兩人，但瑪利亞跟耶穌保持距離。他以預言中的大衛之家的國王身分進入耶路撒冷，文獻中亦提到他將在逾越節身騎驢子，實在是相當奇特，我感覺他有意激怒當局，過去他從不曾如此吻合文獻中的預言或預測，像是他在舞台上扮演他的角色。整個情景對我非常不尋常，雖然人們深受影響。」

我疑惑地看著西門，他嚴肅地說：「米瑞安，讓應該發生的事情發生，我們需要來到耶路撒冷，於是便來了。直到我們了解狀況並知道該做什麼之前，保持耐心。」我需要休息，因為我的肚子愈來愈大，到耶路撒冷的旅途後我需要躺下。

幾個小時後一位亞利馬太的約瑟夫的僕人來到，耶穌想要見我們，但我們不能讓任何人知道他在約瑟夫家，晚上僕人會帶我們過去，約瑟夫指示僕人只有他、西門、米瑞安及艾瑞莎能過來。僕人在指定的時間把我們帶到約瑟夫在耶路撒冷山丘上的屋子，那是個美麗而寬敞的建築，約瑟夫說：「進來，耶穌在等你們。」

耶穌被他的門徒包圍，有了某些改變，抹大拉的瑪利亞及瑪格妲也在那裡。他擁抱西門，說：「很高興看到你，我的朋友，你能來拜訪我真好。」然後他走過來擁抱我，說：「米瑞安，能再見到你太美好了，看得出你身負重擔了。」然後他問我是否可以把手放在我肚子上，我同意了，那是個奇妙的感受，像是我子宮裡的孩子開始與耶穌溝通。耶穌看著我說：「一切都沒問題，你有個健康的孩子，他是個男孩。」我看看西門，他很開心。我們大膽地問耶穌他的計畫為何，而他在門徒面前問道：「你們今晚想與我共餐嗎？」他相當冷靜沉著，散放慈愛，當我望入他的雙眼時，我只看得到純然真實，除了真實的神性外，他的眼中別無其他。人們能感受到當下的合一，像是過去與未來不存在。

門徒們非常安靜，歷經了許多的他們內斂少言，我們持續待在耶穌身邊，而只有亞利馬太的約瑟夫跟我們說話，耶穌說：「來，主人已經為我們準備好餐點了。」我們進入樓上一間精緻的房間，裡面有張很大的桌子，耶穌請我們坐下，他的門徒坐在他周圍，他要人準備了傳統的逾越節麵包。

耶穌看著我們所有人，房裡變得非常安靜，他說：「該經歷的便要經歷，我給了你們所有該給你們的，現在你們知道當我有什麼事發生時，該怎麼做。」然後他對亞利馬太的約瑟夫說。「約瑟夫，我的老朋友，你經常幫助我，我再求你一件事。我不認為當前在以色列發生的事會有好結果，跟著我的仇恨與迫害，在我不在之後也會跟著你們。這片你們長大的土地已經不再是安全的家。主給了我許多內在畫面，但我當下無法看到很遠的未來。約瑟夫，你曾經告訴我你在過了海的南方有片很大的地產。情況若進一步惡化下去，以色列便不再安全了，我求你把我心愛的人平安地帶到另一片土地上，特別是抹大拉的瑪利亞，讓他們在舊家不再適合時覓得一個新家。我有我的路要走以及使命要完成，卻不能讓我心愛的人在怨恨之劍下受苦。」

「我求你們所有人救救自己，並把我愛的人帶離這裡，這是我的心願。我不想要你們被迫害，我想你們以尊貴的人類及我尊貴的僕人的角色，離開這個國家。我在地球上的遺產不該遺失，請以我的名保存。」然後他對十二門徒的每一位說：「你們的願景是強大的，而且已經為你們的任務做好了準備，我不想你們任何人有危險。掌權者害怕我，我想他們會把我列為通緝犯，我想要你們今天對我保證，若真有此狀況，你們要出賣我，你們在地球上還有了不起的事要做，我不希望你們的任務遭到危險，請保住自己的性命，即使你必須出賣我。」有些門徒不高興的說：「我們絕不會背離你的，也不會否認是你的門徒。」

耶穌回答：「你們將必須這麼做，因為這是我的願望。我不希望看到你們的生命遭受危險，我想要救你們，讓你們能繼續活著完成使命。」然後他看著彼得，說：「即使你的想法折磨著你的靈魂，我還是想要你答應願意出賣我，否則所有我與你共同打造的便會毀在祭司及他們的黨羽手中。請答應我，彼得。」彼得搖搖頭。「我不相信我能出賣你。」耶穌滿懷著愛說：「但相信我，你會這麼做的。並且我在此時此地保證，這是我的願望，不是你的。」

然後他轉向猶大，猶大為難地看著地板，說：「你想要我做什麼，主？從你所說的看來，你似乎準備好赴死了。你應該試著與祭司們和解，他們並沒有真的要對付你，為什麼你要對我們陳述一個只要你尋求和解，就可以避免的狀況呢？」耶穌回答他：「猶大，我不是來這裡尋求跟每個人和解，或是跟兇手和平共處的；這也是我天父的旨意。我處在地球的野蠻與殘忍的顛峰，為此理想我願意犧牲我的生命；即使我想避免死亡，我天父也不希望我尋求與兇手的和解。天父的旨意是讓這樣的勢不兩立，對所有人都能清楚顯見，對你們也是可理解的。而你是能幫到我的，猶大。」

猶大在耶穌面前跪下，耶穌繼續說：「猶大，我值得信賴的朋友，我所向你請求的是你能想像的最大犧牲。」猶大看著他說：「主，我準備好與你共赴黃泉，當你選擇死亡時，無論以什麼方式，讓我跟你走。我願意跟你走，我要跟你一起得死。」耶穌說：「不，猶大，我對你的期待比那個還糟，你必須幫助我加速我的自我犧牲。」猶大說：「那麼告訴我，主，我應該為你做什麼，如何做？」耶穌解釋：「你知道那些之前的祭司們，去找他們，跟他們說你背叛了我，並且附和他們在耶路撒冷散佈的所有論點，支持他們，並且以公開出賣我為代價要求金錢。把他們帶到我的住處。」

耶穌以沈悶的聲音說，房裡的每個人都屏著息，房裡一片寂靜。然後猶大爆出了淚，他在耶穌面前跪下，哭著：「主，你對我做的是什麼樣的要求？」耶穌把他扶上腳邊，慈愛地說：「猶大，請幫助我。在我面前等著我的畫面是如此清晰，我還能忍受多久？讓自己勇敢，擁有如我所願的英雄氣概，卻不需要是個英雄。請讓我們接受我們的命運，不再拖延。」猶太說：「我不認為我的力量足以完成此事。」耶穌回答：「那麼讓我成為你的力量，天父與我將會是你的力量。該發生的必須被實現，那是很久以前就被記錄在文獻中的，此刻它必須穿越。」

猶大試著逃脫他的命運，說：「主，當你對我做如此要求，我無法再留在這裡，我現在可以走嗎？但我要如何達到你的期許呢？」耶穌回答：「猶大，再留久一點。今晚你就要離開我們去敲聖殿的大門，去做我要求你做的了。」耶穌開始哭泣。「猶大，相信我，透過這裡將會發生的，房裡的每個人未來都會得到救贖。我也想找別的方式來抹清地球的罪，但我也必須追隨天父的旨意。」

房裡唯一保持冷靜的是西門，這在我感知到他的感覺時被我察覺到了。他散放無限平和，並且不帶情緒地聽著每一句話，面對一切的發生他似乎仍然保有冷靜，那也給了我撫慰。無論如何，我們並不清楚自己即將經歷的，耶穌所描述的讓我們難以想像，但那將是我們未來幾天會經驗到的，而且可怕的程度甚至超越任何我們能想像的。耶穌說：「你們都是我的朋友，在天堂上和在地球上都是，是神的忠實夥伴。我的朋友，我想要與你們一起慶祝傳統的厄色尼公餐，那些為我準備道路並同行的人啊，你們在眾界守衛基督之光，並讓它在這個世界重現，今晚留下來跟我在一起，不要在此刻離開我。餐後我將請你們讓我與我的門徒們獨處。抹大拉的瑪利亞，你也要跟他們一起離開。」

他看看西門、艾瑞莎及我，說：「請帶她們走，今晚我們不會歇息。」我幾乎無法描述房裡突然變得多麼空虛，耶穌是我所見過最了不起的靈魂，他不是人類——他是我的神。任何一位正常人都會設法避免這樣的悲劇命運，會猶豫或試圖逃跑，但耶穌促使命運走它的流程，沒有一絲恐懼或痛苦。

相反地，這晚我感到他對他所愛之人比對自己還焦慮；他關心我們將去哪裡、將做什麼，甚於關心自己的命運。只有他的力量能幫助我們承受這個時候。每件事都有它的過程要走，耶穌開始在這樣的空虛中祈禱，然後他開始撕分麵包，就像我跟厄色尼人有過的經驗，他以此話語把麵包傳給我們每一位：「吃下永生的麵包，如此你將永遠被療癒。」

第三十三章
最後的晚餐及耶穌入獄

我突然發現瑪利亞不在那裡，之後我知道耶穌不想她在那裡，我問自己她會去哪裡，但很快耶穌便拿來他在迦南用的酒杯，再度斟滿它。再一次他全心全意地祈禱，在他自己內在，我看到他如何與神親近交流。然後他把酒傳下，說：「這是我的血，它將會為你們及所有人類而滿溢。飲下神之規則的古老盟約的血，敬永恆，以我們主之名。」他給我們酒，他所做的一切都讓我想到與厄色尼人的最後一夜，那是一次記憶的重生；然而這次不一樣，耶穌以永恆的封印祝福這儀式。

酒杯被傳下去時，我們都意識到這個群體是一體的，我們服侍的是同一位師父。大家喝酒時我看到一些畫面告訴我——我們服事的不是地球或是人類的意志，而是過去到未來唯一一位領袖的旨意。在這酒的相伴下，我感到天父及他的兒子此刻臨在的無限之愛，更加顯著了。耶穌然後帶著一盆水去到門徒前，以古厄色尼傳統在他們面前跪下。當他開始為他們洗腳時，他們抗議：「不，主，我們不能接受你這麼做。」但耶穌回答：「若不是我，又是誰？」然後他持續洗完了所有人的腳，之後他也洗我們的。當他來到我面前，他以對待門徒同樣的愛對待我，當他對我跪下時我哭了，因為我也看到他的脆弱。我知道耶穌不會允許任何人碰觸他心中的痛，他決心要犧牲自己，並且不要求別人什麼。

清洗了所有人的腳後他說：「現在一切都完成了。我請你們其他人離開，只留我與我的門徒們。猶大，是離開的時候了，完成你必須做的。」猶大走向耶穌，他們彼此擁抱，絕望的猶大說：「我還能再見到你嗎，主？」耶穌回答：「我們會在我們都與神合一的地方再見。現在離開吧，猶大！不要再有任何拖延，忘記你的懷疑，做必須被完成的事。」猶大離開房間時，對我真是可怕的一刻，我無法想像他離開時心中承載著多大的負擔，然而那是他的師父要他做的事，耶穌也給了一個他們將來祕密會面的地方，耶穌將會去那裡等他。

然後耶穌對我們說：「此刻是你們離開的時候了。」耶穌與西門給了彼此長而溫柔的擁抱，我們便走了。約瑟夫與抹大拉的瑪利亞也跟我們一起走，我們完全靜默地離開，因為沒有人能夠說任何話。我們安靜地走在耶路撒冷的街道上，直到約瑟夫跟我們道別：「我會跟你們保持聯絡，我知道那裡可以找到你們。」然後我們便回家了。

那是一個對所有人都難眠的夜。西門留在屋外，我無法入睡而在屋裡徘徊時，看見他在外面冥想，那就像他不在這裡而是在另一個世界；我看到他的身體，但他的靈魂卻在其他地方。我試著回復自己的平衡及平靜，想到子宮裡的孩子，在我裡面的小生命似乎不被這些事件所困擾，像是理解著一切，這給了我度過黑夜的力量。等待無可避免要發生的事是個可怕的經驗，艾瑞莎也無法入眠，我們同樣在屋裡徘徊，遇到時便只是無言地相視。

次晨門口傳來響亮的敲門聲，是拉撒路，他告訴我們在城裡聽到的：我們離開後耶穌去了橄欖山，猶大在舉發耶穌之後也出現了。拉撒路說話時我們都靜靜的不出聲像是嘴巴被封起來了。拉撒路自然對於猶大的作為大為光火，我們無法平息他卻也無法告訴他事實。他說耶穌被帶走了，我問他怎麼知道的，他回答是小雅各來告訴他的。拉撒路說：「但是卻沒有人去幫他！我問他為什麼，他說那是耶穌的願望：讓自己束手被捕而不對抗。他此刻在祭司的黨羽手中。」

西門冷靜地看著拉撒路，問：「接下來呢？」拉撒路說：「我不知道，但我想我們應該去聖殿，似乎沒有人知道接下來要發生什麼。」我們很快著裝，急急走到聖殿，艾瑞莎說：「我去打聽看看發生了什麼，我認識這裡的許多人，甚至是猶太行省總督朋提斯・彼拉多（Pontius Pilate）的妻子。我會試著去見她來了解狀況。」我們坐在聖殿前庭等待，那裡已經有龐大人群聚集了。太陽炎熱而殘酷。

過了一會兒艾瑞莎回來了。「克勞蒂（Claudia）告訴我，大祭司們在彼拉多面前指控耶穌是叛徒，他們聲稱耶穌宣稱自己是以色列的正當國王，並打算推翻政府。他們顯然說服了彼拉多以為耶穌鼓吹推翻羅馬的佔領，他被指控是鼓動群眾的首腦。」西門問艾瑞莎：「彼拉多對這些怎麼說？」艾瑞莎回答：「克勞蒂說彼拉多不想與整件事有任何關連，但祭司們不斷給他施壓。耶穌現在在監獄裡，祭司們要求審判耶穌，他們為他羅織了種種罪狀，他們怎麼能如此邪惡、如此虛假？」

我們回家，因為已經沒有新的消息了，我們只等著聽進一步的發展。抹大拉的瑪利亞跟我們在一起，似乎受了驚嚇的她幾乎無語，只是一直退避在自己房間。艾瑞莎相當急躁：「我要再進城去，看看可以打聽到什麼。」當她回來時，她報告：「兩位大祭司安那斯及開亞法斯每個小時都去見彼拉多，鍥而不捨地要求把耶穌定罪。耶穌入獄了，但我不知道在哪裡。」西門問：「你想有可能去探視他嗎？」艾瑞莎回答：「我會試著問問看，但一切太恐怖了，數百人聚在彼拉多的官邸前面，你們不會相信大祭司們在做什麼：他們發錢賄賂民眾，要他們喊：「定罪！定罪！」一般的市民與警察都被收買主張把耶穌定罪並處死，因為他們宣稱他是個罪犯、巫師以及國家之敵。」

我因這些話感到噁心而跑出去嘔吐，大祭司終於用教唆、悖逆與收買的方式讓一個清白的人被控訴，要在羅馬法庭上受審。他們以誇詞與謊言激怒羅馬人，而耶穌完全是清白的。西門保持冷靜，說：「那些祭司們非常狡猾，他們知道羅馬人相信直線思考，一切對他們都是黑白分明；畢竟，羅馬人只有一個目標，就是在以色列維持他們的權力與帝國。耶穌被說成是一個叛徒，祭司們試著說服彼拉多耶穌對羅馬的佔領是一種威脅；他們很聰明，為了安撫羅馬，彼拉多必須要行動。」

艾瑞莎又出去蒐集更新的情報了，亞利馬太的約瑟夫隨後到達。約瑟夫很有政治影響力，並且在城裡的最高層有許多人脈，他也有新聞：「安那斯及開亞法斯不斷左右聖殿長老會議，他們每個小時都到長老面前污衊羞辱耶穌一番，試圖讓他受到叛亂罪的審判。尼哥底母與我無能為力，現在他們要求耶穌必須被處死，以除此大患，他們正鼓吹彼拉多讓耶穌受釘於十字架上的死刑。」艾瑞莎回來了，說：「我找克勞蒂談，問她我們能否與耶穌說話，她告訴我她的丈夫或許不會反對，但是不能超過兩個人，她會請他同意會客。」西門看著抹大拉的瑪利亞，說：「若我們被准許去見他，我們倆應該試著去看他，你想要跟我去嗎？」

艾瑞莎陪他們倆，我們其他人則留在屋裡焦急地等著。期間，我請莎樂美去把在我們家的拉撒路、瑪莎及其他人接過來，因為艾瑞莎的房子肯定會安全些：做為羅馬市民，她享有特別的地位，也比較不會被聖殿流氓或羅馬士兵騷擾。拉撒路到達時，我問他：「你知道門徒們在哪裡嗎？」他不知道，但說：「他們都消失了，沒有人知道他們在哪裡，他們躲了起來，並且顯然沒有告訴任何人他們的行蹤。」一開始我稍有不悅，但之後便記起耶穌前一夜說的——他們應該在鎮裡找地方躲起來。此刻耶穌入了獄，我能想像他們的感覺：他們知道他們所愛的師父被囚禁在羅馬人的高牆下，卻無從得知他遭遇了什麼。我們也被懸住了，前方是好幾個小時的等待。

清早，西門與抹大拉的瑪利亞回來了，抹大拉的瑪利亞哭著，我問：「你們見到耶穌了嗎？」西門回答：「是的，我們見到他了，但他真的受虐待了。」我問：「他怎麼樣，他說了什麼？」抹大拉的瑪利亞回答：「感謝彼拉多的妻子，我們幸運地能跟他單獨談了一會兒。他對西門與我做了些要求，但我現在不想談細節。」我觀察到約瑟夫與西門謹慎地離開了房間做進一步討論。耶穌的母親瑪利亞也來加入我們，因為她住在拉撒路那裡。她以無比的沉穩接受了情況，但她的眼神卻全然空洞，抹大拉的瑪利亞處在深度絕望裡，我試著安慰她並給她支持。

她說：「米瑞安，你不知道他們對他不敬，他的狀況真的很糟糕，臉腫了，眼圈發黑，還有其他受虐的痕跡，他們把他當野生動物對待。人類怎麼會如此野蠻無情？」她終於筋疲力竭地在我膝上睡著了。西門與約瑟夫在房間外面繼續待了許久，他們回房時約瑟夫馬上離開了屋子，西門也沒有對他們的討論說什麼。他接著派人去接瑪格姐，不一會兒她來了，西門給她一個擁抱，她說：「我不相信我的靈視會成真，我預見了每一件事的發生，有時我不知道這靈視力的天份是福還是禍。」西門說：「你最好跟我們待在一起，在你自己家中你已經不安全了，暫時我們都在一起，看看事情如何發展。」

不久約瑟夫回來，敲門進來後說：「祭司們得逞了，安那斯及開亞法斯的讒言計謀成功了，耶穌必須接受彼拉多法庭的審判。彼拉多同意了，因為他發誓效忠羅馬統治者，身為猶太人民及羅馬政府的橋樑，當他們指控耶穌背叛羅馬人民，彼拉多沒有其他選擇。」西門問：「審判會在哪裡進行？我們能在場嗎？」約瑟夫答：「每場羅馬審判都是對大眾公開的，每位市民都有權利參加。然而你們要知道，現場會有許多羅馬士兵，所以我們應該盡量隱藏身分。明天早上耶穌會上法庭。」我們決定晚上都在一起，隔天再小心地跟約瑟夫去聽審。那晚我們沒有睡，西門在另一個房間，我聽到他來回踱步著，為了隔天在整理思緒。

隔天早晨我們為了避免被認出來而分成小組行動。我們計畫在總督官邸會合，然後再試著進入公眾廳廊。我與西門及艾瑞莎一起，我們在前庭看到了彼得，他心慌意亂，還盡量試著不被認出。我們過去問他：「怎麼了，彼得？」絕望的他哭喊：「你無法想像我昨晚做了什麼。當他們逮捕耶穌時其他人逃走了，我與仍然龐大的人潮留在街上，到處有火把在燃燒。其中有人問我：『你是他們的人嗎？你不屬於那位稱自己為彌賽亞的人嗎？』我不知道自己竟然辦得到，但我連著三次否認了，表現的像是不認識耶穌！」西門攬住他的肩說：「彼得，不要有罪惡感，這是耶穌要你做的，你的罪惡感幫不了任何人。為了眼前的一切，我們需要力量。不過我們最好不要待在一起。」彼得說：「我想留下來看會發生什麼。」西門答：「那你就留在人群裡避免被認出來，我們會試著進入審判廳，之後將回到艾瑞莎的家。無論審判進行多久，都回到她家，我們不知道這些兇手有什麼計謀。」

審判廳聚集龐大人潮，許多羅馬士兵在場維持秩序，約瑟夫交涉讓我們進入，總督的位置在一個高起的台上。在不可計數的旁觀者間，我看到猶太的大祭司們，就如過去看到他們的樣子，他們像面無表情的陰謀者，彼拉多在他們的靜默等候中來到，坐在大家都看得到他的位置上。他提高音量，要求：「耶路撒冷的大祭司們、人民的聲音，你們對囚犯的控訴是什麼？」「我們要求拿撒勒的耶穌被起訴並定罪。」彼拉多似乎不耐煩，問道：「但你們憑什麼指控他？」其中一位祭司站起來，喊道：「他是羅馬人及猶太人的叛徒。他試圖讓猶太平民反對我們，我們一直只想遵循羅馬帝國的願望而維持和平。他試著以新國王的想法收買猶太人民，他想要推翻在以色列的羅馬帝國。」

彼拉多問：「你能證明這些嗎？」祭司回答：「他自稱是猶太人的國王。」「你還有什麼指控？」「他在我們的安息日也在給予療癒，他打破了我們的律法，外面的人要求處死他！」彼拉多相當震驚，要求更多解釋：「要他死？他真的做了什麼這麼壞的事嗎？」「他是個妖言惑眾的妖術師，還想對付現任國王以成為以色列的國王。你做為羅馬國的真正僕人，除了處死他，你別無選擇，他是國家之敵。」彼拉多說：「我讀了你呈上的證據，連我的妻子也說他是清白的，她相信他誠實無罪並且只做善事。我仔細查問了關於他的事，也沒有發現什麼危險的，相反地，他給予治療並幫助人。他未曾自稱以色列國王或意欲奪取耶路撒冷政權，我所知的沒有那些事。」

然後祭司們生氣了，說：「我們不同意，問問人民。」彼拉多說：「我想與他本人說話。」他下令：「把囚犯帶進來，是否無罪清白，他應該辯護自己的清白與否，這是他在這個法庭中的權利。」他給了一個手勢，耶穌被兩位武裝的守衛帶進來時，我以為自己要暈倒了：他被虐待到讓人認不出來了。然而他不顧傷勢，挺胸直行，耶穌過了門口進入廳內時，一位男子跳上前將他的外套放在耶穌跟前的地上讓他踏行，但耶穌往後退避開了外套。彼拉多非常生氣並大喊：「你在做什麼？」男子回答：「我做的是我看過其他人為他做的，我只是想把外套鋪上以示我對他的尊敬，我看到他如何進來耶路撒冷的。」彼拉多說：「馬上把你的外套收回去。」耶穌慈愛地看著男子，對他說了幾個字——像是想要解釋那是不必要的，他不應該冒著生命危險。然後耶穌穿越大廳走向彼拉多。

然後一件驚奇的事發生了：當耶穌往彼拉多接近時，羅馬士兵在彼拉多的座台左右兩側拉起的帝國旗幟，慢慢降低了，在場的每個人都注意到了。彼拉多對拉旗的士兵極為生氣：「你們在做什麼？馬上停止！」士兵們非常困惑，但也不敢答覆，然後其中一位鼓起勇氣說：「敬愛的彼拉多總督，相信我們，我們什麼也沒做。」祭司從大廳的另一頭大喊：「你們都看到這個妖術師的把戲了，他如何操控人們，如何控制這裡的旗幟！」彼拉多吼叫：「安靜！我不相信妖術師會有此能耐，若你認為他是妖術師，那麼把我們的士兵跟你的人交換！」耶穌在大廳中央站著不動，大祭司把掌旗的羅馬士兵換成自己的人，然後彼拉多對耶穌說：「走近一些。」

再一次，旗幟在耶穌面前降得幾乎到了地，像是對彌賽亞鞠躬般。彼拉多臉色發青，無助地靠在椅背上並以雙手住摀住臉，試著控制自己，然後他站起來消失在簾子後面。幾秒鐘後他又出現了，費力把持自己並看著耶穌說：「所以你是那個在城裡製造了許多騷亂的拿撒勒人。」耶穌沒有回答，彼拉多繼續：「你站在我面前，因為你被自己的同胞所控訴。」耶穌沒有回答，只是平靜地看著他。「他們控訴你聲稱自己是猶太人的國王，告訴我，你是嗎？」耶穌低聲平靜地回答：「若我是國王，就會如你般擁有軍隊，彼拉多。我的軍隊就會為我而戰，我便不會像個窮困潦倒的乞丐般站在你面前，腳鐐手銬又受蹂躪虐待。因此你對我的指控是什麼？」彼拉多重重地嘆了口氣，站在最遠的人都能聽到他的歎息。「不要讓我如此為難，甚至在我家裡你也有支持者，你在我妻子的夢中出現，她不遺餘力地想辯護你的清白。你可以讓你我的日子都好過些的。」

大祭司們再度開始叫囂，幾乎異口同聲：「你看吧，彼拉多，這妖術師是如何操控你自己妻子的夢。」彼拉多用搥敲打他面前的桌子，喊道：「安靜！若你不立刻安靜下來，我將清空大廳，關起門來繼續審判。」他彎身向前，看著耶穌。「你到底是不是國王？說你不是，那我就可以當庭釋放你。」耶穌說：「我是國王，但我的王國不在這個世界上。」彼拉多站起來，鬆了一口氣說：「那麼我們可以結束這個庭訊了，你們都聽到了嗎？他已經說明他不會攻擊羅馬帝國或猶太政府，你們對他還有進一步指控嗎？」

大祭司們抗議：「他違背了我們人民的法律而在安息日給予療癒，他是不淨的、蔑視我們的習俗並違反猶太法律，這種罪刑是被亂石砸死，我們要求這種處罰。」彼拉多回答：「我不認為這犯了我們的任何法律，至於你們的法律則由你們自己來判決。」祭司們暴怒狂吼：「我們無法以我們的法律控訴他！我們無權在安息日處人死刑，只有你能這麼做，我們想要把這個判決留給你。」彼拉多靠在座背上說：「拿撒勒的耶穌，別讓我如此為難，為自己說一個辯護的字，我便放你自由。根據我的法律你是無罪的，我沒有控訴你的根據。」

耶穌平靜地看著他，說：「彼拉多，我無法幫你，你必須服侍你的大師就如我要服事我的。我不會改變你的命運，做你必須做的，我既不會辯護我的清白也不會承認我的罪。」彼拉多站起來，說：「基於你的缺乏合作及展現的行為，我判處你四十下的鞭刑，如此羅馬法律的規定已經達到了，訴訟程序結束，你們可以領回他了。」然後他離開了大廳。耶穌全然平靜地被帶走了。

目睹這一切的我們感到悲哀而痛苦，除了西門及亞利馬太的約瑟夫。一位官員進了廳裡喊道：「審判結束。」大祭司們喊叫：「我們要求另一個審判！」官員回覆：「彼拉多不願意繼續審判。」然後祭司們喊道：「那麼聽聽外面人們的聲音，猶太人要求他被判刑！」

騷動之後彼拉多再度出現，他要求肅靜，說：「我把決定權交給你們，讓猶太人決定。」然後他步出大廳並走到外面的臺階上，群眾跟著他。他說：「以色列的人民啊，你們要的是什麼？」我聽到人們喊叫：「處死他、處死他。」也有些聲音叫道：「釋放他，讚美神，讓我們的彌賽亞獲釋。」然而要求處死耶穌的聲音淹沒了其他一切，讓人感覺市民們幾乎眾口一致。

艾瑞莎站在我旁邊，說：「他們都被收買了，祭司們花了一大筆錢收買大眾意見，公器私用。現在彼拉多被逼到死角了。」彼拉多站在那裡充滿困惑，說：「明早我會再度出現，那時以前你們有時間做出決定，逾越節期間我依例會讓你們釋放一個囚犯，明早我會問你們那個人是誰，必要的話我會接受猶太人的意願。」回到大廳時他叫喚：「給我一碗水。」他的士兵照他的指示做了，彼拉多站在大祭司安那斯及開亞法斯面前，說：「在神的名下，我做了我能做的，現在在群眾面前我把雙手洗去這整件事。」他把盆子丟在地上離開了。

我為耶穌感到憤怒與恐懼，西門帶我到外面讓我能好好呼吸，我們安靜地回到艾瑞莎的家。耶路撒冷陷入混亂，人們討論、爭辯著，每條街道都在騷動，難以通行。當我們終於到家時，大家都累壞了，西門退回到側房裡。一會兒之後有人敲門，彼得進來了。艾瑞莎走向他，握了他的手說：「彼得，無論此刻發生什麼，不要感到罪惡，這是耶穌的願望。現在你可以留下來，你餓嗎？或是你吃過或喝過東西了嗎？」彼得回答：「親愛的女士，我吃不下任何東西，我只想有個安靜的地方睡覺，或許要一杯水。」他坐在角落，完全困惑而疲憊，畫面悲慘。我們的狀況也都好不到哪裡去，也去了庭審的抹大拉的瑪利亞處於驚嚇中，我們都靜默而沮喪。

認識耶穌的這些年，我們從他身上經歷到的只有愛與寬恕，我們心中沒有人能了解一位如此充滿愛與體諒的人，為何要遭受這麼多殘酷與蔑視。我回到房間，當我靜下來一些時，我感到自己比較理解了，彷彿耶穌與我裡面的小孩對我說：「原諒那些你今天見到的受誤導的人們，縱然他們殘酷而充滿仇恨，如此你便不會承擔他們罪惡的包袱。」我不斷喃喃說著原諒的話而入睡了。從無夢的睡眠中醒來後，我去隔壁房間找西門，他平穩鎮靜地把我擁入臂彎。「我親愛的米瑞安，現在你必須勇敢，不可言說的將會發生。」我問他：「我能跟你在一起一會兒嗎？」他說：「當然可以。」我留下直到亞利馬太的約瑟夫回來。

第三十四章
釘死於十字架上及復活

約瑟夫來了，上氣不接下氣地：「我準備好了一切，若祭司及他們的黨羽認為他們能用錢買通人民達到目的，那我們也能這麼做，讓人們反過來幫我們。」然後他和西門消失到另一個房間，待了好幾個鐘頭。我們聽到他們的說話聲，卻沒有人想知道細節，大家都被自己的感受攫住。

我幾乎不敢看彼得，坐在角落的他看起來如此失魂落魄，目光渙散。我坐在他身邊，只是想藉此表示有人在他身邊支持他。他開始絕望地說話：「你無法了解耶穌是多麼偉大的人，晚上我們去到橄欖山，他一個人退離，整個晚上間續地祈禱及與神同在，血及汗水從他的額頭流下，那晚他受了很大的苦，然而他接受自己的命數。之後猶大與一些羅馬士兵一起出現，要求知道耶穌的下落。」

「耶穌沒有抗拒，說：『這就是你們要找的人。』羅馬人說：『我們是來逮捕你的，你被控訴了。』」彼得吃力地吞了一口氣才能繼續。「米瑞安，我生氣到把劍從士兵手上搶下打他的頭，我控制不住，因為實在無法忍受。耶穌的聲音命令我：『不要動他，彼得，我們不要讓別人有理由指控我們傷害他人。』士兵受了傷，耳朵也流血了。耶穌去到他身邊，說：『別擔心，你的耳朵好好的。』然後他轉向士兵說：『我不會抵抗的，做你們該做的吧。』他甚至沒有看我們，然而看起來士兵們才是他的囚犯，而不是反過來。無論如何他們強迫他跪下、打他並銬住他的手，像對待一般犯人般帶走他。我試圖跟著他，但跟丟了而迷失在耶路撒冷街頭，我找不到他們帶他去了哪裡。從那時起我便沒有見過其他人，但我想這就是他要他們做的，我對他們的最後印象是他們離開房子、四散而去時的絕望神色。一想到我們無法保護他，我就覺得無法自處。」

「彼得，」我說：「他並沒有要把你訓練成一個殺敵的鬥士，你做了對的事，讓那一刻過去吧，我們必須把精力留給重要的事。每個人都設想最壞的狀況會發生，但那又是什麼？最好想想祂以及他所教你的，想想他所留給你的，除此你什麼都不該相信。你想不想吃或喝什麼？」他回答：「我吃不下任何東西，但我想要一些水。」我很高興他至少好了一點了，能把經歷的事情描述出來讓他回了些神。我也很高興他告訴了我，否則我或許是不會知道這些事的。我愈聽說耶穌對他的處境的態度，便愈尊敬他。他真的從心底展現他對敵人的愛，無論他們對他做了什麼。我對彌賽亞的愛只有進一步增加，而且我比過去更堅定要以他之名挑戰這世界；大眾是盲目的，我願意以我的愛與這盲目搏鬥，這是我以他之名及為他的榮耀所下的決心。

那晚我們又沒有睡，只偶爾閉上眼睛及因為疲勞而打瞌睡，我的孩子承載著我度過此夜，西門與亞利馬太的約瑟夫似乎整夜醒著，直到次晨才打開門，西門說：「是走的時候了，他們顯然打算採取一些行動。」我們如前分成幾個小組，耶路撒冷陷入混亂，即使在清晨街道也塞滿了人。總督官邸前人擠人，到了幾乎無法移動的地步。彼拉多在預定的時間出現，祭司們所鼓動的好鬥群眾喊叫著：「釘死他、釘死他！」顯然數百民市民都被祭司們收買了，慷慨而虔誠的信徒的捐款，被神不知鬼不覺地用來金援大祭司們的陰謀行動，來壓制所有反對勢力！人們對祭司們的欺妄不實是盲目的，因為沒有人睜開雙眼，他們是自己黑暗小世界中的囚犯。我對這些人感到同情，他們比過去更加受奴役，無法認出那些要給他們自由的禮物的人們，而被迫忽略或輕視他。

我確定許多此刻要求處死他的，是當初耶穌騎在驢背上進耶路撒冷時喊道：「讚美主，歡迎你來當國王。」的同一群人。現在他們喊：「把他釘到十字架上！」這些人是絕對善變的，他們就如一直以來所做的，正設法釘死他們自己的先知。我知道這些人源自神的憤怒，他們吸引了天譴。

我的思緒被彼拉多的出現打斷，他說：「今天是以色列人民做出選擇的一天，你可以選出一位囚犯來釋放。以法律之名，你們選擇誰？你們看到你們當中誰應該重獲自由嗎？」然後他補充：「以色列的人民，我以我心的真誠對你們說，你們想處以十字架釘死刑的來自拿撒勒的男子，是完全無罪的，他唯一的罪狀是做他自己，我不會判他刑。不要忘記他的訊息以及他做了多少好事，他療癒了你們的孩子，似乎也讓人起死回生，他帶來的只有良善。現在你們的決定是什麼？誰應該被釋放？」然而人們是多麼盲目，黑暗陰影籠罩著他們，我能看到他們的眼睛如何反射了這陰影。他們堅持釋放奮銳黨的一位領袖，異口同聲地喊叫：「巴拉巴斯（Barabbas）！我們要放他走，而不是來自拿撒勒的傳教士。」

我們在人群的後面，西門與我看著彼此，耶穌及巴拉巴斯被帶到群眾面前，彼拉多再度問：「我會即刻釋放你們屬意的那一位，你們選擇誰？」群眾尖叫：「巴拉巴斯！」然後彼拉多說出完全讓我驚訝的話：「叛群想要擁有叛徒！你們可以把他要回去。」然後獄吏把巴拉巴斯丟在人們面前，群眾歡聲雷動，卻是種殘酷的歡樂。

耶穌站在那裡，我只能哭泣。他們虐待並毆打他，他躬下頭時血流下了他的臉龐。他沒有看群眾，總是以充滿愛的雙眼轉向人們的他，躬下頭只看他眼前的地面。我知道對人們來說，沒有什麼比看不到彌賽亞愛的凝視打擊更大了。彼拉多對耶穌說：「我無法再為你做什麼了，人民已經做了決定。」他沮喪又難過，人們可以清楚看到他的悲傷與無奈。然後他低聲說：「那麼他便需要被處死，與其他今天被定罪的人一起。」

然後我看到獄吏走近耶穌，一位羅馬士兵將一個荊冠放在他的頭上，血再度流下他的臉頰，士兵嘲謔地喊道：「看看以色列的國王，他連自己的處境也救不了，可悲的笨蛋！」然後他踢了耶穌，我們的彌賽亞在我們面前潰落而跪倒在地，然後他們把他拖下階梯，人群龐大，我們必須費盡力氣才能擠過洶湧人群靠近他，他被拖到公開場所受鞭刑。獄吏們拿來了一個巨大的木十字架，獄吏嘲弄著說：「扛著自己的十字架，若你真的是國王，那就抬頭挺胸展現你的能耐。你能起死回生卻無法幫你自己，喔，真是軟弱的國王！」同時，群眾也冷血無情的嘶吼叫囂著。

在我身邊的抹大拉的瑪利亞完全崩潰了，西門走向她，以手握住她的頭等她恢復一些，說：「你想走的時候，我們就可以回家。」她睜開雙眼時她說：「現在我無法離開他，在我的淚眼中心碎成兩半。」我把她攬入臂彎中說：「抹大拉的瑪利亞，這情景讓我們都心碎，但讓我們與他留守在一起，在這裡他除了我們沒有別人，我們不會離開他的，別擔心。西門，請幫助我們，抹大拉的瑪利亞與我想要去到他那裡。」西門說：「你們瘋了，你們無法走到這一大群人的前面，只會冒著被踩死的危險。」我說：「不，西門，至少讓我們試試接近他。」

人群把耶穌推往山丘上的各各地（Golgotha），這是羅馬人對敵人行十字架釘刑的地方。我們能看到耶穌拖著十字架上了山丘，我們試著更接近他，但龐大的旁觀群眾在我們試著向前移動時不斷把我們推開，我真的不知道自己置身動物或人類當中——嗜血的他們除了以邪惡為樂外沒有其他動機。偶爾有些心神狂亂並哭泣的人，但我除了對他們說：「別為他哭泣，為他祈禱。」此外什麼也不能做。時間似乎靜止了，殘酷的群眾持續擁入耶穌背後的山丘，貪婪地尋求血腥的滿足。突然一個叫聲出現：「耶穌倒下了，他崩潰了。」

抹大拉的瑪利亞發出一陣心碎的嘶吼。「我要到他那裡去！」我抓住她的手說：「來，我們會到他身邊的，即使要把這群人殺得遍甲不留，我們也不會留他一個人。」西門幫助我們向耶穌推進，他突然力大無窮地握起我們兩人的手，拉著我們穿越人群直到耶穌附近。我卻寧可不見眼前的景象：耶穌將他的十字架拖到山丘上並跪倒在地，冷血的獄吏繼續鞭打他，然而他再度站起身來拖著十字架前進，像是內在有超人的力量。

當我們接近架起了幾個十字架的高地時，不可思議的事發生了：人群突然安靜下來，不再有聲音呼喊：「釘死他！」大批群眾跪地開始祈禱，安德魯從人群中現身，蠻幹地試著將耶穌身上的十字架扛到自己身上，但他馬上被獄吏制伏了，被一把抓起並打到攤在地上不省人事。西門設法去到他身邊，把他扛到肩膀上，我們跟著西門。

終於我們靠近了耶穌，他的眼睛腫到他幾乎看不到，似乎完全得靠獄吏的鞭打來決定他拖行十字架的方向。我們終於靠近到他即使雙眼腫脹卻還是能認出我們的地方，然後他抬起頭說：「你們來了。」但羅馬士兵擋住了路，我們無法幫他。突然，或許是因為西門的出現，他似乎匯聚了額外的力量，而能拖著十字架去到山頂。同時我看見瑪格妲，她過來我們這裡，握住我的手一起爬向已經被羅馬士兵封鎖住的他的殉難地。然後亞利馬太的約瑟夫突然出現，我看到瑪利亞與約翰在人群中，西門似乎發動了什麼特殊的能量讓人群不敢進一步跟著耶穌。我們因此得以前進到各各地的山頂，直到被士兵攔下來。同時耶穌也到達了他的釘刑處所——一個讓我們無法再進一步靠近的可怕場景。

突然，一位我在迦南見過的羅馬士兵不知從哪裡冒出來了，西門上前跟他說話，士兵認出了他，短暫的交談後西門要我們過去，瑪利亞、約翰、抹大拉的瑪利亞及我過去了。他的十字架在其他十字架旁被用繩子架了起來，就在他預計受刑所在的下坡處，一陣巨大雷聲震撼了整個山丘，嚇壞了人群。抹大拉的瑪利亞昏倒了，我得支持她，我不知道她的尖叫和把耶穌釘上十字架的槌打聲，哪個較響亮。

西門說：「羅馬人信守對耶穌的承諾，讓我們能過去靠近他的地方。」羅馬士兵接著讓我們通過並把其他人擋住，但他說：「恐怕你們不能靠得更近，你們必須留在那裡才能受到我的保護，沒有人能違逆我。」我看著他，說：「你也相信他。」他回答：「是的，並且我為我們的人感到羞恥，但我能做的有限，只能讓你們能接近他，並在這段期間保護你們。」

他是我們的崗哨，我們得以留在離彌賽亞幾呎的地方。耶穌獨自一人，除了羅馬人指派的僕人外沒有人能靠近他。瑪利亞、抹大拉的瑪利亞及我跪下來祈禱，我們看到吊在十字架上的他如何對著神與他所源自的天堂祈禱。亞利馬太的約瑟夫把我們的哨兵帶到一邊說話，之後哨兵點點頭。然後瑪格妲出現在我身邊，她散放出讓我感到熟悉的特殊能量，說：「不需等太久，我們的特殊知識就會用得上，忘了你在這裡看到的，米瑞安。將神賜給你的內在力量匯聚在一起，記得妳從厄色尼人處學到的。沒有什麼是被決定了的，神蹟仍在與我們同在。」那時一切突然靜止了，彷彿世界停止了呼吸，耶穌在十字架上的畫面有了某種改變，西門只是以他無盡的耐心站在那裡看著耶穌，人們可以感覺到他們彼此之間流動的愛。

奇特的是，我看見的不再是一個在十字架上的男子，而是神般的耶穌。沒有人在我們背後，羅馬人把他們都撤到山坡下了，只有我們與他在他的命運之山上，第七個小時時，耶穌突然說話了：「主，我將我的靈交到你的手中，它成了！」然後他的頭垂到一邊，我們全都僵住了，我的心跳幾乎停止，但瑪格妲握住我的手，搖搖頭說：「等著。」亞利馬太的約瑟夫給我們的羅馬哨兵一個信號，羅馬士兵走向耶穌，拿了一根包著濕海綿的長矛在耶穌的肋骨間來回戳動，然後以所有人都能聽到的音量大聲的叫出：

「他死了。」

亞利馬太的約瑟夫神色凝重地看著我們，其他被吊在十字架上的人都還沒死，耶穌死得驚人地快，在這個鐘頭裡，眾天堂給了徵兆：「一切都靜止了，時間不再存在。」幾分鐘後約瑟夫說：「西門，依計畫進行！」西門對瑪利亞及我說：「約瑟夫會試著將耶穌的屍體儘快抬下十字架，然後運用人脈將它運到他的家族墓地。」然後西門機警地看著我們低聲說：「耶穌還沒死，他還活著，但我們現在必須快點行動。」

我們離開了各各地，西門帶我們到一個接近墓地的地方。他說：「等在這裡！女人們不要在墓地被看到。」我問西門：「計畫是甚麼？」他回答：「沒有什麼是說得準的，因為耶穌還活著，我們將盡一切人為可能把他救活。」我質疑：「但羅馬士兵的矛直接刺過了他的身體。」西門微笑說：「海棉泡了麻醉劑的，我們不是跟千古偉大的厄色尼術士學過處理屍體的方式嗎？你們肯定沒有忘記。但此刻我必須離開，我把你們留在這裡一陣子。」

一陣子之後西門回來了，說：「亞利馬太的約瑟夫安排了耶穌要儘速被放下十字架，他也說服了大祭司們相信耶穌真的死了，並請求釋放他的屍體去埋葬。」我們回到耶穌的十字架，有同情心的羅馬人下令一位同袍協助輕柔地把十字架降到地面，我們拔除釘子並把耶穌從羞辱他之所在移下來。羅馬人非常合作並且幫助我們移動他，我們一起輕柔地把他放在擔架上。

當我們把他運送到亞利馬太的約瑟夫位於山丘背面的家族墓園時，耶穌的母親瑪利亞以她所有的愛包圍他幾無生息的身體，西門碰了耶穌，說：「他活著，我們必須快點行動。」我們好心的羅馬士兵命令了兩位同伴跟我們一起看守墳墓，他說：「你們要負責確保沒有人靠近墳墓。」當我們扛著耶穌時，我注意到他散放出一種獨特的能量，但顯然是沒有呼吸的。無論如何，我確定他還活著。

我們把耶穌放在石墓中，羅馬人命令兩位士兵去到山坡下的市公所，證明拿撒勒的耶穌已經死亡。他自己則留在那裡，小心翼翼地隔著一段距離看守墳墓，同時我們假裝與耶穌告別。只剩下我們時，亞利馬太的約瑟夫說：「那麼，現在你們所有人必須施展一切所能讓他復活。」約瑟夫在墳墓裡藏了萬靈液、草藥及油膏。首先他給耶穌喝了幾小滴特別的製劑，我們突然知道了他在做什麼。跟厄色尼人一起學習的時間久了，我知道我們真的能做的：讓人表面上像是死了般，然後用特殊的製劑把體內的毒素排出來救活他們，我知道亞利馬太的約瑟夫給他的是什麼。耶穌開始嘔吐，然後因絞痛而顫抖。他的身體在我們的眼前回復了生命力，即使虛弱而幾乎沒有意識，但他再度與我們在一起了！

他整個人都復活了，我們每個人都扮演了部分角色：重啟他的呼吸、他的心跳及他全身的血液循環。瑪格妲很了不起，她在他全身塗滿膏及油，讓他的傷口可以漸漸閉合，瑪利亞匯聚了她所有非凡的療癒能力，我回到我們神性狀態的完整意識，而得以協助耶穌重生。西門則完成了他身上傷口的療癒，只剩下輕微傷疤留下來。耶穌幾乎完全恢復了健康，他的呼吸正常了，雙頰有了血色，只是還沒有恢復意識。然後我們決定用一塊大石頭關閉耶穌躺的墳墓，我們請兩位在墓地外圍看守的士兵加入幫忙，然後以幾乎超人的力量關閉了墓地。

然後亞利馬太的約瑟夫對羅馬士兵說：「現在你可以接手看守了，我們已經與他告別並依我們的傳統為他塗了膏。」然後兩位去申報死亡的士兵回來報告他們完成了任務。然後我們的羅馬友人下令：「你們兩位現在可以繼續看守墳墓，我之後會讓你們下哨。」他向我們表示是時候離開墓地了，我不認為他知道他允許我們救活耶穌，對我們來說的意義。約瑟夫與這位羅馬友人討論何時讓守衛交班，然後我們便一起離開，只留兩位士兵看守他的墓地。

約瑟夫說：「此刻我們必須回家了，這是最重要的，而且我們必須假裝完全不知道耶穌的復活。」西門補充：「他現在會睡覺，神性力量將會補充他的元氣，我們今晚再在此會合，然後他就會完全恢復意識並且恢復足夠的元氣。」我們回到家，沒有告訴任何人我們做的事，讓他們以為耶穌真的死了。睡了幾個小時後西門叫醒我們，他只是說：「來，我們必須回到耶穌身邊。」沒有人問我們要去哪裡，西門與我連同抹大拉的瑪利亞及瑪格妲離開了房子，往墳墓的方向走去。

約瑟夫還沒有到達，但我們的羅馬友人已經命令兩位士兵退下而自己看守墳墓。他看著我們說：「我不知道墳墓裡發生了什麼事，但我不想知道。」西門問他：「你的兩位士兵注意到了什麼嗎？他們有懷疑嗎？」羅馬人回答：「他們有一下子不太確定，但卻沒有聰明到能夠下任何結論，或許你應該給他們像樣的一筆錢，就說是感謝他們看守墳墓並且讓你們能靠近。」西門問：「他們現在在哪裡？」羅馬人回答：「我把他們遣走了，並且告訴他們這家人會慷慨地報答他們看顧屍體。」

西門給了他足夠滿足士兵們的錢，羅馬友人便離開了，只剩下我們，等著亞利馬太的約瑟夫來到。幾個小時後他終於出現了，氣喘吁吁，西門問他：「發生了什麼事，你怎麼那麼晚到？」約瑟夫答：「你無法想像發生了什麼，大祭司們把我抓到一個房間關起來，他們想囚禁我。」我們倒抽了一口氣：「你怎麼逃出來的？」「是個奇蹟！他們走掉之後，門突然自己打開了，我於是沒有困難地離開了。這就是我為什麼那麼晚才來的原因。」

西門只是會意地點頭說：「現在來吧，我們必須行動了，沒有時間可以浪費。」我們一起奮力搬開堵在耶穌上方的石頭，約瑟夫給耶穌喝了另一種飲品，然後他在瑪利亞、抹大拉的瑪利亞、約瑟夫、西門及我的面前恢復生命了，他回來了。他慢慢地坐起來，我們幫忙把他挪出墳墓，他像是什麼都沒發生般微笑。然而他改變了，他有某種不一樣了。西門帶來了乾淨的衣服，耶穌自己穿上。他安靜地站在我們面前，抹大拉的瑪利亞走向他，他看著她說：「請不要試圖綁住我，你會發現我已經不是那時離開你的那個人了。」西門反應靈敏地說：「我想我們應該儘快離開這個地方。」

西門協助還是有些虛弱的耶穌，我們一起繞城外圍的路走，避免走人多的街道被認出來，終於我們到了亞利馬太的約瑟夫的家。後來我們聽說兩位士兵回去時發現墳墓空了，我們的羅馬友人說服他們我們偷了屍體。為了避免難看，大祭司們賄賂兩位士兵，讓他們對外宣稱我們偷走了耶穌的屍體，但他們沒有興趣找回來。如此我們成了犯人，然而極度謹慎的我們，仍然得以躲過危險。

在約瑟夫家，至少我們暫時是安全的，大家都沉默不語，直到耶穌說：「我們不該在耶路撒冷待太久，必須儘快離開。你知道我的十二位門徒在哪裡嗎，約瑟夫？」約瑟夫回答：「我通知他們在釘刑之後要來我家集合，好讓我能告訴他們事情的真相。」耶穌說：「他們相信我死了。」約瑟夫回答：「我當時想最好不要告訴他們我們的計畫，我們不知道計畫是否會成功。」耶穌回答：「神的計畫永遠會成功。」西門問耶穌：「耶穌，我的朋友，你想要我們留在這裡，或是想要獨處？」耶穌回答：「請讓我與我的門徒們獨處，我想與他們私下談話，明晚再回來。我們必須決定要如何儘快離開這裡。」

我們回到艾瑞莎的家，許多天以來第一次能平靜入睡一整晚。西門也睡得深沈平靜，我們沒有告知任何人我們去了哪裡，也沒有人敢問，他們都以為我們只是在耶穌的墓地幫瑪利亞的忙。我們睡得相當好，早餐時西門終於對艾瑞莎宣布了消息：「艾瑞莎，彌賽亞沒有死。」艾瑞莎似乎一點兒也不驚訝，冷靜地說：「我一直確定你做了一些世人還不應該知道的事。」然後她問：「未來你們有什麼計畫？」「今晚我們會在亞利馬太的約瑟夫家見面，要計畫如何祕密地儘快離開耶路撒冷。」艾瑞莎嘆了一口氣，說：「喔，好一個故事！天啊！我的天啊，我們見證了什麼。」然後她看著西門，說：「你們都是不同凡俗的人，你們已經提升到這個世界還沒有準備好的層次。」

瑪利亞、抹大拉的瑪利亞、西門與我那晚去到亞利馬太的約瑟夫的家，看到在場門徒們的表情，我禁不住地會心一笑。約瑟夫告訴我們他們沒有人能相信耶穌站在他們面前，而真的以為那是鬼魂現身，直到看到並碰觸他殘留的疤痕。耶穌整晚跟他們在一起，沒有人睡覺。他給了每一位門徒關於要去哪裡及最佳離開以色列的方式的特定指示，也告訴他們關於他們各自的未來國家的事情，以及他對他們及其任務的內在畫面。房中有種奇特的氣氛，他們似乎都想立刻離開，不想浪費一分鐘。那是個非常特殊時代的開始與結束，我們悲傷地與門徒們道別，只有小雅各留下來。

他們終於離開後，耶穌說：「他們有些人面臨的是嚴苛的命運，但他們準備好了面對未來。世界充滿了不信任及指控，此刻最好讓所有人相信我已經死了，大祭司們也花錢灌輸這個想法，否則人們或許會憤而燒毀聖殿。讓我們對此感到快樂，並讓事情保持這樣。」

耶穌坐下來思考，安靜了幾分鐘後，他說：「約瑟夫，我認為你們都應該儘快離開，沒有人可以再耽誤。抹大拉的瑪利亞，你應該跟他們走。」約瑟夫與西門討論要去埃及的主意，在那裡約瑟夫能找到一艘船載我們到遠離以色列的另一個國家。由於我的狀況，我對這種規劃感到擔憂，西門注意到了，說：「別擔心，米瑞安，孩子還有三個月才出生，或許我們能在埃及待產，或許我們已經啟程出海了。我們不知道何時可以訂到可以載我們到目的地的船及船員，但約瑟夫與我是有足夠的關係安排好一切的。」耶穌說：「你們應該帶著我弟弟雅各，還有拉撒路、莎樂美及其他所有想伴隨你們的人。這裡發生了太多事了。」

我問：「那你呢，耶穌？你怎麼辦？」他回答：「我必須先與我的天父談話，在十字架上的那幾個鐘頭，我不知道自己在地球上的生命是結束了還是應該繼續，在恍惚的狀態、在受虐待的期間，你們計畫的內在畫面出現，但當時我不知道它們會不會成功。在十字架上與我天父單獨一起的幾個鐘頭，為我釐清了許多事情。」

我問：「你不跟我們一起走嗎？」耶穌回答：「我相信我若跟你們走會拖累你們的性命，我的臉孔及我個人現在在很多國家都被知曉了。我想我會回到東方，我知道哪裡可以找得到你們，但此刻你們也要儘快離開。」我問：「耶穌，在我們一起經歷過這一切之後，你要離開我們？」他回答：「我永遠不會離開你們，我一直與你們同在。」我抗議：「但你現在可以跟我們走，到一個遠離你的敵人跟遠離我們的敵人的遙遠國度，然後有一個新的開始。」耶穌說：「恐怕這不是我要過的生命，我想要用主給我的剩下的生命，來觸及其他土地的人們，來救贖並解放他們。我需要我的自由來完成我在地球上的訊息及任務，因為還有許多要做的。」我問：「需要有人陪你嗎？」耶穌答：「不，目前不需要。」西門拍拍他的肩膀說：「若是如此，那不遠的未來裡我知道哪裡可以找到你；為我問候喜瑪拉雅山的偉大師父。」

我們回到艾瑞莎的家做規劃。除了艾瑞莎及瑪格妲，我們的所有朋友都決定跟我們去埃及，然後再坐船到我們的最終目的地。瑪格妲決定留在耶路撒冷，說：「我完成了來地球的目的，現在我將只尋求我的寧靜及我的神，我太老了而無法開始新生活。我收到主好棒的禮物，就是得以以他之名完成任務。而你們都還年輕，你們的生命及使命自然都還沒有完成，以色列是這個世界的一小部分，因此你們能移往其他土地，把在這裡長出的種子帶到外面的世界，是很好的。」

西門決定在我們永遠離開以色列前，應該回到迦南的家。他想結束一些生意上的事，並會見他的妹妹。一切都進行地很快，亞利馬太的約瑟夫已經想要離開，但會先留在耶穌身邊幾天。由於西門與約瑟夫似乎都相當熟悉埃及，他們相約在那裡會面。

第三十五章
前往新土地的旅程

開始與結束融而為一了。亞利馬太的約瑟夫及所有其他人準備著從耶路撒冷到埃及的旅程，分成不同團體與路線。我們在約瑟夫家與耶穌做最後細節的討論，我觀察到幾次跟耶穌在一起的男人也在那裡，他安靜地坐在角落觀察，散放他獨特的光。耶穌說：「我將會再度旅行到印度，我覺得最受那個國家吸引。這是我的朋友，我將把他當做徒弟般帶在身邊，並且為他在未來持載基督之光做準備。我們時間不多了。」

然後他暫停了一下，說：「我有個悲傷的消息要給你們，我也很難過。我聽說猶大在耶路撒冷城門外上吊自殺了，他不知道我其實還好好活著。」我們都被這個消息嚇到了，許多人哭了，我也是。耶穌安靜了一會兒，然後低聲說：「只要再多一世，他就自由了。他是個真正的朋友。即使沒有太陽，地球上的每件事都有陰暗面。我們對神祈禱，事情有一天能不一樣。」

那晚我們跟耶穌道別，很奇特的是，那感覺卻像我們將不再分離，而這就是對旅程的祝福，我們每個人都收到了。不過，這晚我知道我們從此會走上不同的方向，朝向新的生活及不同的命運，走上不同的方向。然而我們與耶穌及其他所有人共度的燦爛時光，卻會永遠與我們同在。不知怎麼地，這既是悲哀又是解脫。耶穌離開了我們。

之後我們聽到來自以色列的傳聞，說耶穌被看到以一個閃耀的白光體現身升上天堂，每個人都假設自己看到耶穌復活了。以某種方面來看是的——耶穌死而復生。但人們不想知道我們的祕密——這樣是好的，可以保護我們。當我們與耶穌道別時，我們知道那不是永別，但沒有人知道我們的重逢將在何時、何地與如何。

西門與我前往迦南，我們知道幾週後將與其他人在埃及見。西門希望在晚上暗中旅行，他經常關心我是否太疲累，但我回答：「別擔心我，一切都在軌道上，我只想再回家一趟，我們必須跟我們的房子道別。」

帶著這想法我們到達了迦南。西門需要一週完成他的事務，他沒有告訴我他在做什麼，但我知道他在作一些生意上的準備。我問他：「房子之後會變怎樣呢？我們不能再回來了。」他說：「我把房子轉給海倫娜莎樂美及她的丈夫，他們與耶穌沒有關連，便不會跟當局發生問題。」「我們何時啟程？」我握著他的手問：「我對旅程及我們要去哪裡感到焦慮。」「你不需要擔心任何事，我有足夠的錢，也在許多國家有足夠人脈，無論去哪裡我們都不必擔心。我很習慣旅行，也從之前與父親的旅行中學習到許多國外的情形，以及如何在陌生國家建立生意往來。不必擔心這些事，我們會有好日子過的。」然後他深情地撫摸我的肚子。

一週後我們離開迦南，西門做好了讓我們舒服旅行到埃及的安排，他考慮到我的肚子又大又重，也無法忍受炎熱。我們的旅程在三週後到達埃及的一個海港，在那裡見到了其他人。西門似乎熟門熟路，在那裡租了一個豪華的房子給我們住。他與亞利馬太的約瑟夫開始為大家找船及船員，好在幾天或幾週後啟航。我問他：「我們會在孩子來到之前出發嗎？」他回答：「我還不知道，我們還沒找到合適的船，這裡沒有很多可以租為私用的船，但我們用了所有的人脈，我相信我們很快會找到的。」

幾個禮拜過去了，我即將臨盆。還有一個月我就要生了，男人們卻說：「我們可以在一週後出發。」我很驚訝，「我無法在這種狀況下上船！」西門說：「航程大約三週，我想我們應該冒個險。」我答應了。在埃及的海港，我們與瑪利亞道別，她與約翰不想跟我們走而想定居其他國家。我感到不安，乞求著：「不要留我一個人，瑪利亞。」她回答：「你不需要感到害怕，我們走的每一步都是神決定的，我認為你不再需要我了，一切都會好好的。」自然地，她離開的那刻我感到悲傷，像是再度失去母親。瑪利亞帶領我經歷了如此多的生活、教導我如此多並且送給我如此多禮物。而她自己雖然失去了如此多，包括她的丈夫及兒子，然而她充滿光輝的愛仍然源源不絕、時時刻刻照耀整個世界。

一晚當我們坐在一起時，西門與約瑟夫告知大家將在隔天啟程。他們雇了一艘船、一組船員並準備了足夠的補給，每個人必須決定他們是否想與我們同行。抹大拉的瑪利亞變了，變得更為沉穩，她對我們說：「耶穌選了我為門徒，並派我到國外，所以我想跟你們走。」耶穌的弟弟雅各、拉撒路、亞利馬太的約瑟夫、瑟拉芬、莎樂美及其他幾位也想跟我們走，我同意了。若我們的孩子在航程中誕生，我也會從同行的女人中得到絕佳的支持。我們收起了錨，為我們的新生命揚起風帆，把過去的生命留在背後。我們啟程進入一個未知的未來，在我未曾經驗的海洋上。

我所能做的只是信任載著我們前往新生命的海洋。每天，我把海洋想成神，在我們不知往何處去時，它承載我們穿越生命。有時會遭遇暴風雨及巨浪搖撼船身，但我們擁有優良的組員及船隻。

我們旅行了約三週，直到約瑟夫突然喊叫：「看看遠方！最遠的前方有片土地，我們就快到了。那就是我們的目的國，我知道，我在那裡有棟房子。」一天之內我們就著陸了，約瑟夫說明他的房子是在一個貿易大城的郊區，距離我們著陸地大約兩天。我們一上岸，我的孩子便開始在子宮裡蠕動，彷彿他要帶來關於新家園的訊息。那是個徵兆，我告訴西門，他有些措手不及地看了我一下，說：「我會設法找到這鎮裡最好的住宿，在這裡等一下，找到房子時我會來接你們。」女人們估計我還有幾個小時才會生產，所以不必擔心，後來也真是這樣。

我生出了我們的兒子，並且沐浴在光中。光流過眾界也穿透了我們，我知道自己為這片土地帶來了一個非常特別的孩子，就像耶穌預言的。西門非常高興，當他看著我們的孩子時，說：「這孩子來自一個只有耶穌與我知道的世界。」

我們為兒子取名約翰，取自預言了這孩子誕生的約翰。我需要幾天的產後復原，那幾個晚上，我夢到這片土地——一個非常古老的國家——與神在地球上的領土有些關連，而我們來此是要完成預言，並且喚醒長久以來被深埋在地球內的。我夢到一片金光的土地，我們的兒子在這兒有很特別的使命。我對我們現在住的這片土地有許多內在畫面。很久以前，我們遺忘了原本的目標，我們會在這裡的旅程中重新發現。西門在我身邊，說：「我們將會看到生命為我們準備了什麼，未來是未知的，但我知道我們在一個應該待的地方。」

有時我們確實談論著我們被允許經歷的美妙時光，然而在此我們的故事結束了……並且有了全新的開始。

耶穌的禱文

主及在天堂的父。祢的名如此神聖。
由愛所生並在那愛圍繞中，祢的統治直到永遠。
祢是開始也是結束。祢是我們的生，也是我們的死。

天堂中的主，原諒我們的罪咎
並原諒那些對我們施罪的人。
引我們得到救贖，不是藉由尋求報復，
而是藉由施予原諒。

讓我們知道我們是祢王國的孩子。
原諒我們忘了祢的每一刻，
因為祢是王國、愛、力量與榮耀。

祢帶著永恆之名，
將它刻印在我們的心中及靈魂中，
提昇我們好讓我們看到祢的面容，
引我們進入光，從有限進入無限。
讓愛成為我們生命的法則，
好讓平和與喜悅盛行。

天堂中的父，
讓地球孩子的我們
成為祢的榮耀與名字的使者。
因為祢是我們靈魂的誕生，
如此我們能看到祢的永恆之光、祢的平和
及祢的榮耀，永永遠遠。

阿門

作者介紹

杜嘉・郝思荷舍 Durga Holzhauser

二十多年前，耶穌出現在杜嘉的一個靈視畫面中對她說：「說出我的故事，那深藏在你心中的我的故事。」那時，杜嘉對自己的本質尚未覺知，不記得耶穌行走於世時，她有好幾年伴隨其側，一直到她遇到阿格尼時，她的內在自我覺醒並憶起了她與耶穌的緊密連結。

杜嘉是「神聖故事系列」的說故事人，她定期在她的網站上書寫靈性訊息，並探索女性奧秘。杜嘉是〈九大封印〉風水知識的首席訓練講師，在世界各地帶領工作坊、研討會、僻靜與靜心。杜嘉提供個人阿卡莎閱讀。

連結網址如下：

www.durgaholzhauser.com

https://www.facebook.com/groups/TheChurchoftheSacredFeminine/

阿格尼・艾克曼 Agni Eickermann

阿格尼Agni，是純粹神聖意識的在地球上的轉世。法國安瑞塔巴堡(Château Amritabha)光中心的創立人，整合創建了聖火傳承，致力於愛的教導與靈性啟蒙，協助人們連結自身靈魂源頭的光。阿格尼出生於德國，現居於美國聖塔菲Santa Fe這塊土地上。

約兩千年前，阿格尼以來自迦南的西門為人所知，而他現在就活在我們之間。他出世就沒有失去他與其天堂之父連結的覺知，看得到所有在他周圍的靈性存有，知道他累世所有的轉世，也知道他此生的預言。

他很早就開始去集結那些能夠並願意完成天父之願的人，至今仍是。遇見杜嘉，他找到了當時耶穌親自為他證婚的妻子。他們一起開始揭開了那不為人知的故事的旅程，以為耶穌準備一條或許他可以再度回到我們身邊的道路。

阿格尼及杜嘉另有一本合著《Alpha Chi 風水九大封印》（中譯本由生命潛能出版）

連結網址：

www.agnieickermann.com

https://www.facebook.com/groups/1957653731228579

譯者介紹

林素綾Shamba，聖火傳承靈性大師與老師。1970年生於臺北，取得美國企管碩士後原任職金融業，跟隨生命之流現在台南主持光中心，幫助人們連結自身的神性源頭，活出踏實快樂的人生。譯作有《賽巴巴薄伽梵歌》、《Alpha Chi 風水九大封印》、《聖者天使神諭卡》等。

Event Index
事件索引

迦百農的山上講道

Name Index

名字索引

神聖故事第二集預告

耶穌被遺忘的歲月

——關於耶穌基督未曾被述說的故事

——新的世界在絕望中誕生

在耶穌被遺忘的歲月被述說中，跟著灰燼上升；跟著被放逐的米瑞安及抹大拉的瑪利亞逃亡。

「再過三天，我們就會死亡。面對死亡，我們盡一切可能保存經文及聖杯。我們知道一切我們所愛、所知道及相信的，將跟著我們一起死亡。」

米瑞安在八百年前最後的卡特爾人（Cathars）時期轉世。早期基督徒的最後日子在蒙塞古（Montségur）倒數著。耶穌對米瑞安現身，請她說出耶穌被遺忘的歲月，以療癒在柴堆中等待死亡的他們。她的故事開始了……

跟著她，故事回到耶穌時期的南法。耶穌從十字架釘刑中復活，旅行到印度。米瑞安及抹大拉的瑪利亞跟其他人從巴勒斯坦逃出，以他的兩位女門徒的身分過著流亡的生活。抹大拉的瑪利亞懷孕了。她們在一起獨自對抗生命的挑戰，而其他人來來去去。

這是一個女人的故事。當她們走過失去之悲傷時，跟她們同行。

當神聖圈的其他女人來加入她們時，記得妳的姊妹們；並且當她們試著記起如何在絕望的世界中提升光時，支持彼此。

當她們熱切的禱文激發耶穌復返時，與她們同慶。

本書電子檔網址如下：http://thefemalegrail.com/jesus-the-forgotten-years/

耶穌愛的箴言

你靈魂的潔淨是你心的狂喜，
那些有顆孩子般純真的心的人是受到祝福的，
那些不再舉劍的人是受到祝福的，
那些聽到神的話語的人是受到祝福的，
那些把心的純淨帶入其生命裡的人是受到祝福的。
變得像孩子般！
不要要求地球上的果實，
只有那些純淨的人能進入我天父的國度。

對於每一位盼望的你們，
天堂有個位子為你們準備好了。
未來你應該把這個法則深嵌在你之內，
丟掉為你受的傷害報復的想法。
起而去愛你的敵人吧！
當對手宣戰時，以愛及平和面對他；
當鄰居是你的敵人時，原諒他。

耶穌愛的箴言

擴張你的眼界：

認出太陽及照亮你道路的神性原則。

當你彎腰駝背、目光朝下，

便無法認出日常生活的神蹟。

你應該有如鳥兒，牠們既不播種也不收割，

但天上的父日日看顧牠們。

看看天堂，那是天父給出生命並與你們分享的地方，

不要經常往下看塵土風沙。

觀察生命的養分來自何處，

然後天父會讓太陽發光、讓風吹拂、讓雲造雨。

當你往上看時，將會看到主的日日看顧；

只看地球及俗世生命，

便只看得到塵土及行將就木的沈重。

抬頭看看天父本身，

你將會被提升到天堂。

國家圖書館出版品預行編目(CIP)資料

喚醒基督之愛：耶穌未被述說的生命故事 / 杜嘉.郝思荷舍(Durga Holzhauser), 阿格尼.艾克曼(Frank Eickermann)作；林素綾譯. -- 臺東縣太麻里鄉：快樂泉源, 2018.06
面； 公分. --(靈性成長系列；SG001)
譯自：Jesus the book
ISBN 978-986-96411-0-4(平裝)

1.耶穌(Jesus Christ) 2.基督

242.29 107005633

靈性成長系列SG001

喚醒基督之愛----耶穌未被述說的生命故事

原著書名 / Jesus The Book
作者 / 杜嘉・郝思荷舍 Durga Holzhauser & 阿格尼・艾克曼 Agni Eickermann
譯者 / 林素綾 Shamba
特約編輯 & 出版顧問 / 黃寶敏 Ma Chin
校對 / 張大和 Kailan, 甘宜平 Solana, 段韶華 Andra
封面設計 / 斐類設計
發行人 / 衛聖昀 Sam Yun
出版發行 / 快樂泉源出版事業有限公司 Yun Spring Publishing Co., Ltd
聯絡地址 / 台東縣太麻里鄉金崙村 6 鄰 289 號
聯絡電話 / 089-771831
E-Mail / hello@yun-spring-books.com
網址 / www.yun-spring-books.com
內文編排 / 菩薩蠻電腦科技有限公司 電話: (02) 2917-0054
印刷 / 皇城廣告印刷事業(股)公司
第一刷 / 2018 年 6月1 日
定價 / 台幣 620 元

ISBN: 978-986-96411-0-4(平裝)
Jesus The Book